RÉPERTOIRE
DU
THÉATRE FRANÇOIS,
TROISIEME ORDRE.

DISCOURS PRÉLIMINAIRE.

TRAGÉDIES.

TOME I.

DE L'IMPRIMERIE D'ADRIEN EGRON.

RÉPERTOIRE
DU
THÉATRE FRANÇOIS,

TROISIEME ORDRE:

OU

SUPPLÉMENT AUX DEUX ÉDITIONS DU RÉPERTOIRE
PUBLIÉES EN 1803 ET EN 1817;

AVEC UN DISCOURS PRÉLIMINAIRE,
TENANT LIEU DES NOTICES ET EXAMENS QUI APPARTIENNENT
AU THÉATRE DU SECOND ORDRE,

PAR M. PETITOT.

TOME PREMIER.

PARIS,
FOUCAULT, LIBRAIRE,
ÉDITEUR DE LA COLLECTION DES MÉMOIRES RELATIFS A L'HISTOIRE
DE FRANCE,
RUE DES NOYERS, N° 37.

1819.

AVERTISSEMENT.

Les Notices du *Répertoire du Théâtre François* (second ordre) contenant des détails sur plusieurs pieces qui font partie du Répertoire (troisieme ordre), on s'abstiendra de répéter ces détails dans le Discours préliminaire de ce dernier Recueil. On se croit d'autant plus fondé à ne pas revenir sur des objets déja traités, que la seconde collection est une suite nécessaire de la premiere. Ainsi il ne sera point parlé, dans ce Discours préliminaire, des productions théâtrales de De Belloy, de Champfort, de La Harpe, de Beaumarchais, de Hauteroche, de Baron, de Boursault, de Lafont, de Fagan, de Boissy,

AVERTISSEMENT.

de Favart, de Barthe, de Saurin, de Desforges et de Fabre d'Eglantine, dont le lecteur trouvera l'examen dans les Notices qui ont été faites sur chacun de ces auteurs.

DISCOURS PRÉLIMINAIRE.

Les pieces contenues dans ce Recueil sont, en général, très-inférieures à celles qui composent le Répertoire du Théâtre-François (second ordre). Cependant, telle est notre richesse dans l'art dramatique, que presque toutes offrent des beautés particulieres et des conceptions heureuses : fort éloignées de nos chefs-d'œuvres, on voit qu'elles sortent de la même école; et l'amateur y rencontre fréquemment des traits qui peignent les mœurs. Dans ce discours, qui tiendra lieu de notices et d'examens, nous parlerons de chaque auteur, suivant l'importance de ses ouvrages; et, si nous nous étendons quelquefois sur des pieces qui ont fait époque dans l'histoire littéraire, nous nous bornerons à relever rapidement les beautés et les défauts de celles dont le succès, peu contesté, n'a cependant pas eu un grand éclat.

Adrien-Michel Blin de Sainmore, seul auteur tragique dont nous ayons à parler, naquit à Paris le 15 février 1733. Quoique ses parens eussent été ruinés par le système de Law, il reçut une éducation soignée; et, entraîné par son goût pour la poésie, il fit paroître, à l'âge de 21 ans, un poëme sur la mort de l'amiral Bing. On remarqua, dans ce premier essai, de la facilité et une sorte d'élégance; mais on n'y trouva ni cette verve, ni cette sensibilité profonde, ni cette force de pensée qui doivent caractériser un poëte tragique. Peu de temps après, en 1758, Colardeau publia l'*Epître d'Héloïse ;* et cette charmante production sembla ouvrir une nouvelle carriere aux jeunes gens qui se destinoient à marcher sur les traces de Corneille et de Racine : le genre de l'héroïde, remis en honneur, étoit, en quelque sorte, un apprentissage de la tragédie. La Harpe, Dorat et quelques autres travaillerent dans ce genre; Blin de Sainmore s'y distingua par les épîtres de *Sapho*, de *Biblis*, de *Gabrielle d'Estrées*, de *Calas*, et de *la Duchesse de la Vallière*.

Comme il étoit impossible alors d'aspirer à aucun succès réel, sans la protection de Voltaire et des philosophes, le jeune poëte les rechercha ; mais son caractère, plein de droiture, l'empêcha de tomber dans leurs excès. Ayant adressé à Voltaire, en 1764, la collection de ses poésies, il n'en reçut pas une réponse directe, mais il eut à se louer de la manière dont l'auteur de Mérope parla de lui. Dans une lettre à Damilaville, du 13 juin de cette année, Voltaire, qui venoit de terminer son commentaire sur Corneille, s'exprima ainsi : « Il y a un M. Blin de Sainmore, qui
« a fait un joli recueil de vers ; il lui faut un Corneille :
« je voudrois bien que frere Thiriot me fît l'amitié
« de le voir, et de lui donner de ma part un exem-
« plaire. Frere Thiriot pourroit l'engager à donner

PRÉLIMINAIRE.

« un supplément des fautes que je n'ai pas remarquées,
« et à faire en général quelques bonnes réflexions
« dramatiques : ce M. Blin de Sainmore en est très
« capable. »

Ce ne fut qu'à trente ans que ce poëte, encouragé par celui qu'on regardoit comme l'oracle du goût, osa s'exposer au grand jour du théâtre. *Orphanis* fut représentée avec succès en 1773 ; le sujet, pris dans un drame anglois de Lillo, intitulé *le Marchand de Londres*, est intéressant par lui-même, puisqu'il offre les séductions dont une femme artificieuse peut se servir pour entraîner au crime un jeune insensé ; mais, comme nous l'avons fait observer dans la notice sur La Harpe, qui traita aussi ce sujet, un tableau de ce genre perd à être ennobli ; et, d'après le plan adopté par Blin de Sainmore, il ne présente qu'une intrigue bourgeoise, trop rapprochée des mœurs modernes, pour être liée à un trait de l'antiquité. Un plan sage, des caracteres fort bien soutenus, et sur-tout le talent de mademoiselle Raucourt, alors à la fleur de l'âge, firent réussir cette tragédie ; mais les connoisseurs prévirent que l'auteur n'iroit pas plus loin : ils ne purent lui pardonner un style trop souvent dépourvu de pensée, et des vers tels que celui-ci :

Qui suit bien un projet en vient toujours à bout.

Orphanis, après avoir eu plusieurs représentations, fut reprise en 1788, époque à laquelle Louis XVI exila quelques magistrats, et fit enlever dans le Parlement d'Esprémenil et Monsabert. On ne se seroit jamais douté qu'il fût possible de trouver des applications dans une pièce où la politique n'entroit pour rien; cependant l'esprit de parti fit applaudir avec fureur les vers suivans, que l'auteur s'empressa de supprimer :

> Le dessein du tyran est par trop avéré :
> *Regarde* ce palais de *gardes* entouré ;
> De projets destructeurs ses ministres complices
> Sement par-tout l'exil, la terreur, les supplices.

Tel étoit, dès cette époque, l'aveuglement et la rage de la faction, que Louis XVI, le plus doux et le plus clément des princes, étoit traité de tyran. Blin de Sainmore, qui lui étoit attaché par les doubles liens du devoir et de la reconnoissance, fut profondément affligé de cette application qu'il n'avoit pu prévoir.

Cette anecdote donne une idée de l'esprit public dans l'année qui précéda la réunion des Etats-Généraux ; elle nous a éloignés de l'époque où l'auteur fit représenter Orphanis : nous y revenons.

Le succès de cette tragédie lui procura des amis puissans ; il obtint, sans intrigue, une place de censeur royal et une pension sur la Gazette de France. Quelques années après, il devint secrétaire de la société philantropique, l'une de ces institutions que l'esprit du siècle vouloit substituer aux associations de charité. Son penchant pour la bienfaisance ne lui fit apercevoir que le but d'utilité que les fondateurs affectoient de se proposer ; et le zele avec lequel il se livra aux occupations qui lui furent confiées, lui fit un peu négliger ses travaux littéraires. Cependant il publia encore quelques héroïdes et un drame intitulé : *Joachim, ou le Triomphe de la Piété Filiale*, tiré d'une anecdote japonoise : ce dernier ouvrage, mieux écrit qu'Orphanis, a moins d'intérêt, et ne fut pas mis au théâtre.

Quelques années avant la révolution, il y avoit bien peu d'hommes de lettres qui ne se fussent livrés à des écarts, et qui n'eussent excité les passions politiques, ou cédé à leur entraînement ; Blin de Sainmore, dont l'extrême modération tenoit autant à la sagesse qu'à une certaine timidité de caractere qui influoit sur son talent, se montra étranger aux factions ; et cette conduite prudente lui valut les faveurs du Gouvernement. En 1786, il obtint les places d'historiographe, de garde des archives, et reçut le cordon de Saint-Michel. La grande-duchesse de Russie, mère de l'empereur actuel (Alexandre Ier), connoissant son impartialité, le choisit, peu de temps après, pour son correspondant littéraire. Alors il s'occupa moins de poésie, et fit une étude particulière de la théorie des divers genres de littérature ; le meilleur résultat de cette nouvelle direction donnée à ses travaux, fut la collection agréable connue sous le nom d'*Elite de Poésies fugitives* ; il essaya en même temps de publier un *Répertoire du Théâtre - François*, entreprise qui ne réussit pas.

La révolution renversa une fortune acquise par de longs travaux et par une conduite irréprochable. Blin de Sainmore, fidele à Louis XVI, son bienfaiteur, tomba dans l'infortune, et la supporta courageusement. La grande-duchesse, avec laquelle il entretenoit toujours des relations, lui fit passer quelques secours. En 1803, il fut nommé bibliothécaire de l'Arsenal, et il mourut le 26 septembre 1807.

Charles-Georges Fenouillot de Falbaire naquit à Salins, le 16 juillet 1727. Dans sa jeunesse, il s'occupa peu de littérature, et ne parut songer qu'à se faire une existence indépendante; ce ne fut qu'à l'âge de quarante ans qu'il commença de figurer parmi les poëtes dramatiques. Ayant cédé si tard à un penchant qui, pour n'être pas ridicule, demande du moins à être appuyé sur une étude approfondie de la langue, et sur une habitude de tours poétiques contractée dès l'adolescence, il ne faut pas s'étonner si, dans cet art si difficile, il n'atteignit pas même la médiocrité; mais il prouva qu'au théâtre il est quelquefois possible de suppléer par l'intérêt au défaut absolu de verve, d'élégance et de correction.

L'Honnête Criminel, qu'il fit imprimer en 1768, est tiré d'une anecdote véritable consignée dans la Poétique de Marmontel. Le chef d'une famille protestante, nommé Fabre, avoit assisté en 1756, avec son fils, à une assemblée alors interdite par les lois; arrêté quelque temps après, il avoit été condamné au supplice des galeres. Son fils, contre lequel on n'avoit point dirigé de recherches, se rendit à Toulon; et, par un dévouement sublime, il parvint à procurer la liberté à l'auteur de ses jours, en se mettant à sa place. Il y resta huit ans, et se fit distinguer autant par sa noble résignation que par son excellente conduite. En

PRELIMINAIRE.

1762, le duc de Choiseul, instruit de son héroïsme, le fit mettre en liberté.

Ce trait, qui honore l'humanité, étoit plutôt propre à faire le sujet d'un poëme que celui d'une piece de théâtre, parce que, pour l'arranger à la scène, il falloit nécessairement y joindre des accessoires romanesques. L'auteur n'évita point cet écueil ; et quoiqu'il travaillât sous la direction de Marmontel, il étouffa en quelque sorte son sujet par une multitude de détails qui lui étoient étrangers. Il crut avoir conçu une grande idée dramatique, en faisant entrer dans sa fable une espece de misanthrope presque calqué sur l'Alceste de Moliere ; mais il ne remarqua pas qu'un caractere de ce genre ne peut produire de l'effet que lorsqu'il est entouré de personnes qui se croient heureuses, et qu'il est mal placé près d'un homme que sa piété filiale a conduit au dernier degré des infortunes humaines.

Dans une piece dirigée contre une loi évidemment barbare, puisqu'elle faisoit un crime de ce qui étoit prescrit par la conscience, on devoit s'attendre que l'auteur, pour plaire à son siecle, ne se contenteroit pas d'attaquer cette loi, mais qu'il se permettroit beaucoup d'autres déclamations. C'étoit alors la mode de dénigrer la noblesse, et de placer par-tout le lieu commun de l'égalité primitive des hommes et de la supériorité que doit obtenir le mérite; Fenouillot de Falbaire paya ce tribut imposé à tous les poëtes philosophes, par les vers suivans :

Je gémis quand j'entends ainsi déraisonner,

Quand je vois la sottise, et tout le monde y tombe,
De consulter les morts, de fouiller dans leur tombe,
Pour savoir si l'on doit estimer les vivans.
Des cadavres pourtant n'illustrent pas les gens :
Ils n'y font rien, sur-tout lorsque l'on se marie.

Ces vers, d'un ridicule rare, ne se trouvent que dans l'édition de 1768 : ils furent alors fort applaudis ; mais comme ils nuisoient à la rapidité d'un monologue, l'auteur les supprima, lorsqu'il mit sa piece au théâtre. Elle fut d'abord représentée à Versailles en 1778, et ne parut sur la scene françoise qu'au commencement de la révolution, en 1790 ; elle produisit de l'effet par le grand intérêt attaché à l'action principale : mais les spectateurs eurent peine à s'habituer à voir le héros d'un drame sous le costume d'un forçat.

L'auteur, encouragé par le succès que l'Honnête Criminel avoit obtenu à la lecture, fit représenter au Théâtre-François deux autres drames qui tomberent ; l'un, intitulé, *le Fabricant de Londres*, ne fut joué qu'une fois en 1771 ; l'autre, portant le titre fastueux de l'*Ecole des Mœurs*, se soutint foiblement en 1776, et n'eut qu'un petit nombre de représentations, lorsqu'il fut remis en 1780.

Ces drames, mal écrits et remplis de conceptions romanesques, furent, comme on le voit, peu estimés en France ; l'amour-propre de l'auteur se trouva dédommagé par l'espece de vogue qu'ils obtinrent chez l'étranger : soit que les défauts du style ne frappassent que des oreilles françoises, soit que le tragique bourgeois eût un grand attrait pour des peuples qui n'avoient point de chefs-d'œuvre dramatiques, ces productions, plutôt bizarres qu'originales, furent traduites en allemand, en hollandois et en italien.

Fenouillot de Falbaire, se consolant des disgrâces qu'il éprouvoit dans son pays, par ce qu'il appeloit les suffrages de l'Europe, acheta, en 1778, la terre de Quingey en Franche-Comté. Malgré l'aversion qu'il avoit témoignée pour la noblesse, il ne résista point à la tentation de passer pour un seigneur dans la province qui l'avoit vu naître; il sollicita et obtint la permission de porter le nom de cette terre.

Quelque temps après la destruction des Jésuites, il avoit fait, sur cet événement, une tragédie, dont le titre étoit : *les Jammabos, ou les Moines Japonois.* Les injures n'y étoient pas épargnées à la société proscrite; mais la piece manquoit entièrement d'intérêt, et le style de l'auteur, appliqué à un sujet tragique, étoit encore plus mauvais que celui de l'Honnête Criminel. Cependant il regardoit cet ouvrage comme son chef-d'œuvre; et la révolution ayant ouvert la scene à une multitude de productions monstrueuses, il espéra que les Jammabos pourroient enfin être représentés; il fit donc, dans sa vieillesse, beaucoup de démarches pour obtenir cette derniere satisfaction, qui ne lui fut point accordée : voyant l'inutilité de ses tentatives, il se retira dans la ville de Sainte-Menehoult, où il avoit des propriétés, et il y mourut le 28 octobre 1800.

Après avoir parlé de Blin de Sainmore et de Fenouillot de Falbaire, les seuls auteurs de tragédies et de drames dont il ne soit pas fait mention dans les notices du Répertoire (second ordre), nous allons suivre, dans l'ordre chronologique, et en commençant par Scarron, tous les auteurs comiques du troisième ordre, sur lesquels les limites où nous nous étions d'abord renfermés, nous avoient fait garder le silence.

Paul Scarron naquit à la fin de 1610, ou au commencement de 1611 ; son pere étoit conseiller au Parlement de Paris ; et sa mere étant morte lorsqu'il se trouvoit encore en bas âge, il eut une belle-mere qui conçut pour lui la plus forte haine. Forcé de se destiner à l'état ecclésiastique, pour lequel il n'avoit aucune vocation, il se conduisit avec une légèreté qui eût été excusable dans un laïc, mais qui donna du scandale, à une époque où l'on étoit très rigoureux sur les convenances. Ses parens l'éloignerent de Paris, et il fit en Italie un voyage dont il profita peu. De retour en France, il suivit le même genre de vie, et une folie de carnaval lui donna une maladie dont il ne put jamais guérir ; tous ses membres furent perclus, et son corps, horriblement défiguré par la violence du mal, prit la forme d'un Z : il n'étoit alors âgé que de 27 ans.

N'ayant désormais, contre l'ennui et des douleurs continuelles, d'autre ressource que le travail, il cultiva sérieusement la littérature espagnole, qui étoit très à la mode, et embrassa un genre qui faisoit le contraste le plus frappant avec sa pénible situation. « Il n'avoit, dit Ségrais, de mouvement libre que

« celui de la langue et de la main ; il se servoit pour
« écrire, d'une planche qu'on mettoit devant lui sur
« des bras de fer attachés à son fauteuil. » Ce fut ainsi
qu'il composa cette multitude de productions bouffonnes dont une société qui marchoit à grands pas vers
une civilisation perfectionnée, fit pendant quelque
temps ses délices. Son *Virgile travesti* le fit considérer comme le créateur du genre burlesque ; sans remarquer que c'étoit une plaisanterie beaucoup trop
longue, la cour et la ville accueillirent avec transport
cette bizarre traduction, et les vers en furent répétés
dans tous les cercles. Ce succès étonne au premier
coup d'œil, lorsqu'on pense que l'hôtel de Rambouil-
let donnoit le ton à la littérature : comment en effet
concilier avec la gaîté souvent grossiere de cet ouvrage,
la pruderie, la réserve affectée et les grâces maniérées
des compagnes d'Arthénice ? Cette contradiction ap-
parente s'expliquera facilement, lorsqu'on réfléchira
aux diverses vicissitudes qui précedent chez un peuple
la renaissance du goût. En cherchant le ton qui doit do-
miner dans la littérature et dans le monde, on s'avance
d'un pas mal assuré, et l'on tombe nécessairement dans
quelques écueils ; si l'on veut perfectionner la politesse,
on rencontre l'afféterie ; si l'on court après la gaîté, on
ne peut éviter le burlesque ; et ces deux excès, dont on
ne peut se dissimuler les défauts, et dont on voudroit
sortir pour reprendre la bonne route, se trouvent quelquefois réunis très naturellement dans les mêmes sociétés. Ce fut ainsi que les oreilles délicates des éleves de
mademoiselle de Scudéry ne furent point trop effarou-

chées par les traits quelquefois un peu libres du Virgile travesti. Moliere seul pouvoit fixer les bornes du bon ton et du bon goût, en faisant perdre aux femmes cette pruderie qui les empêchoit d'être piquantes et naïves, et en remplaçant le burlesque par la plaisanterie franche et spirituelle qui convient à la bonne compagnie.

Le burlesque, que Boileau avoit condamné, trouva des apologistes dans le dix-huitieme siecle; Marmontel en fit un des articles de sa poétique, et sembla regretter qu'il fût abandonné; il chercha, dit-on, à prouver le parti qu'on pouvoit en tirer, en essayant de travestir la Henriade (1).

Mais si Scarron prit d'abord une mauvaise direction, il rendit un vrai service à la langue, par la publication de son *Roman comique* et de ses *Nouvelles imitées de l'espagnol*. Son style, en général pur, rapide et naturel, contribua beaucoup à perfectionner la prose françoise; et ces productions originales sont encore aujourd'hui une lecture très amusante.

Le pere de Scarron étant mort, il intenta un procès à sa belle-mere, et le perdit. Réduit, au milieu des infirmités, à un revenu très médiocre, il fut protégé par mademoiselle d'Hautefort, cette aimable prude dont Louis XIII avoit été amoureux; elle le recom-

---

(1) Il existe une Henriade travestie, qu'on attribue à de Moubron.

manda vivement à la régente Anne d'Autriche, qui la traitoit comme une favorite, et lui fit obtenir de Mazarin une pension de cinq cents écus. Bientôt les troubles de la Fronde commencerent ; et le ministre se trouva dans une position si ridicule, que Scarron ne put s'empêcher de se déclarer contre lui, malgré la reconnoissance qu'il lui devoit : il publia *la Mazarinade*, qui lui fit perdre sa pension. Ensuite il s'attacha au prince de Condé, qu'il quitta pour le coadjuteur, depuis cardinal de Retz, auquel il dédia la premiere partie de son Roman comique. Dans une guerre telle que celle de la Fronde, où tout commençoit et finissoit par des plaisanteries, un partisan tel que Scarron n'étoit pas à dédaigner.

La guerre de la Fronde n'étoit pas finie, lorsqu'en 1652 il épousa mademoiselle d'Aubigné, intéressante orpheline, destinée à la fortune la plus extraordinaire, et que les troubles privoient alors des secours que lui avoit accordés Anne d'Autriche. Ce fut mademoiselle d'Hautefort qui fit ce mariage ; la jeune personne paroissoit sacrifiée : « Je ne lui ferai, disoit Scarron, « point de sottises, mais je lui en apprendrai beau- « coup. » La maison du poëte, soutenue par les rétributions qu'il tiroit de ses pièces de théâtre, qui toutes réussissoient, avoit été jusqu'alors fréquentée par d'aimables libertins, et l'on étoit loin d'y observer la décence que réclamoit la présence d'une jeune épouse : aussitôt après son mariage, il y régna un excellent ton, et elle devint le point de réunion de la meilleure société.

Scarron avoit fait représenter, quelques années auparavant, la comédie de *Jodelet Maître et Valet*, imitée d'une piece de don Francesco de Roxas; cette production offrit, pour la premiere fois, la situation, si souvent remise au théâtre, d'un amant qui, afin d'éprouver sa maîtresse, fait jouer à son valet le rôle de maître. Cette situation, dans la piece de Scarron, est plus vraisemblable que dans toutes les imitations qui en ont été faites, parce que Jodelet, chargé de faire parvenir à Isabelle le portrait de don Juan, lui a envoyé le sien, et qu'ainsi la jeune personne ne peut soupçonner la ruse. L'intrigue de cette comédie est, conformément au goût espagnol, très compliquée; il y a des surprises et des combats nocturnes : quelquefois le ton noble y est employé, et l'on sent que ce n'est point là le genre de Scarron ; le rôle de Jodelet est fort comique, mais il tombe trop souvent dans le burlesque.

Moliere y a puisé l'une des situations les plus heureuses de l'Ecole des Maris, représentée seize ans après : c'est celle d'une femme qui a devant les yeux un homme qu'elle aime et qu'elle ne peut épouser, et un homme qu'elle déteste et à qui elle craint d'être forcée de donner sa main ; évitant avec soin de trahir ses sentiments secrets, elle fait, dans un langage enveloppé, une déclaration qui exprime ce qui se passe véritablement dans son cœur.

Dans Scarron, Isabelle se trouve avec don Juan et Jodelet; le premier, sous le costume d'un valet, l'a vivement touchée ; le second, jouant le rôle de maître, lui a inspiré la plus grande aversion : elle leur parle ainsi :

>Pour vous dire la chose avec toute franchise,
>D'aujourd'hui seulement je suis d'amour éprise :
>Je n'avois dans l'esprit que de l'aversion,
>Le dédain seulement étoit ma passion :
>Mais, hélas! croyez-moi, depuis votre venue,
>La flamme de l'amour m'est seulement connue ;
>Et, bien que mon amour, à nul autre second,
>Doive se réjouir quand le vôtre y répond,
>Au contraire je suis dans une peine extrême
>De voir que vous m'aimez, et qu'il faille que j'aime ;
>Car votre amour ne peut du mien être le prix,
>Encore que par vous mon cœur se trouve pris.
>Bien qu'à vous et chez vous est tout ce que j'adore,
>Sachez pourtant qu'en vous est tout ce que j'abhorre.

Moliere profita en maître de cette situation vraiment théâtrale, et lui donna les développemens les plus passionnés. Dans l'Ecole des Maris, Isabelle, pressée d'épouser son tuteur, et ayant près d'elle l'amant qu'elle chérit, ose faire à ce dernier une déclaration d'amour, que Sganarelle prend pour lui :

>Oui, je veux bien qu'on sache, et j'en dois être crue,
>Que le sort offre ici deux objets à ma vue,
>Qui, m'inspirant pour eux différens sentimens,
>De mon cœur agité font tous les mouvemens.
>L'un, par un juste choix où l'honneur m'intéresse,
>A toute mon estime, et toute ma tendresse ;
>Et l'autre, pour le prix de son affection,
>A toute ma colere et mon aversion.

La présence de l'un m'est agréable et chere,
J'en reçois dans mon ame une allégresse entiere ;
Et l'autre, par sa vue, inspire dans mon cœur
Des secrets mouvemens et de haine et d'horreur.
Me voir femme de l'un est toute mon envie,
Et plutôt qu'être à l'autre, on m'ôteroit la vie.

Scarron fit représenter, l'année qui suivit son mariage, la comédie de *Don Japhet d'Arménie*, imitée d'une piece espagnole de Tirso de Molina, intitulée : *el Bobo de Carlo quinto* (1). Si jamais sujet convint au talent de l'auteur, ce fut celui qui offroit le fameux fou de Charles-Quint cherchant la retraite, après avoir acquis une fortune immense, voulant se marier, et réunir autour de lui une cour presque aussi brillante que celle de son maître. Les tours multipliés qu'on joue à cet original, qui a pris le nom pompeux de Don Japhet d'Arménie, forment le comique de cette piece, et ont quelque rapport avec les mystifications qu'on fait éprouver à Don Quichotte dans le château de la duchesse. L'auteur lia les scenes bouffonnes de ce sujet par une intrigue amoureuse qui ne manque pas d'intérêt, et dans laquelle on trouve même une sorte de délicatesse, due probablement aux conseils de sa jeune épouse. La personne sur laquelle l'intrigue roule craint d'être trompée par son amant; une de ses amies lui in-

---

(1) Cette piece est devenue très rare, même en Espagne. Elle se trouvoit, avant la révolution, dans la bibliotheque du duc de Medina Sidonia, grand amateur de comédies.

dique les moyens de le fixer, et lui donne cette excellente leçon de coquetterie :

Montrez-lui de l'amour pour augmenter le sien :
Promettez-lui beaucoup, ne lui permettez rien.

Cette comédie est, de toutes les pieces de Scarron, celle qui eut le plus de succès : on la jouoit encore dans les derniers temps, et elle attiroit, à l'époque du carnaval, un grand concours de spectateurs.

Ainsi l'auteur sembloit opposer à des souffrances continuelles une gaîté imperturbable ; cependant la tristesse inséparable de son état le poursuivoit toujours, et c'étoit là ce qui rendoit ses plaisanteries forcées : on en peut juger par l'épître dédicatoire de Don Japhet d'Arménie, adressée à Louis XIV, alors âgé de quatorze ans ; il cherche à y être bouffon, mais il termine par un douloureux retour sur lui-même : « Je « tâcherai, dit-il, de persuader à Votre Majesté « qu'elle ne se feroit pas grand tort, si elle me faisoit « un peu de bien. Si elle me faisoit un peu de bien, je « serois plus gai que je ne le suis ; si j'étois plus gai « que je ne le suis, je ferois des comédies enjouées ; si « je faisois des comédies enjouées, Votre Majesté en « seroit divertie ; si elle en étoit divertie, son argent « ne seroit pas perdu : tout cela conclut si nécessaire- « ment, qu'il me semble que j'en serois persuadé, si « j'étois aussi bien un grand roi, que je ne suis qu'un « pauvre malheureux. » Scarron, ayant conservé jusqu'au dernier moment son enjouement et sa patience, mourut au mois d'octobre 1660.

DISCOURS

Dans les notices du Répertoire (second ordre) nous avons caractérisé les talens de DANCOURT et de LE GRAND, sans entrer dans le détail de leurs nombreuses productions. Il est donc nécessaire que nous revenions sur quatre pieces du premier, et sur deux pieces du second, qui font partie du Répertoire (troisieme ordre.)

Les Bourgeoises à la mode, représentées en 1692, lorsque Dancourt étoit dans la force de son talent, roulent à peu près sur la même idée que les Bourgeoises de qualité que nous avons insérées dans notre premier recueil. Ce sont des femmes qui veulent sortir de leur état, et que la vanité rend fort ridicules. Il y a une conception qui dut paroître d'une grande hardiesse à une époque où la corruption n'atteignoit encore qu'un petit nombre de familles. La femme d'un notaire et celle d'un commissaire, très disposées à ruiner leurs époux, trouvent l'occasion la plus favorable d'exécuter leur dessein. Ces deux hommes, fort avares dans leur intérieur, sont fatigués des folies de leurs épouses, qui s'entendent entre elles pour inspirer de l'amour à celui qui n'est pas leur mari. Tout réussit d'abord au gré de leurs vœux : le notaire et le commissaire tombent dans le piege et deviennent magnifiques. Mais un chevalier d'industrie, qui a profité du désordre pour faire la cour à la fille du notaire, se permet des escroqueries qui font tout découvrir. Cette piece, dont le fond a pu être puisé dans un conte très connu de La Fontaine, est plus intriguée que les autres comédies de Dancourt. La décence y est observée, autant que le sujet le comportoit, puisque les deux femmes ne montrent aucun goût pour la galanterie, et ne s'occupent, en trompant des hommes qu'elles n'aiment point, que de parure, de jeu et de spectacle. On y trouve des mots piquans : le notaire voudroit que sa femme se livrât aux soins du ménage : la soubrette répond : « Eh fi ! monsieur, « vous êtes notaire, et vous ne savez pas la coutume « de Paris. »

Le Tuteur, représenté en 1695, n'est qu'une bien foible imitation de l'Ecole des Maris et de l'Ecole des Femmes. C'étoit plutôt, suivant le plan adopté par Dancourt, le sujet d'un conte que celui d'une comédie. L'auteur a passé le but qu'il se proposoit, en rendant le tuteur trop ridicule ; et les scenes de nuit, où les acteurs courent les uns après les autres, manquent de vraisemblance. Cependant la vivacité du dialogue, qualité distinctive de Dancourt, et un rôle de paysan très comique, font réussir cette piece lorsqu'on la remet au théâtre.

Les Curieux de Compiegne, représentés en 1698, sont une piece de circonstance. Louis XIV venoit de former à Compiegne un camp de plaisance ; et les bourgeois de Paris s'empressoient d'aller voir une armée qui avoit fait tant de fois trembler l'Europe. Ce spectacle tout nouveau excitoit une sorte d'engouement. Les femmes y entraînoient leurs maris, et s'enthousiasmoient de la bonne mine des officiers, qui le plus souvent se moquoient d'elles. Dancourt a très heureusement choisi ses personnages ridicules parmi des marchands, plus disposés que la haute bourgeoisie à se laisser éblouir par un coup d'œil de ce genre. Comme on doit s'y attendre, les officiers se jouent de ces curieux indiscrets, qui sont même bafoués d'une maniere trop forte : en cela Dancourt a passé les bornes du bon comique. Cette piece, comme le Tuteur, n'est estimable que par le dialogue : on y remarque le caractere d'une femme qui tient auberge à Compiegne, et qui, dans une scene très bien filée, parvient à faire expliquer une jeune personne, en présence de sa mere, sur le goût qu'elle a pour un officier.

Le Galant Jardinier, représenté en 1704, est une des comédies les plus amusantes de Dancourt ; le fond en paroît un peu romanesque, mais la gaieté et la grace qui y regnent font excuser tous les défauts. La curiosité est excitée par des fêtes que donne l'amant favorisé, et qui sont attribuées à son rival : on sourit à une jolie scene où Lucile, s'entretenant avec Marton, fait connoître à son amant, qui feint de dormir, les sentimens qu'elle a pour lui : la niaiserie spirituelle d'un paysan, qui reçoit de toutes mains, donne du piquant et de la vivacité à l'intrigue ; et une scene très originale, celle des deux begues qui, se trouvant en présence, sans se connoître, croient chacun que son interlocuteur le contrefait, précède le dénouement, qui se fait de la maniere la plus naturelle et la plus comique.

La Famille Extravagante de LE GRAND, représentée en 1709, offre une imitation de la maniere de

Dancourt, mais le comique est moins naturel, et il y a moins de finesse et de vivacité dans le dialogue. L'idée en est très plaisante. M. Pietremine, procureur, veut épouser sa pupille; mais la jeune personne a un amant qui, après avoir long-temps rôdé autour de la maison, est parvenu à s'y introduire. Cet amant a si bonne mine et est si aimable, que la mere, la sœur et la fille du procureur en sont éprises, et que chacune se figure en particulier que c'est à elle qu'il adresse ses vœux. Cette combinaison amene des quiproquos et des éclaircissemens qui pourroient être fort comiques; mais le clerc du procureur, grand fripon, chargé de tenir les fils de l'intrigue, manque trop souvent de gaieté; et les trois folles, qui courent après le jeune homme, ne montrent ni cette finesse, ni cet esprit inventif qui caractérisent les fantaisies de leur sexe. La mere du procureur a la manie des proverbes, ce qui lui donne une couleur particuliere : cette idée, peu dramatique, a été imitée par Fabre d'Eglantine, dans un des rôles de l'Intrigue Epistolaire. Il est à remarquer que la Famille extravagante, où le comique dégénere en bouffonnerie, fut jouée et applaudie en 1709, l'année la plus désastreuse du regne de Louis XIV, au moment où la famine et des défaites, qui sembloient irréparables, portoient la désolation dans toute la France. Ce contraste ne doit pas étonner, si l'on réfléchit que, dans les grandes villes, il se trouve toujours des hommes que les désastres publics ne sauroient détourner de leurs plaisirs.

La Nouveauté, représentée en 1725, est une des

productions les plus ingénieuses de Le Grand. Malheureusement c'est une allégorie, composée de scenes détachées qui ne sont liées à aucune intrigue; et ces scenes ne roulent le plus souvent que sur des ridicules fugitifs, aujourd'hui presque oubliés. La scene la plus agréable est celle où la Nouveauté donne des conseils à une jolie villageoise qui voudroit ramener son mari, et qui en même temps ne seroit pas fâchée de plaire à son seigneur : la déesse lui répond très sensément : « Restez dans votre naturel, mon en-
« fant ; c'est un secret dont peu de femmes se soient
« encore avisées, et que les hommes attendent de-
« puis long-temps. » L'auteur joua, dans cette piece, sous le nom de M. de La Rimaille, l'abbé Pellegrin qui, vivant du métier de poëte, tenoit magasin d'épigrammes, d'épithalames, d'épitaphes et de madrigaux, disputoit les prix de toutes les académies, et travailloit pour tous les théâtres. Cette licence, que toléra la police du ministere de M. le duc, n'excita point les réclamations du poëte intéressé, dont l'ame étoit flétrie par l'infortune. La maniere dont Le Grand, habile comédien, savoit imiter la physionomie et le costume de ce personnage, alors très connu, donnoit à la piece un attrait qu'elle a perdu, depuis que l'abbé Pellegrin et ses ouvrages sont tombés dans l'oubli.

Nous venons de réparer les omissions qui se trouvent dans les notices sur Dancourt et sur Le Grand : désormais nous suivrons, sans interruption, les auteurs comiques dont les pieces composent le Répertoire (troisieme ordre.)

NICOLAS BOINDIN naquit à Paris le 29 mai 1676, d'un procureur du roi au bureau des finances. Il fut d'abord mousquetaire, puis il occupa la charge de son pere, et consacra ses loisirs aux lettres. Lié avec La Motte, Saurin et Jean-Baptiste Rousseau, il fréquentoit, au commencement du dernier siecle, ce fameux café où des réunions, que des goûts paisibles sembloient avoir formées, devoient occasioner le plus affreux scandale. Boindin se distingua dans cette société, où tout le monde étoit admis, par une grande facilité d'élocution, et par une liberté de pensée qui lui attiroit beaucoup d'auditeurs : il n'osoit développer ouvertement sa dangereuse doctrine, mais il ne cachoit pas à ses amis qu'il ne croyoit à rien. Ce fut à cette époque qu'il travailla pour le théâtre. Il composa seul le Bal d'Auteuil, et le Petit maître de Robe, où l'on trouve des imitations heureuses de Dancourt : les Trois Gascons et le *Port de Mer* furent le fruit de ses liaisons avec La Motte. La derniere de ces pieces a mérité d'être placée au théâtre, à côté des productions spirituelles qu'on revoit toujours avec plaisir.

L'idée de cette comédie est une folie, mais une folie très plaisante. Tous les personnages sont des fripons qui, comme ceux de Le Sage, ne faisant ni sensibilité, ni morale, parlent et agissent de maniere à prévenir le public contre leurs fourberies. Il s'agit de la fille d'un riche juif qui, au moment de faire une banqueroute avantageuse, veut la donner malgré elle à un pirate. L'amant employe toutes sortes de ruses pour traverser ce dessein : un galérien est au nombre des intrigans qui le servent : il y a des travestissemens qui ressemblent à une mascarade; et le dénouement, amené un peu brusquement, donne lieu à une fête d'un genre nouveau. Ce canevas très léger est rempli par un dialogue plein de saillies, où l'on reconnoît souvent la touche fine et délicate de La Motte : Boindin y a semé des traits plus vigoureux ; et ce mélange de tons, qui ne fait point disparate, répand sur la piece une couleur originale à laquelle il faut attribuer le succès qu'elle a constamment obtenu.

Le goût que Boindin avoit pour le théâtre ne l'empêcha pas de se livrer à des occupations plus sérieuses ; et sa réputation d'érudit le fit admettre à l'Académie des Inscriptions, en 1706, deux ans après la premiere représentation du Port de Mer. Il enrichit bientôt les mémoires de cette compagnie de quelques ouvrages utiles, parmi lesquels on remarque une Dissertation sur les spectacles des anciens. Il travailla aussi à fixer la prosodie de notre langue, et crut, sous le ministere du cardinal de Fleury, pouvoir se mettre sur les rangs pour entrer à l'Académie Françoise. Sa réputation d'incrédule le fit écarter.

Cet auteur, dont la probité austere contrastoit avec les principes qu'il avoit adoptés, possédoit quelques vertus privées : mais sa présomption et sa brusquerie rendoient son commerce difficile : voilà pourquoi Voltaire crut devoir l'exclure du temple du goût. Dans sa vieillesse, il écrivit l'histoire de sa vie, et, à défaut de prôneurs, il se donna lui-même de grands éloges. Il laissa en mourant un manuscrit très curieux, où, après quarante ans, il justifia Jean-Baptiste Rousseau d'avoir fait les couplets pour lesquels il avoit été banni, et mit ce libelle sur le compte de La Motte et de Saurin. Ce témoignage si tardif, et n'arrivant qu'après la mort de tous les intéressés, a excité des doutes qui ne seront jamais éclaircis : on doit seulement remarquer qu'en justifiant Rousseau, Boindin confirma la déclaration solennelle que fit cet illustre infortuné quelques momens avant de rendre les derniers soupirs. Boindin mourut le 30 novembre 1751, âgé de 75 ans.

René Alain naquit à Paris en 1680, ou au commencement de 1681. Son pere étoit sellier dans la rue Dauphine, et jouissoit d'une honnête aisance ; il fit ses études avec succès, et fut destiné par sa famille à l'état ecclésiastique : mais son goût pour le théâtre, qu'il fréquentoit en secret, et ses liaisons avec quelques comédiens, le détournerent bientôt de sa vocation. Ayant perdu son pere, il prit son état, ce qui ne l'empêcha pas de cultiver les lettres. Il publia des vers qui réussirent, sur-tout par le constraste qu'ils sembloient faire avec la profession de l'auteur. Encouragé par ce succès, il concourut pour un prix de l'Académie Françoise, et obtint une mention honorable. En 1711, à l'âge de trente ans, il composa, de concert avec le comédien Le Grand et une autre personne qui ne voulut pas être nommée, *l'Epreuve Réciproque*, qui fut très favorablement accueillie.

Cette piece, dont Jodelet maître et valet, de Scarron, avoit donné le premier modele, est bien conçue et bien conduite. L'idée de faire passer un laquais pour un riche financier, et une soubrette pour une comtesse, est justifiée, autant que l'exigent les vraisemblances dramatiques, par le lieu de la scene qui est une maison de jeu : avantage que n'a point la comédie du Jeu de l'Amour et du Hasard de Marivaux, dont le sujet est le même. Les situations, très comiques par elles-mêmes, sont préparées avec art, et le dialogue enjoué et spirituel ne s'écarte pas du bon ton. L'auteur, craignant de faire languir l'action, en bannit tous les détails inutiles, et le soin qu'il prit de marcher au but sans s'arrêter un instant, déplut à quelques esprits ingénieux qui auroient voulu plus de développemens agréables. On raconte que La Motte l'aborda au sortir de la premiere représentation, et que, faisant une allusion peu délicate à la profession sur laquelle il avoit le bon esprit de compter beaucoup plus que sur ses succès littéraires, il lui dit : « Maître Alain, vous n'avez pas assez allongé « la courroie. » Reproche qui prouvoit du moins que l'auteur n'avoit pas ennuyé ses auditeurs.

Le succès de cette piece resserra les liaisons d'Alain avec les comédiens. Entraîné par eux à des plaisirs qui ne s'accordoient pas avec la foiblesse de sa santé, il mourut le 22 décembre 1720, à l'âge de 39 ans.

JACQUES DU VAUR naquit à Crest, petite ville du Dauphiné, en 1698, d'une famille honnête et dans l'aisance. Il vint fort jeune à Paris, contracta des liaisons avec Boissy, dont les pieces brilloient alors sur la scene françoise ; et, sachant concilier les soins de sa fortune avec son goût pour la littérature, il trouva bientôt le moyen d'être attaché, en qualité d'écuyer, au prince de Tingri-Montmorency. Peu de temps après, il devint officier de cavalerie, et servit d'aide-de-camp au marquis de Savines, lieutenant-général de l'armée qui fut envoyée en Italie pendant la guerre de 1733 ; il fit toutes les campagnes, se trouva aux batailles de Plaisance, de Guastala, et fut blessé à celle de Parme. S'étant retiré du service en 1739, il se livra entièrement aux lettres, et fut admis dans la société de la duchesse du Maine, qui tenoit à Sceaux une cour où les hommes distingués dans tous les genres étoient appelés. Inspiré par cette société, où chacun devoit apporter son tribut poétique, il composa plusieurs pieces de vers qui furent insérées dans les recueils du temps.

En 1749, il fit représenter la comédie du *Faux Savant*. Cette piece, écrite avec esprit et élégance, renferme des détails très agréables ; le ton en est excellent, le dialogue bien entendu : l'exposition ne laisse rien à désirer, et le premier acte est un des meilleurs qui existent au Théâtre. Mais on remarque des défauts essentiels dans les ressorts et dans les caracteres : celui de Polimate, faux savant, paroît tout-à-fait manqué. Pour être parvenu à subjuguer M. Doriman, qui n'est pas présenté comme entièrement dépourvu de bon sens, il faut qu'il ait acquis quelque réputation dans le monde ; et cela peut-il se supposer, lorsqu'on le voit donner à chaque instant les preuves de la plus grossiere ignorance ? Ce caractere d'ailleurs n'est point approfondi : il n'y a rien de comique, il est même triste, et répand une sorte de langueur sur toute l'action. L'auteur avoit pour objet de se moquer de ces hommes qui, pendant le dix-huitieme siecle, affectoient l'universalité des connoissances : l'idée étoit bonne ; mais la crainte de se faire des ennemis puissans l'empêcha probablement de l'exécuter. Les ressorts du Faux Savant sont tirés du triple déguisement d'une soubrette en vicomtesse, d'un laquais en financier, et d'un amant en précepteur. Ces moyens paroissent usés depuis que le théâtre est sorti de l'enfance, et Moliere les avoit dédaignés. Fortuné et Lisette ont trop bon ton pour leur état ; et leurs plaisanteries n'ont pas en général la franchise qu'on exige dans ces sortes de rôles. Le caractere de Timantoni, maître d'italien, est le mieux combiné de tous : il prend beaucoup plus de part à l'intrigue que les valets : conception heureuse que Desfaucherets a eu le mérite d'appliquer au rôle charmant de madame de Volmar, dans le Mariage Secret. Le second acte du Faux Savant languit un peu ; mais le troisieme se releve par la scene du tableau, dont le modele n'existoit pas, et qui est aussi agréable par le naturel du dialogue que par l'intérêt de la situation.

En 1756, Du Vaur présenta aux comédiens françois une piece en trois actes, intitulée le Marquis Campagnard : cette piece fut reçue, mais on ne la représenta point. La même année il fit jouer à la comédie ita-

PRÉLIMINAIRE.

lienne un opéra, dont le titre étoit l'Imagination, piece qu'il retira bientôt, quoiqu'elle eût obtenu une sorte de succès.

Deux ans après, il renonça au théâtre, et se retira dans sa ville natale : le goût des lettres ne l'abandonna point ; et, fort estimé de ses compatriotes, il fut souvent choisi par eux pour adresser des discours aux personnages distingués qui passoient à Crest. En 1770, ayant fait un voyage à Lyon pour se faire guérir de la cataracte, il y mourut le 26 juin de cette année.

FRANÇOISE D'ISSEMBOURG D'APPONCOURT DE GRAFFIGNY naquit à Nanci en 1694. Ayant épousé fort jeune Hugues de Graffigny, chambellan du duc de Lorraine, elle eut long-temps à souffrir de la mauvaise conduite de cet homme, dont elle fut enfin juridiquement séparée, et qui termina ses jours dans une prison. Seule dans le monde, n'ayant qu'une fortune médiocre, elle trouva sa consolation dans la culture des lettres qui l'avoit préservée du désespoir pendant les orages des premieres années de sa vie. Sa physionomie intéressante, la douceur de son caractere et la délicatesse de son esprit lui procurerent bientôt autant d'amis que d'admirateurs. Sous le nom de Francine, elle eut, long-temps avant d'être connue à Paris, des succès à la cour de Lorraine, tenue successivement par le duc Léopold, et par le roi de Pologne Stanislas, beaupere de Louis XV. Elle avoit déja passé l'âge de la jeunesse, lorsqu'en 1738, elle fut admise dans la société de madame Du Châtelet, qui habitoit depuis peu avec Voltaire le château de Cirey : ses premiers essais y furent goûtés. Mais si cette retraite lui offrit toutes les ressources que son goût pour la littérature pouvoit desirer, elle y rencontra des petites passions et des prétentions outrées qui ne la laisserent pas jouir long-temps d'un commerce en apparence aussi agréable. Deux femmes d'un esprit distingué conservent rarement une longue intimité : madame de Graffigny et madame Du Châtelet se brouillerent ; et Voltaire eut la foiblesse de prendre part à leur querelle, ce qui ne l'empêcha pas de renouer une correspondance avec la premiere, aussitôt qu'elle eut acquis une grande réputation.

Madame de Graffigny ne pouvoit obtenir qu'à Paris cette réputation à laquelle elle aspiroit : une occasion très favorable servit le dessein qu'elle avoit d'aller s'y établir. Le duc de Richelieu avoit épousé, en 1734, mademoiselle de Guise, princesse de Lorraine : cette jeune princesse s'attacha une personne, qui étoit du même pays qu'elle, et dont elle avoit entendu, dès son enfance, vanter l'esprit et les talens.

A peine madame de Graffigny fut-elle à Paris, qu'elle contracta des liaisons avec les gens de lettres les plus distingués. Le goût se perdoit alors par l'affectation qu'on mettoit à faire entrer de la philosophie et de la métaphysique dans les productions les plus frivoles : on croyoit perfectionner l'art d'écrire en bannissant le naturel et en lui substituant les raffinemens d'une fausse délicatesse. L'analyse exacte du cœur humain étoit l'objet que se proposoient les poëtes et les auteurs à la mode; et ils négligeoient l'ensemble des tableaux pour ne s'occuper que de petites nuances. Ce fut d'après leurs inspirations que travailla madame de Graffigny; mais son excellent esprit, sa sensibilité vraie, lui firent éviter une grande partie des défauts de ses modeles.

Elle débuta par une nouvelle qui n'eut de succès que dans son cercle. Instruite par l'accueil froid que fit le public à une production qui n'étoit que spirituelle, elle essaya de peindre les grandes passions dans les *Lettres Péruviennes,* qui réussirent au-delà de ses espérances. Le sujet étoit entièrement neuf; l'amour y étoit peint avec ce naturel et cette décence qui caractérisent les romans écrits par des femmes : des peintures fideles des sociétés de Paris se trouvoient mêlées avec les tableaux d'une nature sauvage; et quelques pensées trop fines, quelques expressions recherchées ne diminuoient que foiblement le charme d'un ensemble aussi intéressant que bien conçu.

Jouissant dès lors d'une grande réputation, elle osa travailler pour le théâtre, où il est presque sans exemple que les femmes aient jamais obtenu un succès complet. *Cénie* justifia, sous plusieurs rapports, les espérances qu'on avoit fondées sur l'auteur des Lettres Péruviennes. Ce n'est pas une comédie, ce n'est ni un drame lugubre, ni une tragédie bourgeoise : c'est une intrigue domestique qui se développe naturellement, et qui présente une suite de scenes pleines d'intérêt. Madame de Graffigny, ne sachant quel titre donner à cet ouvrage, l'appela *piece dramatique.*

Le fond du sujet a quelque rapport avec la Gouvernante de La Chaussée, représentée trois ans auparavant ; mais les deux pieces different entièrement pour les caracteres et pour l'action : elles n'ont de commun que l'idée heureuse de donner à une jeune demoiselle sa mere pour gouvernante. Il y a moins d'effets de théâtre dans l'ouvrage de madame de Graffigny, que dans celui de l'auteur de Mélanide, mais on y trouve plus d'intérêt et de vraie sensibilité. La Chaussée avoit à peindre le trait généreux d'un magistrat qui, ayant à se reprocher d'avoir mal jugé un procès, rétablit de son propre bien la fortune de la famille qui a été victime de son erreur : cette anecdote vraie, et qui se prêtoit naturellement aux développemens les plus nobles, assuroit d'avance le succès de l'ouvrage. La piece de madame de Graffigny est toute de son invention, et l'on ne peut nier que ce ne soit une fable très bien combinée.

Dorimon, que, pour se conformer au goût du siecle, l'auteur présente comme un noble qui s'est enrichi dans le commerce, a épousé, dans un âge avancé, Mélisse, jeune personne sans fortune. Cette femme, craignant de redevenir pauvre, si elle perd son mari, a feint une grossesse, et Dorimon se croit le pere de la jeune Cénie. La véritable mere de cette enfant est madame Dorsainville, dont l'époux, proscrit pour une affaire d'honneur, a été obligé de fuir. L'accouchement douloureux de cette femme infortunée a rendu facile l'enlèvement de Cénie, dont on a supposé la mort ; et madame Dorimon a confié à cette mere l'éducation de sa fille, sans que l'une ni l'autre soupçonnent les liens qui les unissent.

Mélisse vient de mourir au moment où la piece commence ; et Dorimon, qu'elle a trompé, la regrette vivement. Il est consolé par celle qu'il croit sa fille, et par deux neveux peu riches, dont il destine l'un à devenir son gendre. Méricourt, véritable tartufe, a reçu les derniers soupirs de sa tante, et connoît son secret : Clerval, dont le caractere noble contraste avec celui de son frere, aime éperdûment Cénie, qui répond à son amour : par une suite de ses généreux penchans, il a contracté une liaison intime avec Dorsainville, qui est revenu secrètement en France, et dont il sollicite la grace. Il est loin de soupçonner que cet infortuné est le pere de sa maîtresse.

Méricourt, ayant perdu tout espoir d'obtenir la main de Cénie, lui découvre qu'elle n'est pas la fille de Dorimon. Vainement celui-ci veut-il l'adopter, elle s'obstine à quitter une maison où elle ne peut plus exister décemment. Il résulte de cette situation violente des développemens de caracteres, des reconnoissances naturellement amenées, et un dénouement qui, pour être prévu, n'en est pas moins intéressant.

Une scene vraiment neuve et dramatique est celle où Clerval, s'étant décidé à placer la mere et la fille dans un couvent, charge Dorsainville de ce soin, et marque toutes les inquiétudes qui caractérisent la passion, en lui recommandant à plusieurs reprises d'avoir pour ces dames toutes sortes d'égards.

Cet ouvrage, dont on n'aperçut pas d'abord les défauts, produisit le plus grand effet. « Tout ce que « la morale a de plus sublime, s'écrioit Fréron, le sen- « timent de plus délicat, l'infortune de plus respecta- « ble et de plus touchant, la générosité de plus noble, « la reconnoissance de plus vif, la probité de plus sé- « vere, se trouve rassemblé dans cette piece. » L'actrice chargée du rôle de Cénie étoit sur-tout devenue, par la perfection de son jeu, l'idole des spectateurs; les amateurs outrés de l'art dramatique triomphoient, et soutenoient qu'il n'étoit plus possible de nier que le théâtre fût une école de mœurs; les meres proposoient à leurs filles ce charmant modele, et les jeunes gens trouvoient fort agréable d'être ainsi endoctrinés. Jean-Jacques Rousseau, dans sa lettre à d'Alembert, fit d'excellentes observations sur les suites de cet engouement, et ne parvint pas à le faire cesser. « Un effet naturel de ces sortes de pieces, dit-il, est « d'étendre l'empire des femmes, et de leur donner, « sur les spectateurs, le même pouvoir qu'elles ont « sur leurs amans.... Qu'un jeune homme n'ait « vu le monde que sur la scene, le premier moyen « qui s'offre à lui pour aller à la vertu, est de « chercher une maîtresse qui l'y conduise, espé- « rant bien trouver une Constance, ou une Cénie « tout au moins. C'est ainsi que, sur la foi d'un mo- « dele imaginaire, sur un air modeste et touchant, « sur une douceur contrefaite, *nescius auræ falla-*

PRÉLIMINAIRE.

« *cis*, le jeune homme court se perdre en pensant
« devenir un sage. »

Aujourd'hui toutes les causes qui contribuerent à
la vogue de Cénie n'existent plus, et cette piece peut
être jugée avec impartialité. On doit observer que
l'auteur ne s'est pas toujours préservé de l'affectation,
que son style est souvent précieux et maniéré, qu'il
y a trop de faste dans les vertus de la gouvernante, et
que les autres caracteres ne sont pas tracés avec énergie. Dorimon est d'une foiblesse qui diminue l'intérêt
qu'on doit prendre à lui. Méricourt, présenté comme
un tartufe de société, ne déploye aucune adresse dans
son hypocrisie, et ce personnage, qu'on voudroit
voir habile et profond, n'est qu'un intrigant ordinaire. A l'exception de la maniere dont Clerval est
placé dans l'excellente scene que nous avons citée, cet
amant ne montre pas une passion vraie. Cénie, dans
sa perfection et dans ses discours sentencieux, ressemble trop à une héroïne de roman, et la soubrette
manque absolument de gaieté.

Il faut conclure de ces observations, que ce chef-d'œuvre de madame de Graffigny, où l'on remarque
plusieurs beautés de détail, peut être jugé, pour l'ensemble, d'après l'opinion que Jean-Jacques Rousseau,
si fécond en paradoxes, professoit sur les ouvrages des
femmes, auxquelles il refusoit la faculté de s'élever
jusqu'à une certaine hauteur, et qui, selon lui, ne
pouvoient jamais tirer de leur imagination trop mobile que des productions froides et jolies.

Madame de Graffigny réunissoit chez elle une société choisie qui avoit beaucoup d'influence sur ses succès littéraires. Disposée à protéger les jeunes auteurs qui annonçoient quelque talent, elle accueillit Guimond de la Touche, sorti récemment des Jésuites, fut frappée des beautés de sa tragédie d'*Iphigénie en Tauride*, le mit en relation avec mademoiselle Clairon, et leva toutes les difficultés qui s'opposoient à la prompte représentation de sa piece : transportée du succès, elle traita l'auteur comme son fils.

Au moment où elle partageoit ce triomphe de son jeune ami, elle éprouva une disgrace à laquelle son excessive sensibilité la fit succomber. La Fille d'Aristide, piece en cinq actes, bien moins intéressante que Cénie, mais que madame de Graffigny croyoit très supérieure, parce qu'elle étoit plus philosophique, n'obtint aucun succès. On dit que l'auteur, trop docile aux avis que lui donnoient les hommes de sa société, leur permit de faire à sa piece des changemens qui la rendirent plus défectueuse qu'elle n'étoit auparavant. Quoi qu'il en soit, le chagrin que lui donna une chute à laquelle elle étoit loin de s'attendre, la fit tomber dans une maladie de langueur qui la conduisit au tombeau le 12 décembre 1758. Elle avoit légué sa bibliotheque à Guimond de la Touche, qui ne lui survécut que de quelques années.

Antoine Bret naquit à Dijon, en 1717. Il composa des romans et des comédies, n'obtint jamais de grands succès, n'éprouva pas non plus de chutes humiliantes, et fournit sans orages une longue carriere, grace à son caractere plein de modestie et de douceur.

On doit considérer comme un roman une production de sa jeunesse qui porte le titre de Mémoires sur la Vie de Ninon de Lenclos (1). Dans cet ouvrage, écrit d'un style naturel et piquant, il partagea l'engouement de son siecle pour une femme à laquelle on ne peut attribuer d'autre mérite que celui d'avoir évité l'hypocrisie, et s'acquit ainsi la protection de ceux qui dominoient dans la littérature. On auroit peine à croire que cet opuscule, où la décence n'est pas toujours observée, fut un des titres qu'on fit valoir pour lui procurer la place de censeur royal.

Les comédies de Bret sont la Double Extravagance, le Faux Généreux, le Jaloux, l'Humeur à l'Epreuve, l'Entêtement, la Confiance trahie, les Lettres Anonymes, et les deux Julies. La premiere

_____

(1) Cet ouvrage parut en 1750, et eut beaucoup de succès. Un anonyme prétendit que Bret n'avoit pas donné assez de détails, et publia un supplément qui portoit le même titre. L'enthousiasme étoit tel alors pour Ninon, qu'un poëte ne trouva pas que les deux historiens l'eussent peinte avec des couleurs assez nobles. Il leur adressa ces vers singuliers, qui caractérisent l'époque, et dans lesquels il ne craint pas de comparer mademoiselle de Lenclos à Caton :

> Foibles Vandicks de l'illustre Ninon,
> Vous la peignez du côté qui vous flatte,
> Voluptueuse, et jamais délicate :
> On cherche en vain l'éleve de Caton.
> Vos traits lascifs nous la font méconnoître :
> Ninon Lenclos n'obéit qu'à ses sens.
> Ainsi, malgré vos efforts impuissans,
> Caton-Lenclos est encore à paroître.

est la seule qui ait eu un succès un peu soutenu. Le fond en est très original; mais pour motiver le spectacle d'un vieillard qui se déguise en jeune homme, et d'un jeune homme qui se déguise en vieillard, afin d'être bien accueillis dans la recherche d'une demoiselle, il falloit supposer un caractere tel que celui d'Orgon, caractere le plus invraisemblable peut-être qu'il y ait au théâtre : car on n'a jamais vu un pere qui, sans aucune vue de fortune, s'obstine à vouloir donner sa fille à un homme âgé. En passant sur ce défaut, on trouve la piece amusante. Les deux amans sont placés d'une maniere comique, soit dans les scenes où ils sont seuls, soit dans celles où ils se trouvent ensemble et se reconnoissent. Le déguisement d'un amant en médecin est très commun; mais l'auteur l'a rendu neuf, en donnant à son docteur les idées nouvelles sur les sciences. Il le représente se flattant, ainsi que Condorcet, de pouvoir prolonger la vie; et son air de jeunesse, sa santé florissante, justifient très bien ses promesses. Il met en même temps dans sa bouche le jargon des savans; et Léandre s'en sert si bien, qu'il persuade la soubrette qui connoît sa ruse : conception très ingénieuse qui donne lieu au dialogue suivant :

MARINE.
Comme vous en parliez!
LÉANDRE.
Sans pourtant me comprendre.
MARINE.
En vérité.

PRELIMINAIRE.

LÉANDRE.
D'honneur.

MARINE.
Moi, je croyois l'entendre,
Et voilà ce que font ces grands diables de mots,
Ils ne manquent jamais de convaincre les sots.

Cette piece auroit pu se maintenir au théâtre, si le style eût été meilleur. Il est en général froid et guindé : on voit que l'auteur a étudié les effets de théâtre, mais souvent le talent lui manque pour les bien rendre.

Bret, parvenu à l'âge mûr, donna une édition de Moliere, avec un commentaire fort curieux : d'Alembert l'aida dans la partie grammaticale. A l'époque de la révolution, sa vieillesse le préserva des persécutions auxquelles ses opinions monarchiques auroient pu l'exposer. Il mourut à Paris, le 25 février 1792.

Joseph-François-Edouard de Corsembleau Desmahis naquit à Sully-sur-Loire le 3 février 1722. Destiné à la robe par sa famille, un amour prématuré et malheureux lui fit chercher des consolations dans la poésie, et quitter la maison paternelle dès l'âge de dix-huit ans. Les distractions qu'il ne pouvoit manquer de trouver à Paris calmerent sa passion, mais ne lui firent point oublier l'objet qui la lui avoit inspirée; et presque toutes les poésies qu'il composa furent adressées à cette personne, dont il fit sa muse, n'ayant pu en faire sa femme. Son caractere aimable, son esprit vif et délicat, lui procurerent de nombreux amis; et il fut bientôt en relation avec Voltaire qui, ne négligeant aucune occasion de s'attacher les jeunes gens, lui adressa ces jolis vers :

> Tout s'éteint, tout s'use et tout passe,
> Je m'affoiblis, et vous croissez ;
> Mais je descendrai du Parnasse,
> Content si vous m'y remplacez.
> Je jouis peu, mais j'aime encore ;
> Je verrai du moins vos amours.
> Le crépuscule de mes jours
> S'embellira de votre aurore.

Cet éloge, si propre à égarer un jeune homme, ne tourna point la tête à Desmahis. Consultant ses forces, il ne chercha point à s'élever au-dessus du genre pour lequel il étoit né, et il n'affecta point, comme tant d'autres, cette universalité de talens et de connoissances qui n'étoit souvent que du charlatanisme. Il travailla pour le théâtre; et, n'étant âgé que de vingt-huit ans, il fit représenter la comédie de *l'Impertinent*. Cette piece, agréable sous plusieurs rapports, mérite un examen détaillé, parce qu'elle donna naissance à l'école de Dorat, et qu'elle fut le modele de toutes ces petites pieces qui bannirent du théâtre françois le vrai comique. Quoiqu'elle n'eût pas obtenu un succès très éclatant à la représentation, le mérite du style la fit considérer comme un modele qui pouvoit ouvrir aux auteurs dramatiques une nouvelle carriere.

Julie, jeune veuve, qui n'a point aimé son mari, dont elle étoit cependant tendrement chérie, a pris du goût pour Damis, homme à la mode, qui l'amuse par son esprit satirique. Damis, qui s'est fait un jeu de cette liaison, cherche d'autres plaisirs près de Lucinde, amie de sa maîtresse; mais cette derniere a exigé que la rupture ne vînt pas de lui, et qu'il fût congédié. C'est dans l'intention d'exécuter cet ordre, qu'il arrive à la maison de campagne de Julie. On aperçoit d'abord que ces deux personnages ne sont susceptibles d'inspirer aucun intérêt, et qu'ils ne peuvent non plus être présentés d'une maniere comique. On ne voit en eux qu'un fat et une coquette très vulgaires.

En entrant dans l'avenue du château, Damis trouve un billet d'amour adressé par le jeune Lindor à Rosalie, niece de Julie : comme ce billet ne porte point d'adresse, il ordonne à son valet de le remettre à la tante, afin de lui faire croire que Lindor est amoureux d'elle; et il compte si peu sur la fidélité de cette femme, qu'il croit que c'est un moyen infaillible de se faire congédier. Ce moyen, outre qu'il blesse la délicatesse que doit conserver l'homme du monde le plus dépravé, est peu naturel, puisqu'il n'est fondé que sur le hasard et sur un billet auquel on a oublié de mettre l'adresse.

Julie, en effet, reçoit Damis avec beaucoup de froideur; mais, n'obtenant pas d'elle le congé qu'il desire, il cherche à brouiller Rosalie avec Lindor. Pour y parvenir, il a un long entretien avec cette jeune personne, et lui tient un langage qui devroit révolter une demoiselle bien élevée : non seulement il veut qu'elle soit coquette, mais il l'engage à se livrer à la galanterie. Il ne lui laisse pas ignorer en outre que Lindor la quitte pour sa tante. Il cherche ensuite, mais en vain, à tromper ce dernier, en lui peignant Rosalie sous les couleurs les plus indécentes. Ce double piege rappelle beaucoup trop les scenes du Méchant.

Cependant Julie paroît fort disposée à écouter Lindor, qui, loin d'ajouter foi aux calomnies de Damis, a pris la résolution de demander Rosalie en mariage. Il vient trouver Julie pour accomplir ce dessein, et lui dit qu'il veut contracter avec elle les liens les plus doux : elle croit aussitôt qu'on lui fait une déclaration d'amour, s'y prête volontiers, et demeure confondue lorsque le jeune homme, tombant à ses genoux, la supplie d'être sa tante. Rosalie qui survient, ne doute plus de l'infidélité de son amant. L'auteur, qui a voulu présenter Julie comme une femme aimable, la met ici dans la position ridicule de Bélise des Femmes Savantes, et lui fait jouer un rôle qui ne convient au théâtre qu'à de vieilles folles qui ont encore de la coquetterie.

Rosalie, oubliant la réserve que doit conserver une demoiselle, s'adresse, pour s'éclaircir, au valet de Damis qui la trompe ; sa tante, plus expérimentée, devine le tour que son amant a voulu leur jouer. Elle a une scene avec lui, où loin de le congédier, comme il l'espéroit, elle le désespere, en protestant qu'elle lui sera constamment attachée. Elle ne lui cache pas qu'elle a reçu un billet de Lindor, et le fat lui répond que ce billet n'étoit pas pour elle, mais pour sa niece. Elle fait venir les deux amans, consent à leur mariage, et offre sa main à Damis, qui demande du temps. Julie alors lui montre une lettre de Lucinde, par laquelle cette derniere déclare qu'elle le méprise, et qu'elle a voulu se moquer de lui. Damis, pris dans ses propres pieges, et confondu, se retire, en conservant son ton d'impertinence et de fatuité.

Il y a, dans ces dernieres scenes, des traits comiques ; mais il est aisé d'apercevoir les défauts de cette piece, qui ne peint que des vices vulgaires, sans les frapper de ce ridicule qui peut seul les rendre amusans au théâtre. Le style est la partie la plus estimable de cet ouvrage : on y trouve des épigrammes fort bien tournées, des tirades brillantes ; mais on regrette que l'auteur se livre trop souvent à une finesse affectée, tout-à-fait contraire au véritable ton de la comédie.

Desmahis fit deux autres pieces, le Triomphe du Sentiment, et la Veuve Coquette : elles ne furent point représentées. Lié avec les encyclopédistes, il consentit malgré lui à payer un tribut au grand ouvrage qu'ils avoient entrepris, et composa les articles *fat* et *femme* : on crut que personne n'étoit plus en état que l'auteur de l'Impertinent, de traiter ces deux sujets : on se trompa. Desmahis, ayant voulu les écrire du même ton que sa comédie, ils furent trouvés ridicules. Cet auteur, quoiqu'il n'adoptât qu'avec modération les erreurs de son siecle, en partageoit une qui devoit avoir les suites les plus funestes. Il auroit voulu que les gens de lettres réglassent l'Etat, et déploroit leurs divisions, qui les empêchoient de profiter de tous leurs avantages. « Si les hommes de lettres étoient unis, disoit-« il, ils seroient, malgré leur petit nombre, les « maîtres du monde. » Desmahis mourut, à l'âge de 39 ans, le 25 février 1761.

CHARLES PALISSOT DE MONTENOY naquit à Nanci, le 3 janvier 1730. Il montra, dès ses premieres études, les plus heureuses dispositions ; et dom Calmet, dans sa Bibliotheque de Lorraine, le mit au nombre des enfans célébres. Au sortir du college, il fut envoyé à Paris, dans le noviciat de l'Oratoire ; mais son goût pour la littérature, et sur-tout pour le théâtre, lui fit bientôt quitter la carriere à laquelle ses parens l'avoient destiné. Il débuta, comme tous les jeunes gens, par une tragédie qui n'eut qu'un foible succès, mais dans laquelle les connoisseurs remarquerent du talent pour la poésie. Se trouvant alors le rival de Marmontel, qui venoit de donner la tragédie de Denis le Tyran, et croyant avoir à se plaindre de ses procédés, il conçut contre lui un dépit auquel il faut attribuer les traits malins qu'il lui lança, plusieurs années après, dans la Dunciade, poëme satirique, dont il le fit le héros.

L'esprit aimable et piquant de Palissot, les graces de sa figure, lui procurerent des protecteurs et des protectrices de la plus haute distinction. Il obtint par leur crédit un emploi lucratif dans les fermes ; mais cette fortune rapide, qui déchaîna contre lui

PRÉLIMINAIRE.

beaucoup d'envieux, s'écroula bientôt par l'infidélité d'un subalterne auquel le poëte avoit confié les détails d'une gestion tout-à-fait contraire à ses goûts. Ce revers ne le découragea point : il se consola en faisant des comédies, genre pour lequel il paroissoit avoir plus de vocation que pour la tragédie. Les Tuteurs, le Barbier de Bagdad, les Méprises, le Cercle, annoncerent un esprit enjoué qui saisissoit avec beaucoup de finesse les ridicules du moment; mais on n'y trouva pas cette verve entraînante, cette profondeur d'observation, cet art de peindre des caracteres et d'amener des situations qui peuvent seuls assurer au poëte comique une réputation durable. Depuis la retraite de Gresset, le trône de Thalie étoit en quelque sorte vacant : les drames se trouvoient en possession du théâtre ; et les connoisseurs fondoient de grandes espérances sur un jeune homme qui avoit annoncé le dessein bien prononcé de ne point abandonner la bonne route.

Ces espérances ne furent justifiées qu'en partie par la comédie *des Philosophes* qui donna lieu à l'épisode le plus curieux de l'histoire littéraire du dix-huitieme siecle. On nous saura gré d'entrer dans quelques détails sur l'époque où fut représentée cette comédie, qui, en 1760, occupa les ministres et la maîtresse de Louis XV, presque autant que la guerre de sept ans. La ridicule importance qu'on accordoit à la littérature, fit, d'une piece de théâtre, une affaire d'Etat; et ce qui se passa cette année offre le plus singulier exemple des contradictions dans lesquelles peut tomber un ministere qui n'a point de principes fixes.

La faveur et la toute-puissance de madame de Pompadour, objets de scandale pour les gens de bien, n'avoient pu trouver d'appui que dans les opinions nouvelles ; et le duc de Choiseul, qu'elle avoit appelé au partage de l'autorité, après avoir fait congédier l'abbé de Bernis, croyoit, comme elle, que le suffrage de Voltaire étoit d'un grand poids dans la balance politique. Les désastres d'une guerre qui n'avoit été entreprise que par un caprice de la favorite, les impôts extraordinaires auxquels on étoit obligé d'avoir recours, les systêmes de finance qui se succédoient avec rapidité, et qui trompoient souvent la cupidité des capitalistes, entretenoient dans les esprits une fermentation, dont la violence s'aigrissoit par les dissensions du Parlement et du clergé, et par l'audace toujours croissante des novateurs, habiles à profiter de ces discordes.

Ce fut dans ces circonstances qu'un ministre, admirateur outré de Voltaire, et une femme, persuadée qu'elle ne pouvoit se maintenir que par son suffrage, déclarerent aux philosophes une guerre qui n'a paru extraordinaire que parce qu'on n'en a pas bien étudié les motifs. Ces motifs n'étoient fondés que sur de petits intérêts de vanité ; et cela explique la conduite plus que bizarre que nous allons voir tenir au duc de Choiseul et à madame de Pompadour.

Au commencement de 1759, le roi de Prusse, irrité de ce que la haine d'une femme qu'il méprisoit l'eût mis à deux doigts de sa perte, fit contre elle une ode où, sans considérer qu'il ne convenoit pas à un monarque de dégrader la majesté du trône, il comparoit Louis XV à un Céladon. Madame de Pompadour, plus piquée de cette injure que de la perte d'une bataille, exigea du ministre qu'on répondît au vainqueur de Rosback; et, poussée par le dépit, elle enveloppa les philosophes, qui regardoient Frédéric comme leur chef, dans sa colere contre ce prince. Le duc de Choiseul chargea très secrètement Palissot, dont il étoit le Mécene, de venger l'honneur national; et le poëte, dans une ode fort bien faite, rendit à l'agresseur injure pour injure. Madame de Pompadour fut si contente de cette piece, que le ministre, qui se croyoit un Richelieu, et qui prétendoit comme lui à toutes les sortes de gloire, s'en déclara l'auteur. Heureusement pour la réputation des deux monarques, cette guerre, d'une espece nouvelle, n'alla pas plus loin, et leurs manifestes satiriques ne furent alors connus que de quelques curieux.

Le dépit de madame de Pompadour ne se borna point à cette vengeance. Elle ne mit aucune opposition au zele du Parlement qui, au mois de février de la même année, arrêta la publication de l'Encyclopédie, et elle favorisa l'admission à l'Académie Françoise de Le Franc de Pompignan, connu par son attachement pour les anciennes doctrines. L'auteur de Didon, reçu dans cette compagnie le 10 mars 1760, prononça un discours fameux, où il s'éleva hautement contre la philosophie moderne, et ne cacha point des pressen-

timens qui devoient bientôt se réaliser. Conformément au systême nouvellement adopté, il fut parfaitement accueilli à la cour. Lorsqu'il présenta son discours au Roi, ce prince lui promit de le lire, et tint parole. Quelques jours après, ayant demandé à un seigneur comment il le trouvoit, et ce seigneur ayant dit qu'il étoit un peu long : « Il est vrai, répondit
« Louis XV, que j'ai employé vingt minutes à le lire,
« et qu'il a dû paroître long à l'Académie; mais c'est
« un excellent ouvrage, selon moi, peu fait au reste
« pour être applaudi par les impies et les esprits
« forts. »

L'autorité paroissoit donc disposée à imposer silence aux philosophes, et l'effroi qu'ils témoignoient montroit que cela n'auroit pas été difficile. Déjà ils éprouvoient beaucoup de défections : plusieurs femmes de la cour, autrefois leurs amies, les avoient abandonnés ; et l'on distinguoit parmi elles la comtesse de la Marck et la princesse de Robecq, protectrices ardentes de Palissot, qui venoit d'adresser à la derniere deux petites lettres sur de grands philosophes, où se trouvoit une critique fort piquante des prétentions qu'ils affectoient. Diderot, plus hardi que ses confreres, publia une traduction de deux comédies de Goldoni ; et, ne se bornant point, comme Palissot, à la critique littéraire, il ne craignit pas de mettre dans sa préface les allusions les plus injurieuses contre ces deux dames. Elles jeterent les hauts cris, se plaignirent à madame de Pompadour, que sa faveur ne préservoit pas de pareilles attaques, et obtinrent

PRÉLIMINAIRE.

d'elle que *les Philosophes* seroient joués en plein théâtre.

Le duc de Choiseul en chargea Palissot, qui étoit alors en quelque sorte le poëte officiel. Il eut bientôt achevé sa comédie, qu'il composa sous les yeux du ministre : elle fut lue à madame de Pompadour, qui en aiguisa les traits satiriques, et l'on donna ordre au vieux Crébillon, censeur du théâtre, de n'y rien supprimer.

La philosophie avoit éprouvé des défections, même à la comédie françoise, auparavant si dévouée à Voltaire : à la tête du parti anti-philosophique, étoit mademoiselle Dumesnil, brouillée avec l'auteur de Mérope depuis qu'il lui préféroit mademoiselle Clairon, plus jeune, plus jolie et plus enthousiaste. Cette derniere soutenoit le parti des philosophes, qui ne put cependant empêcher que la piece ne fût reçue, et qui promit bien de se venger à la premiere occasion.

Les répétitions faisoient beaucoup de bruit, et les hommes contre lesquels la piece étoit dirigée se comparoient modestement à Socrate, qu'on avoit joué sur le théâtre avant de lui présenter la ciguë. On leur répondoit par un passage de Diderot qui, dans son enthousiasme pour le théâtre, avoit indiqué lui-même au ministere le parti qu'il pouvoit tirer d'un poëte tel qu'Aristophane. « Un auteur de cette espece, avoit-
« il dit, doit être précieux pour le Gouvernement,
« s'il sait l'employer. C'est à lui qu'il faut abandonner
« tous les enthousiastes qui troublent de temps en
« temps la société. Si on les expose à la Foire, on

« n'en remplira pas les prisons (1). » Ainsi Diderot, croyant que la verve d'un nouvel Aristophane ne pourroit s'exercer que contre ceux qu'il appeloit des fanatiques, et ne prévoyant pas que le Gouvernement se déclareroit un jour contre les philosophes, avoit prononcé qu'on pouvoit permettre au théâtre la satire personnelle.

Ce spectacle, tout nouveau, eut la plus grande vogue. La comédie des Philosophes, après avoir été représentée trois jours de suite, fut jouée quatorze fois avec un concours extraordinaire. D'Alembert, cachant maladroitement son dépit, rêva long-temps aux moyens d'interrompre ce succès. Il se décida enfin à exiger de Voltaire qu'il retirât sa tragédie de Tancrede, qui étoit alors à l'étude, et lui dicta même, au nom des philosophes, la déclaration qu'il devoit faire : elle consistoit à dire qu'*il ne vouloit pas que sa tragédie fût jouée sur un théâtre où l'on venoit de mettre de pareilles infamies* (2). Voltaire, qui attendoit un grand succès de Tancrede, ne se prêta que difficilement à ce sacrifice; mais une maladie de mademoiselle Clairon, à qui le rôle d'Aménaïde étoit confié, le mit à portée de répondre en apparence aux desirs des philosophes, qui prodiguerent des éloges au noble dévouement de leur chef.

---

(1) Traité de la Poésie dramatique, à la suite du Pere de Famille, page 26.

(2) Lettre de d'Alembert à Voltaire, 6 mai 1760.

La princesse de Robecq, l'une des femmes de la cour qui avoit le plus contribué à l'humiliation qu'ils éprouvoient, étoit alors attaquée d'une maladie de poitrine, à la fleur de l'âge et de la beauté. Elle se fit transporter à l'une des représentations; et cette petite vengeance, bien naturelle dans une femme outragée, excita la fureur des hommes dont elle avoit été autrefois l'amie. L'abbé Morellet, qui étoit à cette époque un des enfans perdus du parti, composa un libelle contre Palissot, où il ne craignit pas d'attaquer de nouveau la réputation de la princesse, et d'annoncer sa mort prochaine; elle ne put résister à cette nouvelle insulte, et mourut quelques jours après.

Les plaintes de sa famille armèrent le ministere d'une grande sévérité. Morellet fut mis à la Bastille, et d'Alembert, l'un de ceux qui l'avoient excité, ne prit part à son infortune, qu'en lui donnant le sobriquet de *Mords-les*. Voltaire, seul de tout le parti, blâma cette attaque dirigée contre une femme, intéressante sous plusieurs rapports, et qui n'avoit plus que quelques jours à vivre. « C'est, dit-il, le coup
« le plus mortel que les philosophes puissent se
« porter à eux-mêmes. O ciel! attaquer des femmes!
« insulter à la fille d'un Montmorency, à une femme
« mourante! j'en suis réellement au désespoir (1)! »

Voltaire ne témoignoit tant d'humeur à ses amis, que parce qu'il négocioit alors avec le ministre et avec

---

(1) Lettres de Voltaire à d'Argental, 13 et 19 juin 1760.

madame de Pompadour. L'imprudence des philosophes n'empêcha pas que cette négociation n'eût tout le succès qu'ils pouvoient desirer. L'archevêque de Toulouse, Brienne, qui se croyoit un homme d'Etat, et qui devoit révéler, vingt-neuf ans après, son incapacité absolue, fut l'intermédiaire dont se servit Voltaire auprès du duc de Choiseul et de la favorite. Il fut convenu qu'on ne joueroit plus la comédie des Philosophes, où l'auteur s'étoit borné à montrer quelques unes des conséquences des systêmes d'Helvétius, de Diderot et de Jean-Jacques Rousseau ; que l'Ecossaise, pièce où Fréron étoit traité comme le dernier des misérables, seroit incessamment représentée; que Le Franc de Pompignan seroit livré sans aucune protection à la fureur de ses ennemis, et que la carrière du théâtre seroit désormais interdite à Palissot. Le duc écrivit même à Voltaire : « On peut donner « des coups de bâton à l'auteur des Philosophes, je « le trouverai fort bon : » procédé que Voltaire jugea louable et digne d'un grand seigneur, et dont l'exemple est bon à rappeler aux auteurs qui se prêtent aux fantaisies des ministres.

Cependant Voltaire étoit beaucoup plus irrité contre Le Franc que contre Palissot, parce qu'il savoit que le premier avoit défendu franchement des principes qu'il professoit depuis long-temps, et que l'auteur des Philosophes avoit moins obéi à son inclination qu'à des ressentimens passagers, et aux ordres du ministère. On le vit donc multiplier les libelles les plus atroces contre Le Franc, et ménager Palissot, qui avoit eu soin, il est vrai, de le louer en lui envoyant sa pièce.

On avoit joué les Philosophes le 2 mai 1760 : on représenta l'Ecossoise le 26 juillet suivant. Mademoiselle Clairon regretta de n'avoir point de rôle dans cette dernière pièce ; mais elle déploya dans les coulisses et dans les foyers toute l'activité d'un chef de parti. Le public se porta en foule à un spectacle où l'on immoloit ceux qu'on avoit favorisés quelques mois auparavant ; et les gens modérés, qui ne connoissoient pas le fond des choses, attribuerent à de profondes combinaisons ce qui n'étoit dû qu'aux caprices d'une femme légere, et à l'étourderie d'un ministre.

L'abbé Morellet fut élargi, et l'Encyclopédie fut reprise. Pour consoler les philosophes de la captivité de l'auteur de la Vision, on fit enfermer Fréron au fort l'Evêque ; et, afin d'établir une sage balance, on mit à Vincennes le marquis de Mirabeau, l'ami des hommes. Le duc de Choiseul trouvoit fort plaisante cette manière d'administrer, et il disoit qu'aucun peuple n'étoit plus aisé à gouverner que les François.

Ce système, dont l'exécution paroissoit si facile, fut continué jusqu'à la mort de Louis XV, tant par le duc de Choiseul que par ceux qui lui succédèrent. Pour plaire aux philosophes et aux Parlemens, on chassa les Jésuites : les Parlemens, devenant incommodes aux philosophes, on les brisa; et le champ libre fut ouvert à toutes les expériences politiques. Il en résulta que Louis XVI, en arrivant au trône, trouva l'anarchie dans l'administration, dans la justice et dans l'instruction publique ; et l'on fut à portée de prévoir que les efforts de ce vertueux prince ne pourroient prévaloir contre une politique adoptée depuis près d'un demi-siècle : politique qui, en ménageant avec une sorte de respect toutes les espèces d'erreurs et d'innovations, devoit nécessairement faire triompher à la longue les plus insensées et les plus violentes.

L'importance attachée par le ministere de Louis XV à la comédie des Philosophes, nous a fait entrer, malgré nous, dans des détails qui semblent étrangers à la matiere que nous traitons. Cette piece qui fit tant de bruit, et qui excita tant de passions, est écrite avec beaucoup d'élégance : il y a de la vivacité, du naturel et de la finesse dans le dialogue ; mais l'intrigue est froide, les caracteres sont tristes, et les peintures de mœurs manquent de force et de coloris. Le premier acte est le meilleur; on y trouve des portraits charmans : tel est celui de Cydalise, protectrice des Philosophes, et qui tient chez elle un bureau d'esprit :

> On pourroit calculer les jours de Cydalise
> Par les différens goûts dont son ame est éprise ;
> Quelquefois étourdie, enjouée à l'excès,
> D'autres fois sérieuse et boudant par accès ;
> Coquette, s'il en fut, même jusqu'au scandale ;
> Prude à nous étourdir de son aigre morale ;
> Courant le bal la nuit, et le jour les sermons,
> Tantôt les directeurs, et tantôt les bouffons.

> C'étoit là le bon temps. Mais aujourd'hui que l'âge
> Fait place à d'autres mœurs et veut un ton plus sage,
> Madame a depuis peu réformé sa maison,
> Nous n'extravaguons plus qu'à force de raison.

Ces vers sont d'un excellent goût, et paroissent également appartenir, soit au genre que Molière avoit adopté dans la haute comédie, soit à celui dont Gresset n'a laissé qu'un modele dans son chef-d'œuvre. Malheureusement les deux derniers actes des Philosophes ne répondent pas à ce début; ils n'offrent trop souvent que des discussions sérieuses, et l'on n'y voit que deux situations, celle d'un valet qui, au moment où son maître prêche la communauté des biens, lui vole sa tabatiere, et celle d'un autre valet, singe de Jean-Jacques Rousseau, qui arrive tenant une laitue, et marchant à quatre pates : l'une est comique, l'autre est forcée. Le reste de la piece ne présente qu'une esquisse incomplete qui semble calquée sur quelques parties des Femmes savantes. Voltaire, que la prévention auroit pu aveugler sur cet ouvrage, en a porté un jugement qui sera probablement confirmé par la postérité : « Cette co-« médie, dit-il, est en général bien écrite : c'est son « seul mérite, mais ce mérite est grand dans le temps « où nous sommes (1). »

Palissot, ayant désormais contre lui une cabale puissante, ne put perfectionner le talent qu'il avoit

---

(1) Lettre à Helvétius, 16 juillet 1760.

pour la comédie : le théâtre lui fut fermé. Il composa cependant deux autres pieces, l'Homme dangereux et les Courtisannes, où l'on trouve des beautés de style, des détails agréables et piquans, mais dont les combinaisons principales n'offrent point ces rapports entre les caracteres et les situations sans lesquels il n'existe point de véritable comédie. Il n'est pas besoin d'observer que ces productions spirituelles, éloignées de la scène par la haine d'un parti, sont très supérieures aux pieces de Dorat et de ses successeurs, qui cependant obtinrent un succès momentané.

L'auteur des Philosophes se consola de ses disgraces en composant un poëme qui auroit pu être fort utile, si, au lieu d'imiter Pope, il eût marché sur les traces de Boileau. La Dunciade, écrite avec élégance et légèreté, semble n'avoir été faite que pour venger des injures particulieres ; et le poëte s'attache moins à soutenir la cause du goût, qu'à répandre du ridicule sur ses ennemis. Ce fut un instrument dont il se servit toute sa vie pour attaquer encore plus que pour se défendre ; et l'on vit, dans toutes les éditions qu'il en donna jusqu'à son extrême vieillesse, de nouveaux personnages figurer sur ce théâtre de la sottise. Quelques chants de la Dunciade blessent la décence; défaut qu'auroit dû scrupuleusement s'interdire un homme qui s'étoit déclaré pour les bonnes doctrines.

Ses Mémoires littéraires, qui sont en quelque sorte le commentaire de la Dunciade, remplissent beaucoup mieux le but d'utilité qu'un auteur satirique doit se proposer. On y trouve plusieurs articles où la raison est embellie par les graces du style; mais l'auteur ne se met pas toujours assez en garde contre ses préventions et contre la mobilité de son humeur. Souvent, d'une édition à l'autre, il change, altere ou modifie les jugemens qu'il avoit d'abord portés ; et des liaisons, contractées pendant la révolution, lui font quelquefois oublier les bons principes qu'il avoit défendus dans sa jeunesse.

Ces liaisons, qui le préserverent, en 1793, du sort réservé à tous ceux qui avoient combattu la philosophie moderne, ne le mirent pas cependant à l'abri des persécutions. Chaumette, procureur de la commune de Paris, lança contre lui un réquisitoire, où il l'accusoit d'avoir joué, trente ans auparavant, Jean-Jacques Rousseau. Palissot, obligé de comparoître devant ce magistrat de la terreur, lui fit une réponse qui le désarma : « Que Rousseau, lui dit-il, soit « un homme divin, ou même un dieu, je suis loin de « m'opposer à cette apothéose : mais, je vous le « demande, seroit-ce une raison de lui sacrifier des « victimes humaines ? »

Palissot, dont la vie entiere fut un long combat, n'étoit pas tel qu'on pourroit se le figurer, d'après quelques-uns de ses écrits : il avoit, comme il le disoit souvent, l'esprit malin et le cœur tendre. On doit observer qu'ayant eu à répondre à des libelles, où l'on calomnioit indignement ses mœurs, il ne se permit jamais que des plaisanteries, dont la tournure piquante pouvoit blesser la vanité de ses ennemis, mais qui n'étoient jamais de nature à noircir leurs caracteres. Chéri dans son intérieur, disposé à encourager les jeunes gens qui lui sembloient annoncer quelque talent, il eut une longue et heureuse vieillesse, dont il consacra les loisirs à de grandes entreprises littéraires. Il donna une édition de Pierre Corneille, la plus complete qui existe, et il enrichit le texte d'un commentaire plein de goût. A peu près dans le même temps, il publia une édition de Voltaire, mieux combinée que celle de Beaumarchais. Il mourut le 15 juin 1814, après avoir demandé et reçu les secours de la religion.

Rochon de Chabannes naquit le 25 janvier 1730. Cet auteur, ayant presque toujours vécu dans la retraite, et n'ayant pris aucune part aux disputes littéraires de son temps, on n'a aucun détail sur sa vie privée. Il débuta au Théâtre Italien et à l'Opéra-Comique, par deux pieces qui sont tombées dans l'oubli. Le Deuil Anglois n'eut qu'un foible succès : son autre piece réussit davantage, par une circonstance qui excita la curiosité. Sainte-Foix avoit fait une comédie intitulée *Les Hommes*, un autre auteur en composa une à laquelle il donna le titre *Des Femmes*, et Rochon profita de la faveur accordée à ces sortes de sujets, pour faire un opéra *Des Filles*. Le public s'amusa quelque temps à comparer les trois pieces.

La petite comédie d'*Heureusement*, fut la première piece que Rochon présenta aux Comédiens François. Le sujet est tiré d'un conte de Marmontel, dont il est nécessaire de donner une idée. M. de

PRÉLIMINAIRE.

Lisban a le ridicule de se croire éperduement aimé de sa femme, qu'il a cependant épousée malgré elle : il lui a conté ses bonnes fortunes vraies ou fausses, et elle est fort piquée d'entendre dire par-tout qu'elle l'adore ; un jeune homme de sa société remarque cette disposition, et essaye d'en profiter. Heureusement madame de Lisban s'aperçoit qu'il est impérieux et jaloux : comme elle est coquette, il y a incompatibilité entre leurs caracteres, et cet amant est congédié. Le chevalier de Lucel, jeune fat, lui succede ; moins âgé que la dame, il lui tourne la tête, et trouve un soir une occasion très favorable ; mais heureusement M. de Lisban arrive, et le chevalier n'a que le temps de se cacher dans un cabinet de toilette. Quand la dame est libre, elle n'a rien de plus pressé que d'aller voir si le jeune homme y est encore ; mais quelle est sa surprise, lorsqu'elle le voit aux pieds de sa femme-de-chambre, à laquelle il proteste qu'il la trouve plus jolie que sa maîtresse ! Dégoûtée de l'amour, madame de Lisban se rapproche de son mari, qui se confirme dans l'idée qu'il est adoré. Pour perpétuer la mémoire d'une union si rare, il fait faire un tableau allégorique, où l'hymen est un des principaux personnages. Le modele de ce dieu se trouve être un abbé d'une figure charmante, et la dame, qui est obligée de placer l'une de ses mains dans les siennes, lui permettroit volontiers de jouer le rôle de l'amour : heureusement l'abbé est timide, et n'ose profiter d'une occasion qui ne se représentera plus.

Il faut convenir que voilà un mari bien heureux :

Rochon, ne pouvant faire entrer dans une comédie ces trois especes de bonheur, n'a traité que le second épisode du conte. Il fait du chevalier de Lucel un jeune officier de seize ans, auquel il donne le nom de Lindor, et qui a toute la folie et toutes les graces de son âge et de son état. La marche de la piece est presque la même que dans le conte : l'unique différence essentielle consiste en ce que c'est M. de Lisban qui trouve le jeune homme aux pieds de la femme-de-chambre, ce qui est en même temps plus dramatique et plus décent.

Les caracteres sont bien tracés : M. de Lisban a une satisfaction de lui-même, pleine de naïveté et de comique. Sa jeune épouse, dans une situation assez difficile, garde assez bien la mesure que les convenances lui prescrivent, mais elle est quelquefois trop sérieuse. La femme-de-chambre n'a point le ton des soubrettes ordinaires : son enjouement est conforme à sa situation ; et lorsque sa maîtresse veut gager qu'elle a toujours été sage, elle lui dit très gaiement : *Ne gagez pas*. En général, il regne dans ce petit acte de la finesse, du comique et de l'agrément ; et si le style n'étoit pas trop négligé, il pourroit être mis au rang des meilleures productions de ce genre inférieur.

Une circonstance contribua beaucoup au succès d'Heureusement. A l'époque des premieres représentations (1762), le prince de Condé venoit de faire ses premieres armes dans la guerre de sept ans, et étoit de retour à Paris, après avoir battu le duc de

Brunswick à Johannisberg. Le hasard l'avoit amené à la comédie françoise : au moment où Lindor porte une santé à madame de Lisban, et lui dit : *moi, je bois à Cypris,* l'actrice, comme par inspiration, se tourna du côté du prince en prononçant ces mots : *et moi, je bois à Mars,* allusion qui fut sentie par tous les spectateurs, et qui excita les plus vifs applaudissemens.

Rochon, qui devoit ce premier succès à un sujet fort heureux, ne justifia point dans ses autres pieces les espérances qu'il avoit données. *La Manie des Arts,* ou *la Matinée à la Mode* pouvoit fournir une comédie très piquante, en ce qu'elle offroit, pour la premiere fois, un travers devenu très commun. Les grands seigneurs, méconnoissant les devoirs de leur rang, montroient un engouement ridicule pour les gens de lettres qui avoient la vogue ; ils vouloient courir la même carriere qu'eux, partager leurs travaux et leur gloire ; et tel d'entre eux étoit plus flatté d'obtenir un fauteuil à l'Académie Françoise, que le commandement d'une armée. Rochon ne vit, dans ce sujet si riche et si moral, que la matiere d'un acte, où, sans se donner la peine de combiner une intrigue, il se contenta d'offrir quelques portraits de fantaisie.

Quelques années après, il voulut essayer l'effet que produiroit sur la scene françoise une comédie allemande, et son choix tomba sur Minna de Barleim, l'une des meilleures pieces de Lessing. Le sujet en est fort intéressant. En 1757, pendant l'invasion de la Saxe par le roi de Prusse, le major Téleim a épargné les vaincus, et modéré les contributions : sa belle conduite lui a gagné le cœur de Minna, riche héritiere, niece du comte de Bruxhal, président des états de Thuringe. Après la guerre, il est accusé de malversations et disgracié. L'oncle et la niece, instruits de cette injustice, arrivent à Berlin, l'un pour prendre la défense du major, l'autre pour lui offrir sa main. Téleim, avant de connoître cette démarche, a résolu de renoncer à Minna, afin de ne lui point faire partager le sort d'un proscrit. Lorsqu'il la voit, il persiste, malgré tout ce qu'elle peut lui dire, dans son noble dessein. La jeune personne, plus déterminée que jamais à s'unir à lui, feint d'être tombée dans la disgrace de son oncle, d'être déshéritée, ruinée : alors, comme elle avoit lieu de s'y attendre, Téleim revient à elle, et la presse de l'épouser. Le roi reconnoît son erreur ; le major est rétabli dans ses places, et les vœux des deux amans sont comblés.

On voit que, dans cette piece, Lessing a voulu peindre l'aimable franchise des Allemandes, qui est en tout l'opposé de la coquetterie françoise : on y trouve un mélange de sensibilité et de gaieté douce qui produit un effet fort agréable ; et des rôles secondaires, tels que celui d'un maréchal-des-logis qui veut donner à son major tout ce qu'il possede, et celui de la femme-de-chambre de Minna qui est amoureuse de ce brave homme, répandent sur l'action, du mouvement et de la variété.

Rochon, en donnant à son imitation le titre des

Amans Généreux, s'est conformé à peu près au plan de la piece allemande; et l'on doit convenir que les légers changemens qu'il y a faits ne sont pas heureux. Pour se conformer aux mœurs françoises, il a fait de Minna une jeune veuve, sans considérer que cette franchise, accompagnée de décence, qui est dans le caractere des demoiselles allemandes, perdroit beaucoup de sa grace, et n'auroit plus rien de piquant, si elle étoit attribuée à une jeune femme. Une faute plus grave est d'avoir donné à Minna, si naïve dans Lessing, un ton philosophique et sentencieux : « J'aime Téleim, lui fait-elle dire, non pas « comme on aime les autres hommes, avec cette ré-« serve et cette défiance qu'inspire le mépris qu'on a « pour l'humanité. » Rochon, afin de faire marcher l'action plus rapidement, s'est borné à indiquer la contre-épreuve, c'est-à-dire la scene où Minna feint d'être ruinée : cette situation étoit cependant une partie essentielle du plan de la piece allemande. Il a chargé les autres caracteres, et n'est point parvenu, comme il en avoit l'intention, à les rendre plus dramatiques.

Dix ans après la représentation des Amans Généreux, Rochon essaya de traiter un sujet où Moliere lui-même avoit échoué : c'est un jaloux pris au sérieux, et à l'abri du ridicule par la violence de ses emportemens. Dans la fable, aucun écueil de ce sujet n'est évité. Le chevalier aime éperdûment la marquise, personne décente et réservée, qui ne lui donne aucun motif de jalousie. Une scene qu'il lui fait, dès le second acte, à l'occasion d'un de ses parens, dont le caractere léger n'auroit pas dû lui inspirer de soupçons, est suivie d'une réconciliation qui semble avoir dissipé tous ses doutes, et après laquelle il est difficile de croire qu'il retombera dans les mêmes fureurs. L'auteur ne prolonge l'action qu'en introduisant un personnage, neuf à la vérité, mais contraire aux bienséances. Une comtesse, qui s'habille toujours en homme, et qui n'a aucune des habitudes de son sexe, arrive dans le château, en franchissant à cheval la haie du parterre, et paroît, soit par sa tournure, soit par ses propos, un être fort équivoque. Le chevalier se persuade facilement que c'est un amant déguisé, et cette idée l'entraîne à une multitude de folies qui ne sont pas comiques. La comtesse et la marquise, se trouvant tête à tête dans un cabinet, il y entre par la fenêtre, les met en fuite, et envoie un cartel à celle qu'il croit être un homme. Elle y répond fort légèrement, et le combat a lieu, contre toute espece de vraisemblance. La comtesse s'explique, le chevalier honteux se retire, mais on voit que la marquise lui pardonnera.

Tel est le précis de cette fable monstrueuse : le talent de Molé et de mademoiselle Raucourt, qui étoit très belle en homme, donnerent à la piece un succès éphémere. Cependant, à la premiere représentation, le parterre montra beaucoup d'humeur vers la fin du troisieme acte. Molé fit tête à l'orage, et s'avançant sur le bord du théâtre, il s'adressa au public : « Messieurs, dit-il, nous vous prions d'en-
« tendre les scenes qui vont suivre : j'ose vous pro-

« mettre qu'elles vous dédommageront. » Le parterre ne s'offensa point de cette hardiesse, la piece fut continuée, et très applaudie.

Rochon donna encore au Théâtre François la pastorale d'Hylas, dépourvue de naïveté et d'élégance, et qui ne se soutint que par quelques scenes trop libres. Il fit représenter à l'Opéra le Seigneur Bienfaisant, Alcindor, et les Prétendus. Cette derniere piece, où l'on remarque des scenes de comédie, est la seule qui ait obtenu un véritable succès.

Les ouvrages de cet auteur ne s'élevent pas, comme on le voit, au-dessus du médiocre. Son style, sur-tout en vers, manque entièrement de verve et de correction. Il ne se concilia la faveur passagere du public que par une étude assez approfondie des effets de théâtre. Il mourut le 15 mai 1800.

Nicolas-Julien Forgeot naquit en 1758. Il eut d'abord le bon esprit de ne considérer la littérature que comme un délassement, et se livra presque entièrement aux occupations que lui donnoit un emploi assez important dans les postes. Les *Rivaux Amis,* piece par laquelle il débuta, est une véritable bluette. Le dialogue en est tellement coupé, qu'il n'y a pas trois tirades de six vers : tout ne roule que sur des mots, que des acteurs habiles faisoient valoir. Ces sortes de pieces, qui furent fort à la mode quelques années avant la révolution, étoient des canevas que les comédiens brodoient à leur gré : par leur jeu muet, par leurs inflexions, ils en faisoient tout le mérite ; et lorsqu'on lisoit l'ouvrage, on étoit tout étonné de n'y rien trouver. Dans les *Épreuves*, qui suivirent les Rivaux Amis, on remarqua des progrès : les caracteres sont plus développés, et le style a de la grace et de l'élégance. La fable, dont le tissu est fort délié, offre un personnage d'ingénue, plein de candeur et de naïveté. C'étoit un des rôles brillans de mademoiselle Olivier, actrice charmante, qui mourut quelque temps après, à la fleur de l'âge.

Pendant la révolution, Forgeot, ayant perdu son emploi, se livra entièrement à la littérature; mais il ne justifia pas les espérances qu'avoit fait concevoir sa jolie comédie des Épreuves. Parmi plusieurs pieces qu'il donna sur différens théâtres, et qui ne firent qu'y paroître, on ne se souvient que de l'opéra des Dettes, où se trouvent des scenes très comiques. Forgeot mourut d'une maladie de poitrine, le 4 avril 1798.

La comédie d'*Auguste et Théodore* porte le nom de DEZEDE, célebre musicien, et les lettres initiales d'un autre nom qui semble supposé. On croit que cette piece est de Sauvigny, auteur de la tragédie des Illinois, qui, étant brouillé avec les comédiens françois, ne voulut pas se faire connoître. Il paroît qu'il l'avoit d'abord destinée à la comédie italienne, et que Dezede n'en avoit fait que la musique.

Le fond de cette comédie est puisé dans une piece allemande d'Engel, intitulé, *le Page*. Mais les principaux ressorts, et l'idée fort heureuse d'y offrir le portrait du grand Frédéric, appartiennent entièrement à l'auteur françois. La scene est alternativement dans une hôtellerie, et dans le palais du roi de Prusse : une famille noble et malheureuse, dont un page fait partie, doit à ce jeune homme, qui a eu le bonheur d'attirer l'attention du prince, la fin de son infortune. Dans cette piece, tout le monde a de la sensibilité ; l'hôte et l'hôtesse sont des modeles de désintéressement, quoiqu'ils aient trouvé le moyen d'amasser une grande fortune ; et, si l'on jugeoit le monde par un tel tableau, on seroit tenté de croire que le mal n'existe point sur la terre : conception d'autant plus singuliere que la piece fut représentée au milieu des fureurs qui précéderent la révolution de 1789. On seroit cependant trop sévere, si l'on ne remarquoit pas qu'il y a dans cet ouvrage des détails intéressans, des mots heureux et des scenes de famille bien tracées. Le jeu des acteurs en fit principalement le succès : la comédie françoise présentoit alors un ensemble qu'on ne doit plus se flatter de revoir ; et Fleury, qui avoit reçu plusieurs leçons d'un gentilhomme de la suite du prince Henri, saisissoit parfaitement le physionomie de Frédéric.

On ignore l'époque de la naissance de Dezede, dont cette piece porte le nom. On sait seulement qu'il se donnoit une origine mystérieuse ; il fit la musique de plusieurs opéras, et balança les succès de Grétry. Il mourut en 1792.

Claude-Marie-Louis-Emmanuel Carbon de Flins des Oliviers naquit à Reims, en 1757. Il resta pendant les premieres années de sa jeunesse dans sa ville natale, et s'y trouvoit en 1775, époque du sacre de Louis XVI, auquel il adressa une ode. Fixé à Paris par une charge de conseiller à la cour des monnoies, il disputa souvent les prix de l'Académie françoise, et ses productions furent plus d'une fois mentionnées. Ce fut alors qu'il eut l'honneur de se trouver en concurrence avec M. de Fontanes, dont il devint l'ami. Il ne travailla pour le théâtre qu'à l'époque de la révolution. Enthousiaste, comme tant de jeunes gens, des premieres opérations de l'Assemblée Constituante, il fit représenter, en 1790, le Réveil d'Epiménide, piece originale et spirituelle, qui eut un grand succès. Bientôt il reconnut avec effroi l'abîme où la France étoit plongée, et il s'efforça, mais en vain, d'arrêter le torrent révolutionnaire, en travaillant avec M. de Fontanes, à un journal intitulé le Modérateur.

Doué d'un talent aimable, d'un goût pur, mais dépourvu d'invention, il n'obtint un succès durable que par l'imitation d'une jolie comédie de Goldoni. La *Locandiera* offroit un sujet gracieux, et pouvoit fournir des détails agréables et piquans ; Flins en fit la Jeune Hôtesse ; et, loin de s'astreindre à suivre exactement la marche de l'auteur italien, il se permit des changemens fort heureux. Les développemens de sa fable sont simples et naturels. Caroline, hôtesse à Francfort, est très coquette, et désole Fabrice, premier garçon, que son pere en mourant lui a destiné pour époux. En sa présence, elle permet à tous les hommes qui logent chez elle de lui en conter. M. Dur-

PRÉLIMINAIRE.

mont, ennemi déclaré des femmes, lui paroît une conquête digne d'elle : elle entreprend de le subjuguer, et réussit au point qu'elle le décide à mettre à ses pieds une grande fortune. Quand l'affaire est arrangée, elle ne veut plus de lui, et offre d'épouser Fabrice qui, à son tour, la refuse, parce qu'il lui trouve trop d'esprit.

Cette piece, où une coquette est humiliée d'une maniere piquante et inattendue, seroit beaucoup meilleure si elle retraçoit ce qui se passe habituellement dans le monde. Malheureusement à l'époque où elle fut faite il n'existoit plus de société, et les auteurs comiques étoient réduits à peindre des mœurs de convention.

Flins évita les orages de la révolution par l'obscurité à laquelle il se condamna. Il s'occupa dans sa retraite d'un poëme d'Ismaël, qu'on regrette qu'il n'ait pas terminé : les fragmens de cet ouvrage, qui ont été publié, annoncent un plan sage, des caracteres bien conçus, un intérêt doux et tendre; et la versification en est généralement élégante et pure. Flins mourut en 1806.

Joseph-Alexandre vicomte de Ségur naquit en 1752. Il se distingua dans sa premiere jeunesse par des poésies légeres, qu'une trop grande indulgence mit au rang de celles des Boufflers et des Parny; et il ne travailla pour le théâtre qu'à l'époque de la révolution. Un épisode charmant du Poëme de l'Imagination lui offrit le sujet d'un petit drame intitulé le Fou par Amour. Mais ce trait, qui avoit fourni à l'abbé Delille les plus brillantes couleurs, n'étoit nullement dramatique, et l'ouvrage n'eut point de succès. Il composa ensuite plusieurs pieces, soit pour le Théâtre François, soit pour le Vaudeville : toutes annoncent un esprit aimable et délicat; mais il n'y eut que le Retour du Mari qui parût digne de faire partie du Répertoire. Le sujet est à peu près le même que celui d'Heureusement : la seule différence consiste en ce qu'il est pris au sérieux; ce qui le rend plus moral, mais moins dramatique. Le mari n'est pas un fat comme M. de Lisban; l'épouse n'est pas une coquette, et le jeune homme n'est pas un aimable libertin. Les deux amans connoissent leur devoir, et l'égarement de la passion peut seul les porter à y manquer. Tout s'arrange par le repentir de la dame, l'indulgence du mari et l'éloignement du jeune homme. Cette piece, dans laquelle on trouve des détails agréables, ne peut plaire que si elle est parfaitement jouée. L'auteur s'occupa de littérature légere jusqu'à sa mort. Son ouvrage sur les femmes, qui offre des peintures gracieuses, a été beaucoup lu, sans cependant s'être concilié le suffrage des connoisseurs séveres. Ségur mourut à Bagneres, le 27 juillet 1805.

CHARLES-ALBERT DEMOUSTIER naquit à Villers-Coterets, le 11 mars 1760. Jamais jeune homme ne parut plus appelé par sa naissance à cultiver les lettres. Du côté de son pere, il descendoit de Racine, et du côté de sa mere, de La Fontaine. Cependant il fit son droit, et suivit quelque temps le barreau. Durant

cette époque de sa premiere jeunesse, il se livroit à
des spéculations vagues et romanesques, à des rê-
veries dans lesquelles il trouvoit le bonheur; et nous
avons vu des mémoires écrits de sa main, où il
retrace, avec beaucoup de vérité, ces illusions qu'il
regretta toujours. Il débuta en 1786 dans la carriere
littéraire, par les Lettres à Emilie sur la mytholo-
gie, ouvrage plein de grace et d'esprit, dont on
applaudit beaucoup trop certains détails, et où l'on
trouve le germe de tous les défauts que l'auteur ne
put éviter par la suite. Le succès qu'obtint ce premier
ouvrage, lui fit croire qu'on ne pouvoit réussir qu'en
renchérissant sur les subtilités de Marivaux, et en
imitant les graces affectées de Dorat. Ses premiers
essais au théâtre le confirmerent dans ce système.

Le Conciliateur, comédie en cinq actes, s'est main-
tenu long-temps sur la scene avec éclat : le sujet en
est très-compliqué. Deux voisins de campagne, Mondor et Dorval, sont brouillés depuis long-temps par
un procès. Le neveu de Dorval aime Lucile, fille de
Mondor : il s'introduit chez ce dernier sous le nom
de Melcourt, et entreprend de rapprocher les deux
familles : on voit que c'est là le Conciliateur. Il réussi-
roit facilement s'il n'avoit affaire qu'à Mondor, homme
d'une grande foiblesse; mais il doit vaincre une multitude d'obstacles. Madame Mondor est d'un caractere difficile, et ne s'accorde jamais avec son mari :
deux sœurs de Mondor, mesdames de Boisvieux et de
Vertsec, sont de vieilles folles qui ont encore des
prétentions : l'une est sentimentale, l'autre affecte de

la vivacité. Deux jeunes gens recherchent Lucile : Cléon est un peu fat, Clitandre est langoureux.

En peu de temps, Melcourt parvient à se faire aimer de M. Mondor, de madame Mondor et des deux tantes. Ses rivaux l'appellent en duel : en l'attendant, ils se disputent, mettent l'épée à la main, et c'est lui qui les sépare. Enfin, rien ne pouvant lui résister, il obtient la main de Lucile, du consentement de toutes les personnes intéressées, soit à la lui refuser, soit à la lui disputer.

On voit que presque toutes les combinaisons de cette comédie sont fausses, et qu'elle offre des contrastes trop étudiés. Les personnages opposés à Melcourt sont d'une crédulité qui passe toutes les bornes de la vraisemblance : ils cedent aux premiers complimens qu'il leur adresse, et souvent ces complimens outrés ont l'air d'un persifflage. Cependant ce rôle, qui ne pouvoit être tracé que par un homme de beaucoup d'esprit, plaît au théâtre lorsqu'il est bien joué; et l'exposition, qui est remplie de traits piquans, dispose le spectateur à traiter avec indulgence les situations forcées qui se succedent dans la piece.

Le succès extraordinaire du Conciliateur fut principalement dû aux circonstances dans lesquelles on le représenta. La comédie françoise étoit alors suivie par tout ce qui restoit de bonne compagnie. Ne pouvant recevoir chez soi, on alloit au spectacle pour se distraire des chagrins dont on étoit accablé; et l'horreur qu'on avoit pour le ton des révolutionnaires entraînoit à un excès opposé. Dans le desir de fuir ce ton grossier et révoltant, on devenoit indulgent pour des fadeurs et pour l'affectation de la délicatesse et de l'esprit.

Le concours qu'attira la comédie *des Femmes* peut être attribué aux mêmes causes. Jamais pareil sujet n'avoit été mis au théâtre. Madame de Saint-Clair a été autrefois quittée assez brusquement par Lisidor : elle vit retirée dans un château, près de Paris, avec madame d'Orville sa mere, Eugénie sa fille, et une suivante, nommée Justine. Sa société se compose de Constance, sa niece, jeune veuve qui allaite un enfant; d'Ursule, sa cousine, dévote ridicule, et de madame de Courtmonde, qui affecte les manieres des hommes. Dans cette solitude, on a recueilli un jeune officier maladé, qui se trouve être le neveu de Lisidor. Les sept femmes deviennent amoureuses de l'officier, et il paroît les aimer toutes, ce qui donne lieu à plusieurs déclarations d'un genre différent. Lisidor, qui est à la recherche de son neveu, arrive dans le château, où il est fort étonné de trouver madame de Saint-Clair qu'il a aimée et trompée sous le nom de Sophie : cette dame n'est point irritée de son infidélité, parce que, dit-elle, c'est lui qu'elle a aimé le premier. Ayant appris qu'il est ruiné et qu'il a perdu son emploi, elle vole à Paris, obtient du ministre qu'il soit réintégré, et paye ses créanciers; ensuite elle l'épouse, et donne au neveu la main de sa fille.

L'auteur ne paroît avoir eu en vue dans cette piece que d'offrir des tableaux voluptueux; et sa principale étude a été de composer des groupes où les plus jolies femmes de la comédie françoise pussent figurer. L'action est entièrement nulle, et la manie de faux esprit est encore poussée plus loin que dans le Conciliateur. L'une des femmes, la dévote, n'est qu'une caricature qui pensa être sifflée à la premiere représentation; une autre femme, celle qui nourrit, manque à la décence : on ne peut supporter qu'une mere, dont toutes les affections doivent être concentrées sur son enfant, prenne du goût pour un jeune homme qu'elle n'a vu que depuis quelques jours. Le babil des autres femmes est quelquefois semé de traits piquans ; mais on n'y trouve presque jamais ni comique ni vérité.

Demoustier, trompé par ces deux succès, s'engagea davantage dans la mauvaise route qu'il avoit prise; mais le temps de l'indulgence passa bientôt, et un grand nombre de pieces qu'il fit jouer sur différens théâtres ne purent obtenir que quelques représentations. Le seul ouvrage qui paroît devoir lui survivre long-temps, est son coup d'essai, les Lettres à Emilie, où les défauts de goût ne sont pas assez considérables pour étouffer des beautés réelles.

La conversation de Demoustier s'accordoit peu avec ses ouvrages : on étoit étonné d'y trouver un naturel qu'il perdoit aussitôt qu'il avoit pris la plume. Par une singularité remarquable, ayant adopté un système littéraire qui devoit l'égarer, il avoit un goût très éclairé quand il s'agissoit de juger les ouvrages des autres. Ses conseils étoient recherchés, et il aimoit à les donner aux jeunes gens qu'il se plaisoit à encourager. Doué d'un caractere plein d'amabilité, de dou-

PRÉLIMINAIRE.

cœur et de modestie, il se montra digne d'avoir des amis, et il fut vivement regretté par eux. Souvent il les réunissoit chez lui ; et il est à remarquer qu'il occupoit l'appartement de Dorat, dont il cherchoit à être considéré comme le successeur. Il mourut à Villers-Coterets, le 9 mars 1801.

Ici se terminent les notices sur les auteurs dont il n'a pas été parlé dans le Répertoire (second ordre). En évitant d'entrer dans des détails biographiques peu intéressans, nous avons fait nos efforts pour ne laisser échapper aucun trait propre à caractériser les mœurs de chaque époque et les diverses variations du goût. Souvent les ouvrages dont nous avons eu à nous occuper pechent par l'ensemble ou par les détails ; cependant comme ils renferment toujours quelques beautés, les réflexions qu'ils font naître peuvent être utiles, non seulement à ceux qui cultivent l'art, mais aux amateurs éclairés qui trouvent du plaisir à se rendre compte des sensations qu'ils éprouvent au théâtre.

FIN DU DISCOURS PRÉLIMINAIRE.

ZELMIRE,

TRAGÉDIE EN CINQ ACTES,

DE DE BELLOY,

Représentée, pour la premiere fois, le 6 mai 1762.

Abstulit hunc tandem Rufini pœna tumultum,
Absolvitque Deos.
                    CLAUDIAN.

ACTEURS.

POLIDORE, roi de Lesbos.
ZELMIRE, fille de Polidore.
ILUS, prince de Troye, mari de Zelmire.
ANTÉNOR, prince du sang des rois de Lesbos.
RHAMNÈS, général des armées de Lesbos.
ÉMA, confidente de Zelmire.
EURIALE, officier troyen.
UN SOLDAT THRACE.
PRÊTRES, PEUPLES ET SOLDATS DE LESBOS.
SOLDATS TROYENS ET THRACES.

La scene est à Lesbos.

Le théâtre représente une assez grande étendue de terrain sur le rivage de la mer, près de la ville de Mitylene. On voit d'un côté des arbres et des rochers, entre lesquels est le chemin de la ville; de l'autre, un temple, et un tombeau entouré de cyprès et de rochers. Au fond est la mer.

ZELMIRE,
TRAGÉDIE.

ACTE PREMIER.

SCENE PREMIERE.

ZELMIRE, ÉMA.

ZELMIRE, *à Ema, qui fuit vers le temple.*
Tu me fuis, chere Ema : je te suivrai sans cesse.
Donne au moins un regard aux pleurs de ta princesse;
Daigne écouter...

ÉMA.
Vous puis-je entendre sans horreur,
Fille dénaturée ?

ZELMIRE.
Ah ! suspends ta fureur...

ÉMA.
Grands dieux ! livrer un pere aux complots d'un perfide !
Servir l'ambition d'un frere parricide !
J'arrive, et l'on m'apprend ses forfaits et sa mort :

Son juste châtiment vous prédit votre sort.
Tremblez, cruelle.

ZELMIRE, *la retenant.*

Arrête, et connois mieux Zelmire.
O toi, qui la chéris depuis qu'elle respire,
Crois-tu qu'un si grand crime ait pu déshonorer
Ce cœur où ta vertu se plut à s'admirer?
Hélas! loin de livrer mon déplorable pere,
C'est moi qui l'ai sauvé des fureurs de mon frere.

ÉMA.

Quoi! Polidore...

ZELMIRE.

Il vit.

ÉMA.

O mon maître! ô mon roi!

ZELMIRE.

Modere tes transports, tu me glaces d'effroi :
Un seul mot peut le perdre. Ah! de ma confidence
Déja mon cœur tremblant condamne l'imprudence.

ÉMA.

Vous me craignez, Zelmire!

ZELMIRE.

Oui, pour des jours si chers,
Pardonne, je te crains; je crains tout l'univers.
Va, si je n'implorois ton secours nécessaire,
Mon cœur, sûr de ta foi, te cacheroit mon pere.
Mais je commençai seule en vain à le sauver,
Je vois trop que, sans toi, je ne puis achever.
Regarde, près du temple où me fuyoit ta haine,
Ce vaste monument voisin de Mitylene,

ACTE I, SCENE I.

Entouré des rochers qui défendent nos bords,
Et de ces vieux cyprès, triste pompe des morts
Là, des rois de Lesbos on révere la cendre;
Là, mon pere vivant fut forcé de descendre.
Ombres de nos héros qu'il a surpassés tous,
Vous voyez votre fils respirant parmi vous;
Vous gardez sa vieillesse aux meurtriers ravie;
L'asile de la mort est celui de sa vie.

ÉMA.

Par quel miracle, ô ciel! trompant ses assassins,
Avez-vous fait penser que livré par vos mains...

ZELMIRE.

Je puis te confier, dans ces lieux solitaires,
Ce dépôt, ce tissu d'intéressans mysteres
Qu'a tramé par mes soins l'amour ingénieux,
Prodiges qu'à mon pere ont cru devoir les dieux.
Ta tendresse va croître au récit de la mienne,
Je veux faire passer mon ame dans la tienne.
Le sort, qui pour un temps te fixoit à Samos,
Préparoit loin de toi les malheurs de Lesbos;
Lorsque Ilus, mon époux, l'espoir de la Phrygie,
Fut rappelé par Tros pour venger sa patrie,
Son absence cruelle, époque de nos maux,
Du parricide Azor enhardit les complots.
Ce monstre, que le ciel m'avoit donné pour frere,
Porta sa main coupable au sceptre de son pere,
Dans le crime affermi par ces vils séducteurs,
A qui les changemens promettent des grandeurs.
Polidore irrité voulut, sur un parjure,
Venger les droits du trône et ceux de la nature:

Mais son bras paternel, à regret étendu,
Auroit puni son fils et ne l'eût point perdu.
Ce jeune ambitieux, idole d'une armée,
Sous lui, depuis trois ans, à vaincre accoutumée,
Dieu d'un peuple inconstant qui sous mon pere, hélas!
Se lassoit d'un bonheur qu'il ne méritoit pas,
Sur-tout ayant gagné la troupe sanguinaire
Qui vient vendre en ces lieux sa valeur mercenaire,
Ces Thraces qui, fuyant de leurs rochers déserts,
Vont se nourrir ailleurs des maux de l'univers,
Azor mit tous les cœurs du parti de son crime :
D'un pere trop jaloux on le crut la victime ;
Il feignit que le roi, dans ses cruels soupçons,
Armoit contre ses jours le fer et les poisons.
Ses soldats, à ce bruit, remplissent Mitylene,
Mon fils, mon pere et moi nous tombons dans leur chaîne;
Et menacée encor de plus affreux malheurs,
On força ma tendresse à dévorer ses pleurs.

ÉMA.

Monarque infortuné, la main de ton fils même
Déchire sur ton front ce sanglant diadême.
Voilà le prix honteux qu'ont payé tes sujets
A trente ans de vertus, de gloire et de bienfaits !...
Ne pûtes-vous au moins de ce vainqueur impie,
Pour un pere captif, désarmer la furie ?

ZELMIRE.

Non ; contre tous les pleurs soigneux de s'endurcir,
Il fallut le tromper ne pouvant l'adoucir.
Tromper un traître, Ema, c'est lui faire justice.
Tel fût de mon amour l'innocent artifice.

ACTE I, SCENE I.

D'Azor, avec éclat, j'approuvai les forfaits ;
En flattant ses fureurs, j'en prévins les effets ;
Tu sais que les mortels, vertueux ou coupables,
Dans les autres toujours pensent voir leurs semblables :
Azor me crut sans peine un cœur dénaturé...
Je lui surpris l'aveu d'un projet ignoré :
Le barbare, en secret, par la faim meurtriere,
Au fond de sa prison, laissoit périr mon pere !

ÉMA.

Dieux !

ZELMIRE.

J'arrêtai ce crime au moment du succès.
Un soldat, dans la tour, me permit quelque accès :
Mais lâchement fidele et cruel par foiblesse,
Il m'ôta les secours qu'apportoit ma tendresse.
J'entre, je vois mon pere à mes pieds étendu ;
Je sens le froid mortel sur son corps répandu ;
Je le presse en mes bras, et sa bouche expirante
Pousse en foibles sanglots une voix défaillante...
J'écoutai la nature : elle vint m'inspirer
D'oser changer ses lois, pour la mieux honorer :
Son trouble impérieux ne connoît point d'obstacles ;
La nature alarmée enfante des miracles.
Du lait que pour mon fils elle avoit destiné,
Mon sein même a nourri mon pere infortuné :
Mes pleurs, mon désespoir, ma mort inévitable,
L'ont contraint d'accepter ce secours respectable.

ÉMA.

Zelmire !... je succombe à mon ravissement :
Pardonnez au transport de cet embrassement.

Ah! l'admiration, le trouble, la tendresse
Arrachent de mes yeux des larmes d'allégresse.
####### ZELMIRE.
Hélas! à ce spectacle un Thrace en répandit.
Dans mes soins maternels ce tigre me surprit :
Mais l'inflexible airain de l'ame la plus dure
S'ébranle et s'amollit au cri de la nature.
Il fut comme acccablé du Dieu qui m'inspiroit ;
Il osa seconder des soins qu'il admiroit ;
Et mon pere, échappant à sa prison funeste,
Trouva, dans ce tombeau, l'asile qui lui reste.
Ce n'étoit point assez. Loin d'un si cher trésor,
Il falloit détourner les poursuites d'Azor ;
Je sus conduire ailleurs sa cruauté séduite.
Je lui vins, la premiere, annoncer cette fuite ;
Je feignis qu'enlevé par des amis secrets,
Mon pere s'enfermoit au temple de Cérès,
Où Cloanthe, en effet, fidele à Polidore,
Avec quelques soldats se défendoit encore.
Dieux! qui pouvoit prévoir ces attentats nouveaux ?
Azor de toutes parts fait lancer les flambeaux,
Et du temple embrasé les murailles fumantes
Croulent dans des torrens de flammes dévorantes :
Un cœur dénaturé respecte-t-il les dieux ?
Mais la cendre sacrée, où ce monstre odieux
Croyoit voir de son roi l'affreuse sépulture,
Servit à mieux couvrir ma pieuse imposture.
####### ÉMA.
Ainsi, quand vos vertus l'arrachent à la mort,
Nous vous accusons tous de son horrible sort.

ACTE I, SCENE I.

Que j'expie à vos pieds une injuste colere...
ZELMIRE, *la relevant.*
Son injustice, Ema, me la rendoit bien chere.
J'estimois ce courroux dont mon cœur soupiroit;
De ta fidélité ta haine m'assuroit.
A quel étrange sort mes malheurs m'asservissent!
Je ne puis plus chérir que ceux qui me haïssent;
Et j'abhorre ce peuple assez vil pour m'aimer,
Qui me croit parricide et m'en ose estimer.
Entretiens son erreur que ma voix autorise :
Unis-toi, pour ton maître, à ma noble entreprise.
Le soleil a trois fois doré l'azur des cieux,
Depuis qu'au sein des morts la nuit couvre ses yeux,
Et que mes soins cachés ont nourri sa vieillesse
Des dons, qu'on croit ici que j'offre à la déesse.
Veille autour de ces lieux où je vais l'informer
De ce trépas d'Azor qui doit tant m'alarmer.
Hors du tombeau fatal j'entretiendrai mon pere;
Du moins, pour un moment, il verra la lumiere.
Approchons.
(Elle fait quelques pas, tenant Éma par la main.)
ÉMA.
Vous tremblez!
ZELMIRE.
Hélas! depuis le jour
De cet effort sacré, prodige de l'amour,
Tu vois à quel excès ma tendresse est accrue.
A la voix de mon pere, à son nom, à sa vue,
Je sens d'un doux transport mes entrailles frémir,
Tout mon sang se troubler et mon cœur tressaillir.

Un sentiment nouveau, qui vient s'y faire entendre,
Ajoute à la nature et rend son cri plus tendre.
(*Elle entre dans le tombeau.*)
ÉMA, *se retirant.*
Dieux! dont la vertu même éprouve le courroux,
Est-ce en vous imitant qu'on mérite vos coups?

SCENE II.
POLIDORE, ZELMIRE.

POLIDORE, *sortant du tombeau.*
O ma fille! soutiens ma tremblante vieillesse;
Prête un bras secourable à ma lente foiblesse.
Mes regards éblouis cherchent en vain les cieux;
Hélas! leur doux aspect n'est plus fait pour mes yeux.
(*Il s'assied sur les marches du temple.*)
Enfin je les revois, et je t'embrasse encore.
Ma vie est désormais un fardeau que j'abhorre.
Non, je la dois aimer, c'est un de tes bienfaits.
Pourrois-je, sans transport, me retracer jamais
L'auguste et doux moment où ton malheureux pere
A trouvé dans sa fille une seconde mere?
Je bénis en toi seule unis et consacrés
Les droits que la nature a toujours séparés :
Ce sang qui me doit l'être, et dont je tiens la vie,
A doublé les devoirs de mon ame attendrie.
Quel charme intéressant, quels soins consolateurs
Ta noble piété répand sur mes malheurs!
ZELMIRE.
Eh! pouvez-vous compter de si foibles services?

ACTE I, SCENE II.

Mon cœur a fait, par choix, ses plus cheres délices
De ce tendre devoir, de cet amour sacré,
Du nom de piété justement honoré :
J'offre mes premiers vœux aux maîtres du tonnerre,
Mais l'auteur de mes jours est mon dieu sur la terre.
Pour des temps plus heureux réservons nos transports,
Le ciel permet l'espoir à nos justes efforts ;
Déjà ses coups vengeurs préviennent notre attente :
Azor n'est plus.

POLIDORE, *se levant.*
Azor !

ZELMIRE.
Cette nuit, dans sa tente,
De trois coups de poignard on a percé son sein :
Et nos soins vainement recherchent l'assassin.

POLIDORE.
Dieux ! faut-il que mon fils, ma plus chere espérance,
Ne me laisse, en mourant, pleurer que sa naissance !
Je me vois délivré de mon persécuteur ;
Mais il étoit mon fils. O retour plein d'horreur !
Quand tu me l'as donné, ciel, devois-je m'attendre
Que j'aurois, pour sa mort, des graces à te rendre ?

ZELMIRE.
Sa mort, en ce moment, accroît votre danger ;
L'armée avec fureur jure de la venger ;
Vous avez vu tourner, au déclin de votre âge,
Vers l'aurore d'un fils tout un peuple volage ;
Hélas ! des meilleurs rois c'est le commun malheur ;
On dédaigne le sage et l'on court au vainqueur.
Même après son trépas, ils adorent mon frere.

POLIDORE.

Eh! qui fut mieux formé pour tromper le vulgaire?
Unissant, sous les traits d'un visage enchanteur,
Le froid de la prudence au feu de la valeur;
Rassemblant des héros tous les talens sublimes,
Dangereuses vertus, souvent meres des crimes,
Il sut empoisonner les dons les plus flatteurs.
Comment un même sang forma-t-il vos deux cœurs?
Mais, Zelmire, je puis quitter ce triste asile;
Allons ouvrir les yeux de ce peuple indocile.

ZELMIRE.

Vous l'espérez en vain. Ah! croyez ma terreur :
Gardez-vous de braver ces tigres en fureur.
Si leurs yeux étonnés vous voyoient reparoître,
Tous vous accuseroient du meurtre de leur maître :
Leur haine, par vous seul, va croire exécuté
Le projet odieux qui vous fut imputé.
Cet assassin secret, dont la main factieuse
Nous cache d'un complot la trame ambitieuse,
Abusant le premier de leur crédule erreur,
Sur vous, de son forfait, va rejeter l'horreur ;
Et si le seul soupçon, que leur donna mon frere,
Arma contre vos jours leur rage sanguinaire,
Que n'oseront-ils point, quand ils pourront penser
Que, jusque dans leurs bras, vous l'avez su percer!
Dérobons-nous, mon pere, à ce péril extrême.
Anténor est chargé des soins du diadême;
C'est à son front vainqueur qu'il paroît destiné :
Je le crois digne en tout du sang dont il est né.
Pour mon fils et pour moi je renonce à ce trône

ACTE I, SCENE II.

Que mon frere a souillé, que la foudre environne;
Anténor permettra qu'aux bords du Simoïs,
Auprès de mon époux, j'aille porter mon fils.
Je pourrai vous sauver dans la foule proscrite
De quelques citoyens qui fuiront à ma suite.

POLIDORE.

Mais toi, dont l'héroïsme a porté les vertus
A des degrés nouveaux, au ciel même inconnus,
Tu souffres que des cœurs, amis de la justice,
D'un parricide affreux te nomment la complice !

ZELMIRE.

Que fait la renommée au cœur qui la dément ?
En paix avec soi-même on la brave aisément ;
Mais on souffre en tremblant sa faveur infidelle,
Lorsqu'un témoin secret vient déposer contre elle...
Quel bruit ai-je entendu ? Qui porte ici ses pas ?

SCENE III.

POLIDORE, ZELMIRE, ÉMA.

ÉMA.

Madame, je crois voir à travers des soldats,
Approcher Anténor, et les chefs de l'armée.

ZELMIRE.

Fuyez, rentrez, seigneur.
   (*Elle renferme Polidore.*)

ÉMA.

     Soyez moins alarmée;
Ils marchent vers le temple, et dans ces tristes lieux

On se souvient enfin qu'il est encor des dieux.
Des vertus d'Anténor c'est un heureux présage.

ZELMIRE.

Je te laisse. Mon cœur se peint sur mon visage ;
Mes yeux me trahiroient... Ema, demeure encor ;
Vois, observe, entends tout. Aussitôt qu'Anténor
Aura rempli ce soin qui te calme et m'agite,
J'irai l'entretenir et hâter notre fuite.
Dieu! dérobe mon pere à cent périls divers,
Laisse encor ton image en ce triste univers ;
Accorde à nos besoins cette faveur insigne,
Et ne regarde pas si le monde en est digne.

SCENE IV.

ANTÉNOR, RHAMNÈS, LES CHEFS DE L'ARMÉE, SOLDATS LESBIENS ET THRACES; ÉMA, *près du temple.*

RHAMNÈS, *à Anténor.*

Seigneur, tout vous appelle au plus auguste rang :
Anténor a pour lui ses vertus et son sang.

ANTÉNOR.

Citoyens de Lesbos, et guerriers de la Thrace,
Je descends à regret du trône où l'on me place.
Que par le choix d'un peuple il est doux de régner !
Mais ce trône, en un mot, le pouvez-vous donner ?
Le ciel vous laisse un roi dans le fils de Zelmire ;
L'élever pour son peuple est la gloire où j'aspire ;
Je serai plus chéri, plus grand, plus respecté

ACTE I, SCENE IV.

D'avoir fait un bon roi, que de l'avoir été.
Entrez. Au nouveau prince allez rendre propice
Minerve, de notre île auguste protectrice.
Je vous suis. Mais je veux confier à Rhamnès,
Sur le meurtre d'Azor, quelques soupçons secrets.
Nous ne tarderons pas, si mon zele en décide,
De mêler à vos pleurs le sang du parricide.
(*Tous entrent dans le temple. Anténor fait signe à
Éma de se retirer. Quelques soldats restent dans
le fond.*)

SCENE V.

ANTÉNOR, RHAMNÈS.

RHAMNÈS.
Seigneur, de mes avis souffrez la liberté :
Mon zele sert d'excuse à ma témérité.
Je ne puis vous cacher que ce refus m'étonne.
Les peuples et vos droits vous portent sur le trône,
Et vous y renoncez pour le fils d'un troyen !
Un enfant étranger vous ravit votre bien !
Jadis dans votre cœur je me flattois de lire ;
Je ne le crois pas fait pour dédaigner l'Empire.
De vos vastes desseins j'entrevois la grandeur ;
Daignez m'en éclaircir la sombre profondeur.
ANTÉNOR, *à part, après avoir fait signe à Rhamnès
d'éloigner le reste des gardes, qui se retirent
entre les arbres.*
Il peut me pénétrer. J'ai besoin d'un complice ;

Mais malheur au mortel qu'il faut que je choisisse !
(*A Rhamnès.*)
Je vais à tes regards me livrer sans terreur;
Né d'un sang peu connu, tu cherches la faveur;
Sur le choix des moyens ta gloire indifférente
Prête aux desirs du maître une ame obéissante :
Et tu sais qu'à la Cour, de vains noms revêtu,
Le soin de sa fortune est la seule vertu.
Des favoris d'Azor essuyant les caprices,
L'exil, sans mon crédit, eût payé tes services;
Dès tes plus jeunes ans, tu n'eus d'appui que moi;
Tu n'es rien si je sers, et tout si je suis roi :
Voilà sur quels garants je vais t'ouvrir mon ame.
Rhamnès, dès le berceau, l'ambition m'enflamme.
Sorti du sang des rois, mais du trône éloigné,
J'en dévorois l'espace en mon cœur indigné;
La force ne pouvoit m'en briser les barrieres,
La souple politique écarta les premieres.
C'est moi qui par degrés, les rendant ennemis,
Fis périr, en ces lieux, le pere par le fils;
Et ce farouche Azor, que j'ai chargé de crimes,
C'est moi qui l'ai rejoint à ses tristes victimes.

RHAMNÈS.

Vous !

ANTÉNOR.

Tu sais qu'assuré des cœurs de ses soldats,
Sa garde, au milieu d'eux, ne suivoit point ses pas;
Il veilloit sur son camp et jamais sur sa tente.
C'est là que, cette nuit, ma haine impatiente
Dans son coupable sang se baignoit à loisir,

ACTE I, SCENE V.

Quand j'entendis vers nous des guerriers accourir;
A peine je saisis l'instant de disparoître...
Azor, en expirant, m'aura nommé peut-être :
Cet importun effroi trouble seul mes projets.
Mais, pour les raffermir, les moyens sont tout prêts.
Déjà, par le refus de la toute-puissance,
Ceux qui m'accuseroient sont démentis d'avance :
Et ce roi, fils d'Ilus, entre mes mains livré,
Devient, dans un revers, mon otage assuré.
Tu me crois trop prudent pour lui laisser atteindre
L'âge de se connoître et le temps d'être à craindre :
Ressource passagere aux périls que je cours,
Leur terme fixera le terme de ses jours.

RHAMNÈS.

Sans doute à son époux vous renvoyez Zelmire,
Sur un trône étranger...

ANTÉNOR.

Pergame est son empire :
Son pere, par ses soins, s'est vu sacrifié;
D'un cœur qui me ressemble il faut me défier.
Je saurai quel dessein peut l'avoir animée.
Rhamnès, dès ce moment, sois le chef de l'armée;
Ma faveur te préfere aux plus nobles rivaux :
Prévois par cet essai le prix de tes travaux.
Du peuple et des soldats l'impatience avide,
D'Azor, avec fureur, recherche l'homicide.
Feignons le même zele à venger son trépas.
Phorbas aimoit le pere : ose accuser Phorbas,
J'oserai le juger; et sa foible innocence,
Sous nos puissantes mains, tombera sans défense.

Mais que ton art secret remonte par degrés
A ceux qui, dans la tente, après moi, sont entrés ;
Moi-même, en les cherchant, je ne dois point paroître ;
Des yeux qu'ils craindront moins pourront mieux les connoît
Je m'en remets à toi. Tu peux tout en ce jour,
Si des peuples séduits je conserve l'amour.
J'ai fondé ma grandeur sur l'estime publique,
D'un sage usurpateur utile politique ;
Je feins de fuir un trône où tendent tous mes pas ;
J'encense des Dieux vains, que mon cœur ne croit pas ;
Et tu vois que le peuple, et la cour, et l'armée,
De cent titres divins chargent ma renommée.
Mon nom n'est prononcé qu'entouré de vertus.
Gardons de dessiller des yeux si prévenus ;
J'ai su tromper mon siecle, et je veux davantage ;
Je veux que son erreur s'étende d'âge en âge ;
Et que tout l'avenir ne puisse voir en moi
Qu'un sujet vertueux que le sort a fait roi.
Tels sont les grands desseins où mon choix t'associe :
L'intérêt est le nœud, la chaîne qui nous lie.
Ce dieu des courtisans me répond de ta foi ;
Ce dieu des souverains te répondra de moi.

(*Il entre dans le temple.*)

SCENE VI.

RHAMNÈS.

Et de l'aveu des cieux ce mortel se couronne !
Son exemple m'impose, et son succès m'étonne.

ACTE I, SCENE VI.

Irai-je opposer seul, dans ces temps corrompus,
Au crime tout puissant de stériles vertus?
Quel fruit en recueillit le sage Polidore?
Des titres, des grandeurs si la soif me dévore,
Je voulois noblement en mériter l'honneur.
L'infamie est ici la route du bonheur.
Ah! cédons au torrent qui, malgré moi, m'entraîne.
Plus qu'Anténor, hélas! Zelmire est inhumaine:
Entre ces cœurs cruels comment fixer mon choix?
Qu'il en coûte, ô vertu, pour étouffer ta voix!
Mais... Il faut du monarque embrasser les maximes:
Dieux, en le couronnant, vous me forcez aux crimes.
(*Il entre dans le temple avec le reste des gardes.*)

FIN DU PREMIER ACTE.

ACTE II.

SCENE PREMIERE.

ANTÉNOR, RHAMNÈS, soldats thraces et lesbiens, *sortant tous du temple;* ZELMIRE, ÉMA, *dans l'éloignement.*

ANTÉNOR.
Ainsi vous briguez tous cet emploi glorieux
Et de venger Azor et d'apaiser les dieux :
Vous avez à l'autel fait un vœu légitime
D'immoler l'assassin pour premiere victime.
   (*Montrant Rhamnès.*)
Mais c'est le nouveau chef, que vous donne mon choix,
Qui doit verser le sang des meurtriers des rois;
Ici, venger son prince est un honneur insigne,
Dont le cœur le plus brave est jugé le plus digne.
Cherchons tous le coupable, il croit en vain nous fuir;
Les dieux savent forcer le crime à se trahir.
            (*Il sort avec sa suite.*)
   ZELMIRE, *avançant avec Ema.*
Le temple est refermé : tout marche vers la ville.
Mes yeux toujours de loin observoient cet asile.

ACTE II, SCENE I.

Nul mortel n'est resté. Grace aux bontés des cieux,
Je crains moins pour mon pere un peuple furieux :
Si l'on nous découvroit malgré ta vigilance,
Les vertus d'Anténor seroient notre défense.
Il faut apprendre au Roi ce grand évènement.
(*Elle fait signe à Ema d'aller observer derriere la scene, et ouvre le tombeau.*)
Seigneur, daignez encor m'écouter un moment.

SCENE II.

ZELMIRE, POLIDORE.

ZELMIRE.
Partagez un espoir qui luit à ma tendresse.
Anténor, dont toujours vous vantiez la sagesse,
Digne de tous vos vœux, qu'il n'a point démentis,
Refuse la couronne et la rend à mon fils.
Jugez des sentimens de son ame fidele,
Quand il saura vos jours conservés par mon zele.
Mon pere, approuvez-vous qu'entre ses justes mains
Je remette à l'instant mon sort et vos destins?

POLIDORE.
Tu le peux. C'est en lui que l'infortune espere.
Lui seul m'a prévenu des complots de ton frere;
Trop tard pour mon malheur il les avoit appris;
Et si, croyant ma mort, il a suivi mon fils
En fidele sujet, qui gémissoit peut-être,
Il dut, sans le juger, servir son nouveau maître.
Va, dépose ma vie en son cœur généreux ;

Mais ne faisons qu'à lui cet honneur dangereux.
S'il couronne ton fils, il sauvera ton pere.

SCENE III.

POLIDORE, ZELMIRE, ÉMA.

ÉMA, *à Polidore.*
Ah! seigneur, ce soldat dont le bras salutaire
Aux fers de vos tyrans osa vous arracher,
Jusque dans ce tombeau s'empresse à vous chercher :
Il apporte, dit-il, l'avis le plus funeste.
POLIDORE.
Quels maux nous garde encor la colere céleste?
ZELMIRE.
Qu'il approche. L'effroi tient mes sens suspendus.
(*Ema fait signe au soldat d'approcher, et elle se retire.*)

SCENE IV.

ZELMIRE, POLIDORE, UN SOLDAT THRACE.

LE SOLDAT, *à Zelmire.*
Le ciel, qui me rendit témoin de vos vertus,
M'a fait voir un forfait encor plus incroyable.
Le complice d'Azor, son bourreau détestable...
C'est Anténor lui-même.
ZELMIRE.
Anténor!

ACTE II, SCENE IV.

POLIDORE.

Lui ?

LE SOLDAT.

Seigneur,
Vous savez quelle adresse et quelle heureuse erreur,
A vos fiers ennemis déguisant votre fuite,
De ceux qui vous gardoient excusa la conduite.
Depuis, cessant pour vous des pas trop hasardés,
Guidant toujours d'Azor les soldats affidés,
Je tâchois d'épier cette cour si cruelle,
Et de vous servir mieux en modérant mon zele,
Jusqu'au jour préparé par mes soins les plus doux,
Où, vers les champs troyens, je fuirois avec vous.
Cette nuit, près d'Azor, je revenois l'instruire
Du succès d'un devoir qu'il daignoit me prescrire :
Je l'ai trouvé sanglant, de son lit renversé,
De trois coups dans le sein mortellement percé.
« Je ne veux de secours, dans ce moment terrible,
« Ami, que pour tracer mon aventure horrible,
« Et laisser, contre un monstre, un monument sacré,
« Où son cœur infernal au grand jour soit montré. »
A ces mots, d'une main par la rage affermie,
Il trace, de son sang, l'écrit qu'il me confie.
« Fuis, dit-il, et qu'Ilus venge sur Anténor
« Et la coupable vie, et le trépas d'Azor. »
Il vous nomme ; et je vois ses entrailles émues,
Ses larmes, par torrens, dans son sang confondues.
« Votre pere est vivant, » lui dis-je. Un doux transport
Mêle un rayon de joie à l'ombre de la mort ;
Il m'embrasse... il expire. Et, dans mon trouble extrême,

ZELMIRE.

J'ai fui, tremblant, hélas! d'être accusé moi-même.

POLIDORE.

O mon fils! voilà donc la main qui t'a perdu!
Anténor m'a coûté ta vie et ta vertu.
O pertes, pour mon cœur également cruelles!
Mes yeux, laissez couler vos larmes paternelles.

ZELMIRE.

Anténor, l'artisan de tant d'affreux destins!
O mon pere! Et j'allois vous livrer en ses mains!

POLIDORE, *au Soldat.*

Donne-moi cet écrit. Je veux, devant l'armée,
De honte, à cet aspect, et de rage enflammée,
Le montrer, d'une main, à ce lâche imposteur,
De l'autre, lui plonger ce glaive au fond du cœur.

ZELMIRE.

Ah! seigneur, arrêtez.

LE SOLDAT.

Qu'allez-vous entreprendre?
Vous serez immolé sans qu'on vous laisse entendre.
Moi-même, de brigands, de traîtres entouré,
J'ai craint d'avoir sur moi cet écrit révéré;
Il est dans un asile où seul je me retire;
J'aurai soin, cette nuit, de le rendre à Zelmire.
D'ailleurs, ignorez-vous qu'Anténor et Rhamnès
Imputent ce grand crime à vos amis secrets?
Dans le camp, dans la ville, on crie avec colere
Qu'Azor n'eut d'assassin qu'un vengeur de son pere:
Et tous, en vous voyant survivre à son trépas,
N'iront plus accuser ni chercher d'autres bras.

ACTE II, SCENE IV.

ZELMIRE.

Mon père, eh! pensez-vous qu'ils manquent d'artifice,
D'audace, pour vous perdre? Avant qu'on s'éclaircisse,
Ils raviront l'écrit à vos débiles mains.
Aux regards prévenus d'un peuple d'assassins,
Ils y feront trouver les traits de l'imposture.
Pour vous, envers Azor, je me rendis parjure;
On dira que mes soins, en trompant son courroux,
Servoient votre vengeance et préparoient vos coups;
Que nous formions de loin cette trame sanglante.
Daignez prendre une voie et plus sûre et plus lente.
A nos premiers desseins pourquoi renoncez-vous?
Armés de cet écrit, fuyons vers mon époux.
Vous savez que, dans Troye, Ilus couvert de gloire,
A rétabli la paix des mains de la victoire :
Partons, et ramenant ce héros indompté,
Venez, la foudre en main, montrer la vérité.

POLIDORE, *à Zelmire*.

Mais cette fuite enfin, la crois-tu si facile?

LE SOLDAT.

Oui; mon obscurité, malheur souvent utile,
M'aide à vous dérober au tyran soupçonneux.
Sur les vaisseaux qu'Azor accordoit à vos vœux,
Madame, à votre époux demain l'on vous renvoye;
Ma troupe est votre escorte, et je vous suis à Troye
Il semble que le ciel, disposant ces apprêts,
Veut par nos ennemis servir tous nos projets.
Puisse-t-il, aux dépens de ma vie ignorée,
Qu'un plus digne trépas aura seul honorée,

Faire d'un vil mortel l'instrument glorieux
Du salut d'un grand prince et des faveurs des dieux !

SCENE V.

POLIDORE, ZELMIRE.

POLIDORE.

Quels sentimens, ma fille, en cette humble fortune !
O leçon pour les grands trop vaine et trop commune !
A ces derniers humains quel roi vient s'abaisser ?
Quand ils sont malheureux, daignons-nous y penser ?
Nos yeux remarquent-ils leur obscure existence ?
Leur zele la prodigue à notre indifférence :
Et loin de se venger de nos mépris honteux,
Ils sont hommes pour nous quand nous souffrons comme eux.
Mais, Zelmire, ce fils, l'espoir de ta tendresse,
Ce charme de mes yeux, si cher à ma vieillesse,
Vas-tu l'abandonner, en fuyant avec moi,
Au tigre à qui ce peuple a confié son roi ?
Ah ! je frémirois moins, si j'exposois sa vie
Dans les antres sanglans des monstres de Libye.
L'amour et le devoir pourroient-ils aujourd'hui
Te parler pour moi seul, et se taire pour lui ?

ZELMIRE.

Le croyez-vous, seigneur ? Mon amour pour mon pere
Ne me laisse-t-il pas des entrailles de mere ?
Nature, tu m'as fait le plus tendre des cœurs,
Pour rassembler sur lui tout l'excès des malheurs.
Entre mon fils et vous, choix terrible et barbare !

ACTE II, SCENE V.

Le sentiment se tait et la raison s'égare.
J'idolâtre mon fils, j'adore mon époux;
Mais ne doivent-ils pas donner leur sang pour vous?
Ma vie est votre bien, je vous la sacrifie.
Ils vous sont, comme moi, comptables de leur vie:
L'un naquit votre fils, l'autre l'est par son choix.
Ah! les mêmes devoirs nous enchaînent tous trois.

POLIDORE.

Ton fils mourroit pour moi!

ZELMIRE.

Lui! devant qu'il expire,
Ciel! choisis le forfait que tu veux me prescrire.

POLIDORE.

Du fil de ses beaux jours, à peine encor naissans,
Payer le reste usé de mes jours languissans!
Pour reculer d'un pas cette tombe où j'aspire,
Etouffer au berceau tout l'espoir d'un empire!
Toi, qui de la nature entends si bien la voix,
Songe que pour ton fils elle unit tous ses droits;
Elle ouvre sa carriere aux bornes de mon être;
Est-ce à moi de survivre à ceux que j'ai fait naître?

ZELMIRE.

Mon pere, la douleur nous aveugle tous deux:
Eh! pouvons-nous sauver cet enfant malheureux?
Si la sombre fureur du tyran qui m'opprime,
Cherche, en le couronnant, à parer sa victime,
Quand vous voudrez périr, mon fils mourra-t-il moins?
Je démêle Anténor dans ses perfides soins.
Il tremble que le temps ne dévoile sa rage;
De mon fils, contre Ilus, il se fait un otage.

O mon fils! tu vivras, même par son secours;
Son intérêt cruel veillera sur tes jours.
Et lorsqu'avec Ilus ramenant la vengeance,
Nous verrons détesté ce monstre qu'on encense,
Seigneur, nous saurons bien dérober à ses traits
Cet objet innocent de ses derniers forfaits.
Fer, flamme, trahison, tout sera légitime.
L'or à qui, chaque jour, on vend ici le crime,
Peut pour nous, une fois, obtenir des vertus;
Embrassons cet espoir, et courons vers Ilus.

SCENE VI.

POLIDORE, ZELMIRE, LE SOLDAT.

LE SOLDAT.

Pour la derniere fois hâtez-vous de descendre,
Seigneur, dans cet asile où je saurai me rendre.
 (*A Zelmire.*)
Anténor vous cherchoit pour vous entretenir,
Madame; Ema lui parle et l'a su retenir.
Mais je l'entends; souffrez que j'échappe à sa vue.
              (*Il fait rentrer le roi, et fuit.*)
ZELMIRE.

De quels transports nouveaux mon ame est combattue!
O mes yeux! démentez ma crainte et ma fureur;
N'allez pas l'avertir des troubles de mon cœur.

SCENE VII.

ZELMIRE, ANTÉNOR, ÉMA, RHAMNÈS, GARDES.

ANTÉNOR, *à Rhamnès, qui sort sur-le-champ avec des Gardes.*

(*A Zelmire.*)

Vois quels sont ces vaisseaux. Vous, soyez informée
Et des desirs du peuple et des vœux de l'armée,
Madame : vers ce temple il falloit vous chercher ;
Un repentir trop lent vous y semble attacher :
Vous y venez des dieux conjurer la vengeance ;
Mais il est des forfaits qui passent leur clémence.
Votre pere par vous à ses bourreaux livré,
Sous un temple brûlant, dans la flamme expiré,
Ne vous laisse à pleurer qu'un crime irréparable,
Qu'excuse vainement un peuple aussi coupable.
Tant qu'Azor a régné, j'ai dû, forçant mes vœux,
Fermer sur sa conduite un œil respectueux ;
Mais aujourd'hui qu'enfin sa fureur est punie,
Je vengerai sa mort en condamnant sa vie.
Quant au jeune monarque entre mes mains remis,
Malheureux quelque jour de se voir votre fils,
Je ne souffrirai pas qu'ici votre présence
Offre un modele indigne aux yeux de son enfance :
Portez à votre époux votre barbare main :
Les vaisseaux sont tout prêts, vous partirez demain.

ZELMIRE.

Vos reproches, seigneur, ont droit de me confondre...

Mais devant un sujet je n'ai point à répondre.
Je ne prends point pour juge un vain peuple, ni vous.
Mes juges sont les dieux, mon cœur et mon époux.

ANTÉNOR.

Votre époux ! il est vrai que sa naissante flamme,
Sur vos fausses vertus, éclaira mal son ame;
Etranger, et séduit par vos trompeurs appas,
A peine un prompt hymen l'avoit mis dans vos bras,
Que la gloire en nos camps emporta sa vaillance,
Et bientôt à Pergame appela sa vengeance;
Mais lorsque son amour, trop digne de pitié,
Saura quel est le cœur où le sien s'est lié,
Il punira sur vous, honteux de son outrage,
Le crime qu'il déteste et l'affront qu'il partage.

ZELMIRE.

Je frémis d'y penser! Peut-être qu'en ce jour
Un récit trop cruel me ravit son amour.
Mais vous, à qui Lesbos vient d'offrir la couronne,
Recueillez tous nos droits, votre sang vous les donne;
Et souffrez que, d'Ilus apaisant les fureurs,
Je porte à ses genoux et mon fils et mes pleurs.

ANTÉNOR.

Ce fils est notre maître, il n'est plus à sa mere.

ZELMIRE.

Lesbos, sans vos conseils, le rendoit à son pere.
Quel intérêt secret vous fait donc rejeter
Un sceptre, qu'en vos mains nous venons tous porter?
Mais au peuple, à mon tour, je veux me faire entendre.
Il est d'autres faveurs où j'ai droit de prétendre :
De fideles amis qui veulent, sur mes pas,

ACTE II, SCENE VII.

Cherchant d'autres destins...

ANTÉNOR.

Non, ne l'espérez pas.
Des meurtriers d'Azor la funeste prudence
Saisiroit ce moment pour fuir notre vengeance.
La suite, les vaisseaux qui vous sont destinés,
Par mes séveres yeux seront examinés.

ZELMIRE, *à part.*

O mon pere !

ANTÉNOR.

Quelle est cette terreur subite ?
Vouliez-vous du coupable autoriser la fuite ?

ZELMIRE.

Ah ! seigneur, qu'avec joie une si foible main
Du meurtrier d'Azor déchireroit le sein !
Mais c'est moi qui gémis, et lui seul est tranquille.

SCENE VIII.

ZELMIRE, ANTÉNOR, ÉMA, RHAMNÈS, NOMBREUSE SUITE DE SOLDATS THRACES ET LESBIENS.

RHAMNÈS, *arrivant entre le temple et le tombeau.*
Six vaisseaux phrygiens font voile vers cette île,
Seigneur ; et d'un esquif plus prompt et plus léger,
Ilus vient de descendre au pied de ce rocher.

ANTÉNOR.

Ilus !

ZELMIRE.

Ah ! je renais.

ANTÉNOR.
En quel temps il arrive!
RHAMNÈS.
A peine il fut deux mois absent de cette rive :
Mais il ne peut savoir quels troubles odieux
Changent, depuis sept jours, la face de ces lieux ;
Il demande Zelmire, et le voici lui-même.

SCENE IX.

ZELMIRE, ANTÉNOR, ÉMA, RHAMNES, ILUS, EURIALE, SOLDATS THRACES ET LESBIENS.

ZELMIRE, *courant vers Ilus.*
Cher prince, cher époux...
ILUS, *arrivant entre le temple et le tombeau.*
Aux pieds de ce que j'aime,
Je puis donc apporter mon cœur et mes lauriers.
Mes avides desirs devancent mes guerriers...
ZELMIRE, *regardant autour d'Ilus, et ne voyant qu'Euriale.*
Quoi!... presque seul?
ILUS.
Bientôt ma suite descendue,
Peu nombreuse en effet, mais encor superflue,
Doit vous offrir un roi dans mes fers arrêté,
Qui, de votre clémence, attend sa liberté ;
J'embellirai mes dons par les mains que j'adore.
Mais venez, chere épouse, allons vers Polidore ;

ACTE II, SCENE IX.

Qu'en ce pere si tendre, à mon amour rendu,
Je retrouve du mien et l'âge et la vertu...
Vous ne répondez point, et de larmes trempée...

ZELMIRE.

Ilus...

ILUS.

Parlez.

ANTÉNOR.

Seigneur, votre attente est trompée :
Polidore n'est plus. Il est mort détrôné.
Par son peuple proscrit, par son fils condamné,
Il chercha près des dieux un refuge inutile :
Le courroux des vainqueurs embrasa son asile.

ILUS.

Grands dieux! qu'entends-je? Où suis-je? Ah! jamais les enfers
N'ont vomi tant d'horreurs sur ce triste univers.
Chere épouse, fuyons cette rive exécrable.
Je vengerai ta mort, ô pere déplorable!
 (*Prenant la main de Zelmire.*)
J'en jure par Zelmire, et par ce nœud sacré...

ANTÉNOR.

Vains sermens! vous tenez la main qui l'a livré.

ILUS.

Zelmire?... Est-il vrai?... Non: vous me trompez, barbare.

ANTÉNOR.

Qu'elle parle, Seigneur.

ILUS.

La vertu la plus rare,
Zelmire parricide!

ZELMIRE.
Ah! prince, ignorez-vous?...
(A part.)
Dieux! je perds en parlant mon pere et mon époux :
Sans défense tous deux...

ILUS.
Répondez donc, cruelle.

ZELMIRE, à part.
Mon cœur, immole-toi ; la cause en est trop belle.
(A Ilus.)
Oui, réduite à choisir de mon pere ou d'Azor...
Ce que j'ai fait enfin, je le ferois encor.

ILUS, reculant d'horreur.
Monstre dénaturé, détestable furie,
Tu m'oses, sans trembler, vanter ta barbarie!
Quand ton pere eût sur toi levé le fer cruel,
Il falloit présenter ton cœur au coup mortel,
Le plaindre en expirant sous sa fureur impie :
Je pleurerois ta mort... Je déteste ta vie ;
J'abjure notre hymen ; et, loin de ce séjour
J'oublierai, s'il se peut, mon malheureux amour :
Adieu. Je crains qu'ici ma colere trop prompte
Ne lave dans ton sang tes forfaits et ma honte.

ZELMIRE.
Seigneur, daignez du moins... voir encor votre fils.

ILUS, sans la regarder.
Va, je cours vers Azor, pour qu'il me soit remis.

ZELMIRE.
Azor n'a pas long-temps joui du diadême...
Ilus, des inconnus l'ont immolé lui-même.

ACTE II, SCENE IX.

ILUS.

(*A Zelmire.*) (*A Anténor*)
Le ciel est juste... Tremble!... Est-ce vous qui régnez?

ANTÉNOR.

Moi! du trône, seigneur, mes droits sont éloignés;
Il est à votre fils.

ILUS.

Non : sa mere cruelle
L'acquit par des forfaits ; mon fils n'attend rien d'elle.
Ilion a pour lui des sujets vertueux ;
Par mes leçons un jour il sera digne d'eux :
D'un amour paternel montrerois-je des marques,
Lui donnant des sujets bourreaux de leurs monarques?

ANTÉNOR.

Seigneur...

ILUS.

C'en est assez. Vous m'avez entendu.
Que dans ce même jour mon fils me soit rendu,
Ou j'atteste les dieux, que ma juste vengeance
De Troye et de l'Asie armera la puissance ;
Que vous m'allez revoir sur ce coupable bord
Porter le fer, le feu, le carnage et la mort ;
Détruire, anéantir tout ce climat barbare,
Plus rempli de forfaits que le fond du Tartare ;
Vos repaires sanglans qui vomirent au jour
 (*En montrant Zelmire.*)
L'effroi de la nature et l'horreur de l'amour.
 (*Il sort avec Euriale.*)

ANTÉNOR, *à Rhamnès*.

Je marche sur ses pas; toi, rassemble l'armée;

Et que de tant d'affronts elle soit informée.
(*Il sort avec tous les Gardes.*)

SCENE X.

ZELMIRE, ÉMA.

ZELMIRE, *vivement à Éma.*
Vole, suis mon époux; que ton zele discret
L'aborde avec prudence, et l'instruise en secret :
Va, j'ai trop dévoré cette infamie affreuse.
(*Éma sort.*)
Que j'aime, cher Ilus, ta fureur vertueuse!
Dans quels tendres transports ton cœur va l'abjurer!
Plus tu me maudissois, plus tu vas m'adorer.
Grand Dieu! quel défenseur ta bonté nous envoye!
Mon pere, sans péril, va nous suivre dans Troye;
Mes mains vont l'arracher de ce fatal séjour :
Ce soin m'est bien plus cher que ceux de mon amour.
Parmi les cris du sang l'amour en vain murmure;
Que sont les passions auprès de la nature?

FIN DU SECOND ACTE.

ACTE III.

SCENE PREMIERE.

ANTÉNOR.

Ainsi tous ces projets si sagement tracés,
Par le retour d'Ilus se trouvent renversés.
On lui remet son fils privé du diadême :
On pense le punir, et me plaire à moi-même.
Sceptre tant désiré, quand j'ai tout fait pour toi,
Croyois-je, quelque jour, t'obtenir malgré moi ?
Faut-il, au même instant, perdre le seul otage
Qui pût me garantir ce sanglant héritage ?
Sur ce trône incertain je vais toujours frémir ;
Avant que d'y monter, je voulois l'affermir.
Si, dévoilant un jour l'attentat qui m'y place,
Protecteur de son fils et vengeur de sa race,
Ilus vient réclamer des droits trop assurés,
Dans un premier transport vainement abjurés,
Où sera ma ressource ?... Et que sais-je ? peut-être,
Si le prince expirant m'a pu faire connoître,
Ces témoins que je crains, que j'alarme encor plus,
Voudront mettre à profit la présence d'Ilus.

Ce noir pressentiment, cette frayeur soudaine,
Du péril que je cours est la marque certaine.
Il faut, pour le parer, recueillir tous mes sens.
Ilus est seul ici : dans ses chagrins pressans,
Voulant loin de nos bords précipiter sa fuite,
Son ordre en ses vaisseaux a retenu sa suite.
Par-tout le meurtre encore ensanglante ces lieux.
Aux peuples outragés Ilus est odieux ;
Tout Lesbos apprendroit son trépas avec joie.
Lui mort, son fils me reste, et je puis braver Troye.
Je ne crains, en un mot, qu'Ilus dans l'univers ;
Et, par un crime heureux, les autres sont couverts.
Quelle main me rendra ce dangereux service ?
Ah! comme auprès d'Azor, si quelque instant propice,
Si ce poignard caché, pouvoient servir mon bras!
Ilus vient! ô fortune!... Un ami suit ses pas ;
Il peut s'en séparer... Voici l'heure fatale ;
S'il l'éloigne, il est mort.
(*Il va se cacher entre les arbres qui environnent le temple.*)

SCENE II.

ILUS, EURIALE.

ILUS.

Enfin, cher Euriale,
Mon désespoir plus libre, implorant ta pitié,
Peut épancher ses pleurs au sein de l'amitié.
Enivré par l'excès du fiel qui me consume,

J'ai peu senti d'abord sa cuisante amertume :
De mon ardent courroux la premiere chaleur,
Dans mes sens soulevés suspendoit la douleur :
Je commence à sentir ma blessure cruelle,
Qu'un trait empoisonné rend toujours plus nouvelle.
Dans ce cœur violent l'amour impétueux
De mon ambition absorboit tous les feux ;
Je préférois Zelmire à la gloire des armes,
Je croyois sa beauté le moindre de ses charmes :
Azor, instruit comme elle à feindre la candeur,
S'étoit fait un ami de l'amant de sa sœur.
O jeunesse trop prompte à donner son estime !
La vérité me luit dans le fond de l'abîme ;
J'en détourne les yeux, je frémis de la voir,
Et, n'en pouvant douter, ne la puis concevoir.
Ah ! qu'il est dur de perdre une erreur si flatteuse,
De changer tant d'amour en une horreur affreuse,
Et de ne trouver plus qu'un monstre détesté
Dans l'objet dont mon cœur fit sa divinité !

EURIALE.

Seigneur, le doute entroit dans mon ame agitée ;
Mais de sa honte enfin Zelmire s'est vantée ;
Et nous avons rougi de voir ce peuple entier
S'empresser devant vous à la justifier,
L'applaudir, dans l'accès de sa noire furie,
D'avoir sacrifié son pere à sa patrie.
Qui croira, justes Dieux ! qu'à sa timidité
Ce sexe puisse unir tant de férocité ?

ILUS.

Quand ce sexe timide, à ses devoirs fidele,

Suit de ses douces mœurs la pente naturelle,
Un sentiment plus tendre en son cœur répandu,
Par sa délicatesse, épure la vertu;
Mais quand cette douceur, avec peine abjurée,
Laisse aux fureurs du crime une femme livrée,
S'irritant par l'effort que ce pas a coûté,
Son ame, avec plus d'art, a plus de cruauté.
Ah! ne songeons qu'à fuir, la plainte est inutile.
EURIALE.
Je ne sais; mais Ema me suivant dans la ville,
Loin de vous, par la foule écartée à regret,
Demandoit pour Zelmire un entretien secret.
ILUS.
Qui, moi! la voir encor, c'est partager son crime.
J'attends ici mon fils, que ce seul soin t'anime :
Cours hâter son départ.

SCENE III.

ILUS, ANTÉNOR.

ILUS, *s'appuyant sur le temple.*
          Enfant infortuné,
Qui dois gémir un jour et rougir d'être né,
Que ne puis-je, à tes yeux dérobant ta misere,
Te forcer d'ignorer la honte de ta mere!
Il faut la réparer par la gloire d'Ilus;
Pour te rendre l'honneur, redoublons de vertus.
ANTÉNOR, *sortant de sa retraite.*
Euriale s'éloigne et ne peut plus entendre.

ACTE III, SCENE III.

J'ai trouvé le moment pour avoir su l'attendre.
Ilus est absorbé dans ses chagrins affreux.
Rien ne peut le sauver. Frappons.
    (*Il tire son poignard et leve le bras.*)

SCENE IV.

ZELMIRE, ILUS, ANTÉNOR.

ZELMIRE, *lui arrachant le poignard.*
                        Ah! malheureux!
(*Anténor, surpris, essaye de reprendre son poignard.*)

ILUS.

Que vois-je?

ANTÉNOR.

            Vous voyez... une épouse perfide,
Qui, sans moi, consommoit un nouveau parricide.

ZELMIRE.

Ciel!... ô ciel! je me meurs.
(*Elle tombe évanouie sur les marches du temple.*)

ILUS.

                    O comble de l'horreur!
Quoi! le sang paternel n'éteint pas sa fureur!
Quoi! c'étoit là l'objet et la fin criminelle
Du secret entretien que cherchoit la cruelle!

ANTÉNOR, *prenant Ilus par la main.*
Seigneur, peut-être encore elle armoit d'autres bras;
Tout m'est suspect ici : venez, suivez mes pas;
Ma garde n'est pas loin.

ILUS, *retirant sa main.*

Que m'importe de vivre?
L'ingrate peut percer ce cœur que je lui livre.

ANTÉNOR, *à part.*

Je suis seul, désarmé... S'ils alloient s'éclaircir!...
(*A Ilus.*)
Je vole à mes soldats et viens vous secourir.

SCENE V.

ILUS, ZELMIRE.

ILUS.

Je succombe... La mort sur son visage est peinte.
Ah! du crime, en ses traits, qui pourroit voir l'empreinte?
Cher et barbare objet et de haine et d'amour,
Rends-moi ton pere, hélas! et m'arrache le jour.

ZELMIRE, *revenant à elle.*

Quel nom frappe mes sens?... Ce jour me luit encore.
Vous vivez!

ILUS.

Tu voulois m'unir à Polidore;
Quel est donc mon forfait? ce fut de te chérir,
Malheureuse! Est-ce à toi de vouloir m'en punir?

ZELMIRE, *se relevant avec peine.*

Ilus, écoutez-moi.

ILUS, *s'éloignant.*

Que pourrois-tu m'apprendre?

ZELMIRE, *appuyée sur le temple.*

Un secret que mon cœur... mais ne peut-on m'entendre?

ACTE III, SCENE V.

Anténor... Je frémis, et sur-tout pour vos jours.
ILUS.
Toi, qui le fer en main venois trancher leur cours?
ZELMIRE, *approchant.*
Ce n'est point moi.
ILUS.
J'ai vu le poignard homicide.
ZELMIRE.
Ah! croyez...
ILUS.
Je crois tout de ta main parricide :
Oui, de ton pere en moi tu craignois un vengeur;
Va, digne sœur d'Azor, évite ma fureur.
ZELMIRE.
Vengez mon pere, Ilus; c'est la grace où j'aspire:
Sachez qu'en ce tombeau...

SCENE VI.

ANTÉNOR, ILUS, ZELMIRE, THRACES.

ANTÉNOR, *arrivant avec précipitation.*
Qu'on arrête Zelmire;
Qu'on l'entraîne à la tour : ayez soin de veiller
Qu'aucun n'ose en secret la voir ni lui parler.
ILUS.
Anténor, je suis loin d'excuser l'infidelle.
Songez que son époux doit seul disposer d'elle.
Allez, que dans la tour on retienne ses pas;
Mais sur son sort enfin qu'on ne prononce pas.

ANTÉNOR.

Je n'abuserai point d'un trop foible service ;
J'ai prévenu le crime, ordonnez du supplice.

ZELMIRE.

(*A Anténor.*)   (*A Ilus.*)

Exécrable imposteur ! Voilà votre assassin,
Ilus ; mes bras à peine ont retenu sa main.

ANTÉNOR.

Qui ? moi ! Quel intérêt ? Quelle aveugle furie !...
Grands dieux ! au parricide unir la calomnie !

(*A Ilus.*)

Moi, qui pour votre fils ai réclamé la foi
De ce peuple imprudent qui me nommoit son roi,
Je porterois sur vous une main sanguinaire !

(*A Zelmire.*)

Ose aussi m'accuser du meurtre de ton pere.

ZELMIRE, *à part.*

(*A Ilus.*)

Que répondre ? Appelez votre garde en ces lieux.
Tremblez... d'abandonner un gage précieux,
Si cher à votre amour, plus cher à ma tendresse,
   (*En jetant quelques regards sur le tombeau.*)
Qu'en des périls plus grands le ciel plonge sans cesse.
Ema peut en vos mains le remettre aujourd'hui...
Ah ! laissez-moi périr, et fuyez avec lui.

ILUS, *à part.*

Faut-il qu'en ce moment son fils seul l'attendrisse !

(*A Anténor.*)

Qu'on l'ôte de mes yeux, elle accroît mon supplice.

ACTE III, SCENE VI.

ANTÉNOR, *sortant avec Zelmire et les Gardes.*
Allons creuser le piege; il est encor couvert.
(*Zelmire regarde attentivement si Anténor ne reste pas avec Ilus.*)

SCENE VII.

ILUS.

Quel abîme d'horreurs où ma raison se perd!
D'un ou d'autre côté l'imposture est si noire...
Se peut-il qu'Anténor?... Tout vante ici sa gloire;
Il couronnoit mon fils, et seroit mon bourreau!
Mais qu'annonçoit Zelmire en nommant ce tombeau?
J'ai vu ses yeux souvent s'y tourner avec crainte.
Je veux, le fer en main, parcourir cette enceinte;
Peut-être qu'un complice... Ah! dans ces tristes lieux
Que n'es-tu, Polidore, au sein de tes aïeux!
Quel plaisir d'immoler un traître sur ta cendre!
Dût couler dans son sang tout le sang de ton gendre!
Entrons. Ciel! me trompé-je? Un bruit sourd et confus...
On ouvre.
(*Il met la main sur son épée.*)

SCENE VIII.

POLIDORE, ILUS.

POLIDORE, *ouvrant le tombeau.*
C'est sa voix, je l'entends; c'est Ilus,

(*En sortant.*)
C'est mon libérateur que le ciel me présente.
Ah! mon cher fils.

ILUS, *tout éperdu.*

Grands dieux! Zelmire est innocente.
(*Il embrasse Polidore.*)
Ah! voilà de ses pleurs le mystere expliqué!
Voilà ce cher dépôt qu'ils m'avoient indiqué.
Courons la délivrer. Mais, ciel! que vais-je faire?
Est-ce donc la sauver que de perdre son pere?
Vos dangers sont encor plus pressans que les siens...

SCENE IX.

POLIDORE, ILUS, EURIALE.

ILUS, *à Euriale.*

Fais soudain sur ces bords descendre mes Troyens.

EURIALE.

Quoi! seigneur, Polidore...

ILUS.

Oui, mon pere respire;
Et, si j'en crois mon cœur, par les soins de Zelmire:
Mais le crime et la mort les assiegent tous deux;
Cher ami, sauvons-les, et mon fils avec eux.

EURIALE.

On vient de me ravir cette tendre victime.
Anténor...

ILUS.

Je frémis. Ce nom m'annonce un crime.

ACTE III, SCENE IX.

EURIALE.

Lui-même de mes mains l'a soudain retiré.
« Le départ des Troyens, dit-il, est différé :
« Ilus tomboit, sans moi, sous les coups de Zelmire;
« Je veux sur ce complot m'éclairer et l'instruire. »

POLIDORE.

Quel est donc ce discours? Quel attentat nouveau?...

ILUS.

Le lâche dans mon cœur enfonçoit le couteau :
Désarmé par Zelmire, il l'accuse elle-même;
Je l'ai cru... Pardonnez... O courage suprême!
Se montrant criminelle à force de vertu,
Elle osoit se vanter de vous avoir perdu.
L'opprobre... les affronts... les tourmens qu'elle endure...
Ah! j'osai la nommer l'effroi de la nature!

POLIDORE.

Elle? Elle en est, mon fils, le prodige et l'honneur!
Si vous saviez!... Mais non : délivrons-la, seigneur.
   (*A Euriale.*)   (*A Ilus.*)
Cours armer les Troyens. Nous, disposons ensemble
Pour l'ordre du combat...

SCENE X.

POLIDORE, ILUS, ÉMA.

ÉMA, *arrivant du côté de la ville.*
                Quel bonheur vous rassemble,
   (*A Ilus.*)
Princes!... En m'envoyant dissiper votre erreur,
Et découvrir mon maître à son digne vengeur,

Zelmire m'a chargée encor de vous apprendre
Qu'à la porte de Mars un soldat veut vous rendre
L'écrit qu'Azor mourant remit entre ses mains
Et qui de tout l'Etat renferme les destins.

POLIDORE.

Du triomphe, seigneur, c'est l'infaillible gage :
C'est la foudre et la mort pour ce monstre sauvage,
Qui massacra mon fils et feint de le venger.

(*A Éma.*)

Mais que devient Zelmire en ce pressant danger?

ÉMA.

Elle est, non loin du camp, dans la tour enfermée ;
Anténor, sous la tente, a fait rentrer l'armée ;
Lui-même à Mitylene il va porter ses pas.
Il feint de succomber sous de tels attentats ;
Et veut, dans le palais où son trône s'apprête,
Consulter tous les grands et le prince à leur tête.

ILUS.

Bientôt avec ce fer ma main lui répondra :
De la lettre d'Azor l'aspect le confondra.
Ah! chere épouse, enfin je crains moins pour ta vie.

(*A Polidore.*)

Sur l'art de ce tyran que notre ame se fie...
Tandis que, pour me perdre, il cherche à m'arrêter,
Pensez-vous qu'à Zelmire il voulût attenter?
Il vous faut, le premier, dérober à sa rage.

(*A Éma, qui sort.*)

Toi, cours vers ce soldat, qu'il se rende au rivage.

(*A Polidore.*)

Seigneur, sur mes vaisseaux je vais guider vos pas.

ACTE III, SCENE X.

Je revole à l'instant, suivi de mes soldats;
Je surprends, je ravis dans sa prison funeste,
Cette épouse qu'on croit que ma fureur déteste;
Et dans l'écrit vengeur que je viens déployer,
Je montre au camp surpris Anténor tout entier.

POLIDORE.

Et dans de tels momens vous voulez que je fuie?
Ma fille m'a contraint à supporter la vie :
Et lorsque son grand cœur veut s'immoler pour moi,
Je craindrois d'exposer des jours que je lui doi !
Non, non, seigneur. Je sens, sous les glaces de l'âge,
Le feu de mon amour rallumer mon courage :
Malgré mes sens flétris je retrouve mon cœur,
Et mes bras énervés reprennent leur vigueur.
Hélas! ce tendre soin de défendre sa race
A l'être le plus foible inspire quelque audace.
Nature, je l'appris de ma fille et de toi,
Tu nous mets pour toi-même au-dessus de ta loi.
Amenez vos soldats : je veux, guidant leur zele,
Vous rendre votre épouse ou périr avec elle.

ILUS.

Vous me faites frémir. Ah ! vous allez sur vous
De sa garde barbare appeler tous les coups :
Dès qu'ils vous connoîtront, votre perte trop sûre...

POLIDORE.

Couvrez-moi, s'il le faut, de la plus simple armure;
Au rang de vos Troyens je marche sans éclat,
Souverain détrôné, je ne suis qu'un soldat.
O ma fille ! à quel sort tous mes revers t'exposent !
Mes jours ne valent pas les tourmens qu'ils te causent.

FIN DU TROISIEME ACTE.

ACTE IV.

SCENE PREMIERE.

POLIDORE, *armé*, UN TROYEN.

POLIDORE, *l'épée à la main, soutenu par le Troyen.*

O PERE infortuné ! pour ma fille captive
Je vois donc ma tendresse indignement oisive :
Tous ces légers combats, sans cesse renaissans,
Irritant ma valeur, ont épuisé mes sens.
Sous mon corps affoibli mes pas s'appesantissent ;
Ami, mon bras succombe et mes genoux fléchissent.
Un instant de repos pourra les raffermir.
  (*Il s'assied sur la rampe de l'escalier du temple.*)

SCENE II.

POLIDORE, EURIALE, UN TROYEN.

EURIALE, *arrivant par le chemin de la ville.*
Seigneur, à quels dangers vous venez vous offrir !
Quel conseil imprudent vous peut faire descendre

ACTE IV, SCENE II.

Du vaisseau, qui déja voguoit vers le Scamandre ?
Ilus vous éloignant, malgré tous vos efforts...

POLIDORE.

Ilus, en me trompant, m'a fait quitter nos bords.
Mais son escorte, à peine avec lui descendue,
Avoit franchi ces bois qui lui cachoient ma vue,
Que mes ordres, mes cris forçant vos matelots,
J'ai monté sur la poupe et tourné vers Lesbos.
Des soldats ennemis m'ont disputé la rive,
Et ralliant trois fois leur troupe fugitive,
Par trois combats divers ont lassé leur vainqueur.
Je ne puis joindre Ilus dans les champs de l'honneur.
   (*Il se leve et retombe dans les bras du Troyen.*)
O honte ! ô vains efforts !... Zelmire ! Ah ! mon courage
N'a jamais mieux senti le malheur de mon âge.

EURIALE.

Seigneur, Ilus triomphe, il a forcé la tour ;
Et Zelmire est enfin rendue à son amour.

POLIDORE.

Elle est libre ! O destin ! tu peux prendre ma vie.

EURIALE.

Vous voyez ces hauteurs : Ilus me les confie
Pour couvrir sa retraite, et pour mieux dissiper
Tous ces flots d'ennemis prêts à l'envelopper.
J'ai tout quitté pour vous dans l'ardeur de mon zele :
A ce poste important mon devoir me rappelle ;
Vous ne pouvez m'y suivre. Ah ! craignez les regards,
Le fer des Lesbiens errans de toutes parts.
Daignez, dans cette tombe, attendre encor Zelmire ;
Auprès de ce lieu saint Ilus va la conduire :

C'est ici qu'à l'instant, pour gagner nos vaisseaux,
Et sa troupe et la mienne uniront leurs drapeaux :
Le ciel semble en tout temps vous choisir cet asile.
Ne rendez point d'Ilus le triomphe stérile,
N'exposez plus vos jours hasardés tant de fois :
Vous savez trop sur eux si Zelmire a des droits.

POLIDORE.

Je ne puis la défendre, et tu veux que je vive !

EURIALE.

Pouvez-vous, en mourant, douter qu'elle vous suive ?

POLIDORE.

Eh bien ! sauvez mes jours. Elle me les rend chers,
Elle en fait le seul prix des maux qu'elle a soufferts.

(*Il entre dans le tombeau, conduit par Euriale
et le Troyen.*)

EURIALE, *au Troyen.*

Toi, non loin de la tombe, observe avec prudence ;
Sur ton premier signal je vole à ta défense.

(*Euriale va pour sortir du côté de la ville.*)

SCENE III.

**EURIALE, RHAMNÈS, un troyen, troupe
de soldats lesbiens.**

RHAMNÈS, *à Euriale.*

Arrête. Et vous, soldats, désarmez-les tous deux.

EURIALE, *bas, au Troyen.*

Songeons à nos devoirs, et mourons généreux.

RHAMNÈS, *à Euriale.*

Réponds. Qu'avez-vous fait ici de Polidore ?

ACTE IV, SCENE III.

EURIALE, *avec embarras.*

Meurtriers d'un héros, il vous sied bien encore
D'oser nous demander compte de son trépas!
Rejetez-vous sur moi vos honteux attentats?

RHAMNÈS.

Téméraire! tu feins de ne me pas entendre.
Polidore respire, on vient de me l'apprendre;
On l'a vu suivre Ilus aux vaisseaux Phrygiens,
Y monter, revenir, séparé des Troyens,
Du sang de nos guerriers arroser ce rivage.
Vois ces deux Lesbiens échappés à sa rage;
Recueillis dans nos rangs, ils ont tout révélé :
Va, tu nierois sans fruit ce secret dévoilé.
Parle enfin. Dans quels lieux l'oses-tu cacher?

EURIALE.

Traître!
Rougis qu'un étranger défende ici ton maître.
Mais je t'enseignerai le devoir d'un sujet;
Et je veux, malgré toi, t'épargner un forfait.
Je ne puis le nier ; ces dieux que je révère,
Par les mains de Zelmire ont conservé son pere ;
Tu n'en sauras pas plus. Ton courroux sans effet
Peut m'arracher le cœur, mais non pas mon secret.

RHAMNÈS, *bas, à l'un des Lesbiens.*

Essayons l'artifice, et tâchons de m'instruire
S'il est aux mêmes lieux où le cachoit Zelmire;
Ensuite nous saurons par un autre détour...

(*Haut, à Euriale.*)

Va, je sais tout sans toi; j'apprends qu'à son retour
Ce vieillard est rentré dans son premier asile.

Tu frémis! C'est assez : le reste m'est facile.
(*A quelques soldats.*)
Amenez-moi Zelmire.

EURIALE.
Elle?

RHAMNÈS.
Oui, contre Anténor,
Pour nous ravir son fils, Ilus combat encor;
Moi, j'ai formé loin d'eux ma nombreuse cohorte,
Et je viens d'enlever Zelmire et son escorte.
C'est de sa bouche ici que je veux tout savoir.
La moitié du secret met l'autre en mon pouvoir.
Zelmire (et je l'ai vu par sa paisible joie)
Pense que Polidore est libre, et fuit vers Troye;
Elle va me nommer, avec sécurité,
Le séjour qu'elle croit que son pere a quitté;
Et j'aurai le plaisir, par mon adresse extrême,
De la voir en mes mains le livrer elle-même.
(*A des soldats.*)
Eloignez ces Troyens qui pourroient l'avertir.
(*On les emmene.*)
Confirmons son erreur pour la mieux éblouir.

SCENE IV.

ZELMIRE, ÉMA, RHAMNÈS, SOLDATS LESBIENS.

RHAMNÈS.
Je ne m'étonne plus de voir ce front tranquille;
Votre pere est vivant, il a quitté notre île.

ZELMIRE.
Ilus m'a tout appris, ses soins l'ont fait partir.

Je puis donc maintenant vous braver à loisir.
J'ai trompé tes forfaits, ô peuple parricide !
Tu te vois le jouet d'une femme timide.
J'ai feint de t'imiter, j'ai subi cet affront ;
Ton opprobre te reste, il n'est plus sur mon front.
Lâches, craignez Ilus, craignez l'Asie entiere ;
Tous ses rois vont bientôt vous ramener mon pere.
    (*A Rhamnès.*)
Toi, qui pour lui jadis as montré quelque amour,
Mérite d'obtenir ta grace, à son retour.

RHAMNÈS.

De moi, s'il reparoît, la sienne peut dépendre.
Mais non ; sur ses amis ma fureur va s'étendre,
Tremblez. Quand nous brûlions le temple de Cérès,
Dans celui de Minerve il s'ouvrit un accès.
    (*Il montre le temple.*)
Je sais qu'avec Phorbas nos prêtres infideles
Ont secondé, pour lui, vos trames criminelles.
Soldats, allons punir ces dangereux mortels,
Qui trahissoient l'Etat à l'ombre des autels.

ZELMIRE, *se jetant au-devant de lui.*

Barbare ! pour livrer l'innocence aux supplices,
Ne va point me chercher, me donner des complices :
J'avois, en remplissant mes devoirs glorieux,
Pour guide la vertu, pour complices les dieux.
Sans consulter Phorbas, sans implorer des prêtres,
Je déposai mon pere au sein de ses ancêtres,
Ici, dans leur tombeau, dont ils l'ont fait sortir
Pour le conduire au trône, et vous au repentir.

RHAMNÈS, *à des soldats.*

Entrez dans ce tombeau, prenez votre victime.
(Plusieurs soldats y entrent.)
ZELMIRE.

Comment! se pourroit-il?... Ema! quel nouveau crime!
D'où naissent dans mon cœur des transports si pressans?
Quel tremblement soudain agite tous mes sens!

SCENE V.

POLIDORE, ZELMIRE, ÉMA, RHAMNÈS,
SOLDATS LESBIENS.

POLIDORE, *sortant du tombeau, et poursuivi par les soldats.*

Lâches, je vendrai cher...
(Rhamnès le désarme et fait tomber son casque.)
ZELMIRE.
Mon pere!
ÉMA.
Polidore!

POLIDORE, *tranquillement à Rhamnès.*

Il te manque un forfait, puisque je vis encore.
ZELMIRE, *se jetant à ses pieds.*

Ah! qu'ai-je fait?
POLIDORE, *l'embrassant.*
Le sort nous a perdus tous deux.
ZELMIRE.

Eh! c'est moi qui vous perds. Ce parricide affreux
Reproché tant de fois à mon ame innocente,
Le voilà consommé par ma crainte imprudente.

ACTE IV, SCENE V.

POLIDORE.

Que dis-tu ? Quoi ! ton cœur peut s'imputer ma mort !
Le mien, pour te sauver, revoloit sur ce bord.

ZELMIRE.

Et moi, qui vous croyois éloigné de notre île,
Moi-même à vos bourreaux j'ai montré votre asile.
En vain un Dieu propice aveugloit leur courroux,
J'ai porté votre tête au-devant de leurs coups :
Je répands par leurs mains le sang qui m'a fait naître,
Je naquis pour le crime, et j'abhorre mon être.

(*Aux soldats, avec égarement.*)

Cruels, tournez sur moi toute votre fureur,
Vengez le ciel, la terre, à qui je fais horreur.

RHAMNÈS.

(*A part.*)

Gardes !... vous vous troublez ! Et moi-même... Ah ! peut-être
Tout rebelle en effet tremble devant son maître.

(*Haut.*)

Que fais-je ? Moi, trembler ! Qu'on l'enchaîne.

ZELMIRE.

Arrêtez,
Inhumains. Songez-vous sur qui vous attentez ?

(*Avec véhémence, parlant tantôt aux soldats,
tantôt à Rhamnès.*)

Regardez ce héros dont l'amour vous fut chere,
Autrefois votre Dieu, mais toujours votre pere :
Quand vous le proscriviez, il plaignoit vos erreurs :
Azor, en vous trompant, lui fit perdre vos cœurs ;
Le ciel punit Azor. Ce ciel, qui fut mon guide,
Voulut vous épargner l'horreur d'un parricide :

C'est pour voir de Lesbos l'attentat réparé,
Qu'il permet qu'à vous seuls votre roi soit livré.
O Lesbiens! le sang qu'on puise en ma patrie,
Des Thraces, nos tyrans, n'a point la barbarie.
Ces farouches mortels ont endurci vos mœurs :
Mais l'humanité sainte est au fond de vos cœurs.
Sans doute elle y gémit, écoutez son murmure,
Que le remords s'éveille aux cris de la nature.
Mon pere, ses malheurs, son âge dont l'aspect
Adoucit la colere et la force au respect ;
Votre foi, vos sermens, mon désespoir, mes larmes,
Ah! tout doit à ses pieds faire tomber vos armes.
POLIDORE, *qui pendant le reste de la scene s'est appuyé sur la colonne du temple, se releve avec fierté.*
Est-ce à nous d'implorer ceux qui nous ont trahis ?
Qu'ils écoutent leurs cœurs, s'ils sont encor mes fils :
S'ils sont mes assassins, tu t'avilis toi-même.
Vois, malgré ta douleur, vois mon bonheur extrême;
Pour toi, je viens donner ce sang que je te doi.
(*En l'embrassant.*)
Que mon trépas m'est cher! il m'acquitte envers toi.
RHAMNÈS.
Soldats, près d'Anténor que tous deux on les mene.
(*Les soldats s'avancent lentement et s'arrêtent.*)
ZELMIRE.
Rhamnès... vois leur pitié t'obéir avec peine.
(*Elle le prend à part et lui parle à mi-voix.*)
Ecoute. Un rang illustre a flatté tes souhaits ;
Mais tu n'as point vieilli sous le joug des forfaits.

ACTE V, SCENE V.

L'exemple d'Anténor, ses succès détestables
Auront pu t'entraîner sur ses traces coupables.
Quelque prix qu'à tes vœux sa faveur puisse offrir,
Ferons-nous moins pour toi, si tu veux nous servir ?
Epure ta grandeur, et la rends légitime.
Obtiens par la vertu ce que tu dois au crime.
 (*A son pere.*) (*A Rhamnès.*)
Seigneur, il s'attendrit... J'embrasse tes genoux,
Songe à tous tes sermens, remplis-les, venge-nous.
Tu juras d'immoler l'assassin de mon frere,
C'est... Dieux ! ce monstre approche.

SCENE VI.

ANTÉNOR; ILUS, *enchaîné*, POLIDORE, ZELMIRE, ÉMA, RHAMNÈS, TROUPE DE THRACES, SOLDATS LESBIENS.

ANTÉNOR, *à Rhamnès.*

      Eh bien ! ce téméraire,
Qui paya tous mes soins par des complots pervers,
De ma main triomphante Ilus reçoit des fers.

ZELMIRE, *apercevant Ilus.*

Lui ?

ILUS, *à Anténor.*

 Triomphe honteux et digne d'un perfide !
Va, l'assassin féroce est un guerrier timide.
Sans le gage sacré qu'eût exposé ma mort,
Par le nombre accablé j'aurois fini mon sort.
Mais à porter tes fers si j'ai pu me résoudre,

Crois qu'Ilus enchaîné te garde encor la foudre.
RHAMNÈS, *à part.*
J'allois trop hasarder, ma pitié m'eût perdu.
(*A Anténor.*)
Seigneur, voici l'objet le plus inattendu
Qui, même en vous l'offrant, m'interdit et m'étonne.
Regardez ce captif.
ANTÉNOR.
Se peut-il?...
ILUS.
Je frissonne.
ANTÉNOR.
Polidore vivant!
ILUS.
O mon pere!
POLIDORE, *se relevant.*
Oui, c'est moi,
Traître. Baisse les yeux à l'aspect de ton roi;
Sens la confusion, la rage frémissante
D'un assassin surpris que son juge épouvante.
Je te parle en vainqueur au sein de mes revers,
Le crime couronné craint l'innocence aux fers.
Tu caches ta terreur sous les traits de l'audace :
Je vois ton front pâlir lorsque ton œil menace.
ANTÉNOR, *avec un calme affecté.*
Eh! d'où viendroit, seigneur, ma crainte ou mon courroux?
Le sceptre est un fardeau dont je suis peu jaloux :
J'ai refusé ce rang dont on vous fit descendre;
Si Lesbos le permet, vous pouvez le reprendre.
Mais je doute qu'au gré de ce peuple vengeur,

ACTE IV, SCENE VI. 139

Azor, dans son bourreau, trouve son successeur.
Amis, nos yeux en vain cherchoient le bras impie
Qui du Dieu de vos cœurs a privé la patrie :
Faut-il nous étonner de nos soins superflus ?
Polidore vivoit : que cherchons-nous de plus ?

POLIDORE.

Quoi ! monstre...

ANTÉNOR, *durement.*

    Tout décele ici votre imposture.
Votre ame pour ce fils étouffoit la nature :
Contre vos noirs complots nous défendions ses jours,
Et jusques dans nos bras vous en tranchez le cours !
Quelle douceur traîtresse et quel art sacrilege,
Par les mains de sa sœur, l'a conduit dans le piege !
Elle paroît servir, partager son courroux,
Par votre feint trépas nous en impose à tous ;
Et ce jeune héros, qui court à sa ruine,
Pense avoir abattu le bras qui l'assassine.

(*Aux soldats.*)

Que dis je ? Au même instant qu'on lui donne la mort,
Appelé par Zelmire, Ilus est sur ce bord :
Ils affectent tous deux une horreur mutuelle :
L'un accable d'affronts son épouse cruelle,
L'autre sur son époux leve un fer meurtrier ;
A ma garde lui-même il vient la confier :
Et de ce jeu barbare imprudente victime,
Je m'arme pour Ilus quand le traître m'opprime.
O long enchaînement des plus lâches noirceurs,
Pour perdre avec Azor son peuple et ses vengeurs !
A ce peuple indigné venez vous faire entendre ;

Venez subir l'arrêt que vous devez attendre :
Thémis garde son glaive à vos cœurs inhumains.

ZELMIRE.

Et la foudre, grand Dieu, reste oisive en tes mains !
Tu le fais triompher, tu te rends son complice;
Et tu veux que la terre adore ta justice !

ILUS.

Sa justice est pour nous. Elle tient enfermés
Dans un nuage encor tous ses traits enflammés :
Mais son bras invisible, étendu sur le crime,
Voile, pour mieux frapper, les yeux de la victime.
Ne crois pas qu'à ses coups tu te sois dérobé,
Serpent en longs replis sans cesse recourbé :
J'admire avec horreur ta prudence perfide,
De tes ressorts tout prêts le jeu sûr et rapide.
Mais dans la nuit profonde où tu sais toujours fuir,
Crains l'affreuse clarté dont je vais te couvrir...
Non : j'instruirois en vain ces étrangers infâmes
Qui trafiquent du crime et te vendent leurs ames.
Devant le peuple entier tu viens de m'appeler;
Je t'y cite à mon tour; c'est à toi de trembler.
Complice et meurtrier du fils de Polidore,
Toi, qui venges son sang dont ta main fume encore,
Viens voir tomber sur toi les redoutables coups
Que ton lâche artifice a tournés contre nous.

ANTÉNOR.

Moi, teint du sang d'Azor ! Imposteurs méprisables,
Cherchez-moi donc du moins des crimes plus croyables:
Si je fus son complice, et je m'en fais honneur,
Puis-je être encor le vôtre en lui perçant le cœur ?

Mais où sont les témoins ? Quel soupçon, quel indice ?
ILUS.
Marchons, traître : ce doute est ton premier supplice.
ANTÉNOR.
Rhamnès, vous l'entendez. Ces éclats indiscrets
De quelque trahison décelent les apprêts.
Sondez et découvrez la source dangereuse
D'où naît de leur espoir l'imprudence orgueilleuse.
Je vais, autour des murs, disposer mes guerriers.
Vous-même interrogez ces lâches meurtriers.
Au tribunal du peuple avant de les conduire,
Je cours m'y présenter, ma bouche va l'instruire.
J'entrevois leur ressource et leurs desseins secrets ;
Pour les rompre, venez apprendre mes projets.
Vous, Thraces, séparez Ilus et ses complices :
Nous les réunirons bientôt pour les supplices.
Amis d'Azor, on veut nous détruire après lui ;
Mais nous avons son ombre et les dieux pour appui.
(*Il sort avec Rhamnès et les soldats Lesbiens.*)

SCENE VII.

ZELMIRE, EMA, POLIDORE, ILUS, THRACES.

ILUS, *à Zelmire.*
Adieu. Calme l'effroi de ton ame éperdue.
ZELMIRE.
Moi ! j'ai livré mon pere au monstre qui le tue.
ILUS.
Ciel !
(*Les Thraces viennent saisir Ilus et Polidore.*)

ZELMIRE, *leur prenant la main à tous deux.*
Seigneur! Cher époux... On les ose arracher...
Ah! je sens de mon sein mon cœur se détacher :
Pour les suivre tous deux mon ame se déchire.
(*On les entraîne malgré ses efforts.*)
Barbares !
ILUS, *se débarrassant des Gardes, et embrassant*
Zelmire.
Arrêtez.... O ma chere Zelmire !
POLIDORE, *en faisant de même de l'autre côté.*
Embrasse encor ton pere, et lui pardonne. Hélas!
C'est ton amour pour lui qui te mene au trépas.
(*On les emmene tous deux.*)
ZELMIRE, *tombant dans les bras d'Ema.*
Ah! sa mort est mon crime. O remords qui m'accable!
Quels sont donc les tourmens d'un cœur vraiment coupable
(*Elle sort avec le reste des Gardes.*)

FIN DU QUATRIEME ACTE.

ACTE V.

SCENE PREMIERE.

ILUS, EURIALE, *enchaînés*, GARDES.

EURIALE.

On va donc nous traîner au sanglant tribunal,
Qu'usurpe ce vil peuple à ses rois si fatal!
Que devient l'espérance à nos maux réservée?

ILUS.

Cette unique espérance, hélas! m'est enlevée.
Polidore et Zelmire, au glaive abandonnés,
Par leurs sujets séduits sont déja condamnés.
Anténor a pressé leur rage impétueuse :
Telle est sa politique habile et monstrueuse,
Qu'il sait, de la vertu conservant tous les traits,
Nous charger, nous punir de ses propres forfaits.
Les Thraces et Rhamnès, comblant leurs perfidies,
Ont sur moi, dans leur camp, porté des mains hardies:
Le lâche m'a ravi l'écrit victorieux
Qui des peuples trompés eût dessillé les yeux.
Azor y démentoit le projet sanguinaire
Dont ses cris factieux avoient noirci son pere :

Au perfide Anténor reprochant son trépas,
Il n'accusoit que lui de tous ses attentats;
Et montrant au grand jour cette horreur inconnue,
Il demandoit vengeance et l'auroit obtenue.
Ah! Zelmire, faut-il qu'aux portes de la mort
Nos deux cœurs innocens soient en proie au remord?
J'ai pu te soupçonner! Est-il un plus grand crime?
Et, pour mieux t'accabler, ton pere est ta victime!

EURIALE.

Peut-elle à sa vertu reprocher une erreur?

ILUS.

Eh! se pardonne-t-on d'avoir fait son malheur?
En vain, dans un cœur pur, elle voit son excuse;
Quand sa raison l'absout, le sentiment l'accuse.

SCENE II.

ILUS, ANTÉNOR, RHAMNÈS, EURIALE,
SOLDATS THRACES.

ANTÉNOR.

Thraces, de toutes parts, environnez ces lieux;
Bientôt le peuple entier va paroître à vos yeux,
Et du bûcher d'Azor venir au sacrifice
Qu'à cette cendre auguste a promis sa justice.
J'ordonne en frémissant ce formidable apprêt.
  (*A Ilus.*)
Vous, Phrygien, allez entendre votre arrêt.
De vos juges ici mon rang me fait l'arbitre;
Mais, suspect à vos yeux, j'ai récusé ce titre :

ACTE V, SCENE II.

La loi, le peuple libre ont prononcé sur vous.
L'arrêt est rigoureux ; ne l'imputez qu'à vous ;
Si d'y mêler ma voix vous m'eussiez laissé maître,
L'indulgente pitié l'eût adouci peut-être.
Après tous les affronts dont vous m'avez chargé,
Je vais gémir encor de me voir trop vengé.

ILUS.

Non, rien n'épuisera sa fertile imposture :
C'est le dehors serein de l'intégrité pure ;
A force de forfaits te voilà parvenu
A la tranquillité que donne la vertu.
Mais tremble, scélérat ; si la terre étonnée
Aux fortunés brigands gémit abandonnée,
Du moins tels sont les jeux ou les lois des destins,
Ces aveugles tyrans des malheureux humains,
Que, se reproduisant par ses fausses maximes,
Le crime est, en tout temps, puni par d'autres crimes.
Ton exemple sur toi sera bientôt suivi :
Un jour, ces vils mortels qui t'ont si bien servi,
De quelqu'autre Anténor dressant les nouveaux pieges,
Lui vendront, comme à toi, leurs fureurs sacrileges.
Ah ! puisse le premier, ton indigne Rhamnès,
De ton art, contre toi, déployer les secrets ;
Et, te foulant aux pieds sur les marches du trône,
De ton front tout sanglant arracher la couronne !
Adieu ! Je vais chercher l'arrêt de mon trépas ;
Je l'avouerai, la vie eut pour moi des appas ;
Mais le ciel maintenant m'en fait haïr l'usage.
Comment aimer le jour qu'avec toi l'on partage ?
(*Il sort avec quelques gardes.*)

SCENE III.

ANTENOR, RHAMNÈS, soldats thraces, *au fond du théâtre.*

ANTÉNOR.

Non, il ne mourra pas ; j'ai besoin de ses jours :
Ma haine intéressée en respecte le cours ;
Qu'il reste, avec les siens, à nos armes en proie
Pour me répondre ici des vengeances de Troye.
Zelmire et Polidore à l'instant vont périr :
C'est par leur châtiment que je veux le punir.
Tandis qu'à leur arrêt je montre un cœur sensible,
Du peuple qui le rend je suis l'ame invisible.
Ainsi dans leur cercueil mon crime enseveli
Est couvert à jamais des voiles de l'oubli ;
Croyant Azor vengé, nul ne suivra la trace
D'un forfait que leur sang à tous les yeux efface.
Tes services nouveaux ont passé mes souhaits :
Au-delà de tes vœux j'étendrai mes bienfaits.

RHAMNÈS.

Seigneur, je sais borner ma modeste espérance.
Le succès de mes soins sera leur récompense.
Mais ne craignez-vous pas que ce peuple attendri
D'un remords dangereux n'écoute enfin le cri ?
J'ai vu le saint respect, l'amour involontaire
Qu'imprime ici d'un roi l'auguste caractere.

ANTÉNOR.

Ils l'ont trop offensé pour ne le point haïr ;

ACTE V, SCÈNE III.

On n'aime plus son roi quand on l'a pu trahir.
Ils pensent par sa mort prévenir sa justice,
Et détruire un vengeur armé pour leur supplice.
Polidore n'est plus qu'un tyran détrôné :
Leur roi, c'étoit Azor qu'ils avoient couronné.
De leur amour pour lui l'ivresse est incroyable ;
Le fanatisme y joint son zele impitoyable.
Les organes des dieux que ton or fait parler,
L'usage antique et saint qu'ils vont renouveler,
En donnant, sous mes yeux, à ce sanglant supplice,
L'appareil imposant d'un pompeux sacrifice ;
Cette loi d'immoler, par le chef des guerriers,
Sur le tombeau des rois leurs lâches meurtriers ;
Tout asservit le peuple à mon puissant génie,
Tout échauffe et soutient sa pieuse furie.
Tel est l'art de régir ces crédules humains
Qui, fermes dans le pli que leur donnent nos mains,
Aveugles instrumens du héros qui les guide,
Avec un esprit foible ont un cœur intrépide,
Qu'au nom de la patrie on rend séditieux,
Qu'on mene au sacrilege avec le nom des dieux...
L'heure approche ; et tu vois nos victimes paroître :
Tout le peuple les suit... Appelle le Grand-Prêtre ;
Il doit armer ta main. Porte le coup mortel ;
Ne perds pas un moment.
   (*Rhamnès monte au temple.*)

SCENE IV.

ANTÉNOR, POLIDORE, ZELMIRE, SOLDATS
THRACES, SOLDATS LESBIENS, PEUPLES.

(*Les Thraces se rangent le long des arbres du côté de la ville, le peuple auprès du temple, les soldats près du tombeau. Un d'eux porte l'urne d'Azor.*)

ZELMIRE, *regardant le tombeau.*
C'est donc ici l'autel
Où ces dieux destructeurs, qui protegent l'impie,
Vont lui sacrifier l'innocence flétrie.
O mon pere, voilà le prix de la vertu!
L'opprobre est imprimé sur son front méconnu.
Par d'heureux scélérats sa splendeur usurpée,
Des ombres du forfait la laisse enveloppée;
Elle meurt sans goûter le stérile plaisir
D'emporter son nom même à son dernier soupir.

POLIDORE.
Va, l'opprobre n'est point pour ta vertu sublime,
Qui parmi ses bourreaux s'applaudit et s'estime;
(*Montrant Anténor.*)
Il est pour ce coupable au faîte du bonheur,
Qui ne peut sans frémir descendre dans son cœur...
Vous, chargé des bienfaits de ma triste famille,
O peuple! en m'immolant, pourquoi frapper ma fille?
Dans mon sang épuisé que vos bras assouvis,
Rendent du moins à Troye, elle, Ilus et son fils;

ACTE V, SCENE IV.

Que mes yeux expirans les arrosent de larmes :
Et dans vos cruautés je trouverai des charmes.
ANTÉNOR.
Non, Zelmire avec vous doit recevoir la mort,
Et des deux Phrygiens on m'a remis le sort.
ZELMIRE.
O rage! ô désespoir! Epouse, fille, mere,
Ces noms sont mes bourreaux à mon heure derniere...
Va, peuple meurtrier, fier tyran de tes rois,
Qui massacres ton prince au nom même des lois,
Tout souillé de son sang, cette tache éternelle
Sur tes derniers neveux sera toujours nouvelle :
Ou plutôt, les Troyens, par ma mort excités,
En immenses tombeaux changeront vos cités.
Que la contagion, que la faim dévorante
Y mêlent leurs fléaux à la guerre sanglante!
Que vos fils, arrachés de leurs berceaux brisés,
Soient à vos yeux mourans sur la pierre écrasés !
Que l'enfer, soulevant les abîmes des ondes,
Fasse écrouler votre île en ses flammes profondes!
(Montrant Anténor.)
Qu'il dévore à jamais ce monstre furieux,
L'opprobre des mortels et la honte des dieux !
ANTÉNOR.
Les dieux vont te punir, je vois Rhamnès descendre.

SCENE V.

ANTÉNOR, POLIDORE, ZELMIRE, RHAMNÈS, LES PRÊTRES, SOLDATS THRACES, SOLDATS LESBIENS, PEUPLES.

RHAMNÈS, *prenant l'urne et la donnant à un prêtre.*
Voici l'urne d'Azor.
POLIDORE, *avec véhémence.*
Chere et terrible cendre !
Avant qu'on te dépose en ce fatal tombeau,
Ranime-toi, mon fils, et nomme ton bourreau.
ANTÉNOR.
Rhamnès, c'est trop souffrir leur audace insensée.
Prenez le glaive saint. Cette cendre offensée
Vous demande le sang qui la doit arroser,
Et qu'Azor aux enfers attend pour s'apaiser.
RHAMNÈS, *prenant le fer des mains du grand-prêtre.*
Oui, peuple, il faut remplir ce sanglant ministere
Qu'un devoir glorieux, un usage sévere,
(*A Anténor.*)
Votre choix, mes sermens imposent à ma foi.
(*Polidore, prêt à recevoir le coup, embrasse sa fille.*)
Exécrable assassin, tombe aux pieds de ton roi.
(*Il se retourne, s'élance sur Anténor et le frappe.*)
ANTÉNOR, *tombant dans les bras d'un Thrace.*
Traître !
(*Le peuple, les soldats, les Thraces font un mouvement pour se jeter sur Rhamnès.*)

ACTE V, SCENE V.

LE SOLDAT THRACE *du second acte, qui est caché parmi ses compagnons, rompt les rangs et se met au-devant d'eux, en s'écriant :*

Arrêtez, amis : voilà le vrai coupable.
(*Le grand-prêtre retient le reste du peuple.*)
RHAMNÈS, *déployant l'écrit d'Azor.*
Et voilà du forfait le garant redoutable.

ZELMIRE.

Mon pere! qui l'eût dit? en croirai-je mes yeux?

POLIDORE.

Ma fille!... Ah! cher Rhamnès!

ANTÉNOR.

J'expire; il est des dieux.

ZELMIRE.

Tu les connois enfin : ta mort les justifie;
Ils ont eu trop long-temps à rougir de ta vie.
Meurs avec le regret, la honte, la fureur
De voir porter le jour dans l'enfer de ton cœur.
(*On emporte Anténor.*)

RHAMNÈS.

Ecoutez son arrêt, tracé par sa victime
Avec le même sang qu'a répandu son crime :
Guerriers, peuples, tremblez à cet écrit d'Azor.
« Je meurs assassiné par le traître Anténor.
« C'est lui, dont l'ame atroce et l'amitié perfide
« Souilla mon jeune cœur du plus noir parricide.
« Malheureux instrumens de mes projets cruels,
« Sujets que j'ai trompés, que j'ai faits criminels,
« Partagez mes remords, pleurez, vengez mon pere. »

(*Avec transport, en remettant le billet au Grand-Prêtre.*)

Il est vengé. Pleurez, ô peuple téméraire !
Pleurez tous avec moi nos communes erreurs.
Trop aveugles jouets de deux vils imposteurs,
Voyez où conduisoit vos ames égarées
Cet orgueilleux oubli des lois les plus sacrées.
J'ai reconnu mon crime en revoyant mon roi ;
Le danger d'en sortir m'y retint malgré moi ;
L'écrit que, sur Ilus, surprit ma défiance,
Décida mes remords qu'enhardit l'espérance.
Les dieux m'ont entraîné, ces dieux qui dans leurs mains
Tiennent les foibles cœurs des rebelles humains.
J'osai, de mes projets informant le Grand-Prêtre,
Feindre de le gagner pour mieux tromper le traître
Sa perfide industrie auroit su m'échapper :
Avant de le convaincre, il falloit le frapper :
Je l'ai fait. J'ai lavé votre honte et la mienne,
Je dois ma gloire aux dieux, Lesbos me doit la sienne.
O peuple ! je vous rends un pere respecté,
Un roi, l'honneur du trône et de l'humanité ;
Une fille... Ah ! grand dieu ! c'est ton plus digne ouvrage:
Toi-même, en sa belle ame, admires ton image.
Zelmire !... Pourrez-vous l'apprendre sans transport ?
    (*Montrant le Soldat.*)
Ce Thrace fut témoin du plus sublime effort...
Quand son pere expiroit dans cette tour affreuse,
Oui, de sa piété l'audace ingénieuse
Le ravit au trépas, aux horreurs de la faim,
Par ce pur aliment de son vertueux sein :

Merveille respectable à la race future,
Où, même en s'oubliant, triomphe la nature.
Je vois, à ce récit, tous vos cœurs s'attendrir,
L'amour mêle ses pleurs à ceux du repentir...
Vous en versez vous-même, ô Thraces inflexibles !
Ah ! ne rougissez point de vous trouver sensibles ;
Le remords est sublime en des cœurs courageux.
Citoyens, étrangers, qu'éclaire un jour heureux,
De ce pere indulgent obtenez votre grace ;
Approchez, tombez tous à ses pieds que j'embrasse.
(*Tous les soldats, tout le peuple se prosternent aux pieds du Roi, à qui on a déja ôté ses chaînes, ainsi qu'à Zelmire, aussitôt après la lecture du billet d'Azor.*)

POLIDORE, *embrassant Rhamnès.*

Ah ! je mourrai content, j'ai retrouvé vos cœurs.
Ce triomphe si doux paye assez mes malheurs.
Eh ! quel pere offensé se souvient de sa haine
Pour des fils égarés que l'amour lui ramene ?

SCENE VI.

POLIDORE, ZELMIRE, ILUS, RHAMNÈS, EURIALE, ÉMA, prêtres, soldats thraces, soldats lesbiens, peuples.

ILUS.

Quel spectacle !

ZELMIRE.

Il n'est plus. Embrasse mon vengeur,

Le héros de Lesbos.
                    (*Tous se levent.*)
        ILUS, *embrassant Rhamnès.*
                Et mon libérateur.
Par son ordre, abusant nos gardes en alarmes,
Un chef nous a conduits jusqu'au dépôt des armes ;
            (*Montrant Rhamnès.*)
Et j'ai couru soudain, sur ses prudens avis,
Assurer ton triomphe, en délivrant mon fils.
        ZELMIRE, *à Rhamnès.*
Hélas! je te dois tout; ta prudence, ton zele...
Viens recevoir le prix de ce retour fidele.
POLIDORE, *aux Prêtres, en pressant dans ses*
        mains l'urne d'Azor.
Vous, portez au tombeau les restes douloureux
De ce cher criminel dont j'eus les derniers vœux.
Peuples, venez pour vous fléchir ces dieux séveres,
Qui défendent les rois et qui vengent les peres.
    (*Tendrement, en prenant la main de Zelmire.*)
Justes dieux! pour ma fille, exaucez mes souhaits.
Je n'ai pas à jouir long-temps de ses bienfaits :
Vous-mêmes chargez-vous de ma reconnoissance,
Dans le cœur de son fils mettez sa récompense.
(*Polidore monte dans le temple avec Zelmire; Ilus*
    avec Rhamnès; Éma avec Euriale. Les prêtres,
    qui ont porté l'urne dans le tombeau, les suivent.
    Après eux, viennent les soldats et le peuple, qui
    tous entrent aussi dans le temple.)

            FIN DE ZELMIRE.

PIERRE LE CRUEL,

TRAGÉDIE

DE DE BELLOY,

Représentée, pour la premiere fois, le 20 mai 1772.

Virtutem videant, intabescantque relictâ.
Perse.

ACTEURS.

DOM PEDRE, roi de Castille.

ÉDOUARD, prince anglois.

DU GUESCLIN, connétable de France.

HENRI DE TRANSTAMARE, frere naturel de dom Pedre.

BLANCHE DE BOURBON, princesse françoise.

DOM FERNAND, ministre et général de dom Pedre.

ALTAIRE, chef des Maures.

Gardes.

La scene est en Castille, dans le fort de Montiel, ou dans le camp de dom Pedre, près de ce fort.

PIERRE LE CRUEL,
TRAGÉDIE.

ACTE PREMIER.

Le théâtre représente l'intérieur d'une tour, une chambre assez vaste dans le goût gothique, très simplement meublée, et dont la fenêtre est garnie d'une grille de fer : cette chambre a une grande porte dans le fond, une petite sur le côté.

SCENE PREMIERE.

BLANCHE, *vêtue sans éclat.*

L'OMBRE enfin s'éclaircit : les premiers feux du jour
Pénetrent lentement dans cet obscur séjour.
Ces murs me séparant de la nature entiere,
Me permettent du moins d'entrevoir la lumiere.
Ah! l'aurore et la nuit me retrouvent en pleurs,
Sans qu'un léger sommeil me prête les douceurs
Que goûte un malheureux dans l'oubli de son être.
O jour! depuis cinq ans, je ne t'ai vu renaître

Qu'en demandant au ciel de ne plus te revoir.
Mort que j'appelle en vain, ô mort, mon seul espoir,
Romps le joug effroyable où je suis enchaînée ;
O mort, délivre-moi du malheur d'être née.
Un instant sur le trône, et pour jamais aux fers!
Hélas! j'ai disparu de ce vaste univers :
L'Espagne où je fus reine, où je vis ignorée,
Me croit dans le cercueil, et Paris m'a pleurée.
Pleurée!... Oui, je le suis : dans mes tourmens secrets
J'ai le triste plaisir de coûter des regrets :
On plaignit, on vengea ma disgrâce fatale;
Tout m'aima sur la terre, hors ma vile rivale,
Hors mon cruel époux, qui seuls ont condamné
Ce cœur, plus pur encor qu'il n'est infortuné...
Mais de ces lieux déserts qui trouble le silence?
La barriere du fort s'ouvre avec violence!
Quel tumulte confus... Voyons.
(*Elle se leve, et regarde à travers les barreaux de la fenêtre.*)
                        Sur ces remparts,
J'aperçois un drapeau, semé de léopards...
Quelqu'un marche avec bruit... L'effroi remplit mon ame.

SCENE II.

ÉDOUARD, BLANCHE.

ÉDOUARD, *parlant en dehors.*
Soldat, ouvre. Obéis, ou tu meurs.
        (*Edouard entre avec deux écuyers.*)

ACTE I, SCENE II.

BLANCHE.

Ciel!

ÉDOUARD.

Madame,
(*A part.*)
Pardonnez... Que d'appas! tout accroît mes soupçons.
(*Haut.*)
De mon audace heureuse apprenez les raisons.
Je vous suis inconnu, j'ignore qui vous êtes :
Je viens joindre le roi, qui fuit vers ces retraites;
Et pour calmer l'Espagne en ses troubles nouveaux,
J'arrive en ce moment des remparts de Bordeaux.
Je voulois occuper ce formidable asile,
Qui devient pour dom Pedre une ressource utile;
Mais des refus suspects, des mots mystérieux
Ont enflammé soudain mes desirs curieux;
J'ai pensé que ces murs enfermoient l'innocence.
Vos gardes m'opposoient en vain la résistance;
Le vainqueur de Najarre et celui de Poitiers
Imprime le respect dans l'ame des guerriers.
Dites un mot, madame, et je romps votre chaîne.

BLANCHE.

Est-il bien vrai? je vois le prince d'Aquitaine,
Le héros des Anglois et le fils de leur roi!
Vous, Edouard?

ÉDOUARD.

Mon nom vous répond de ma foi.
(*Il fait signe à ses écuyers de se retirer.*)

BLANCHE.

Votre aspect doit ici m'affliger... et me plaire.

Le vainqueur de Poitiers a vu périr mon pere ;
Le vainqueur de Najarre a vengé mon époux.
ÉDOUARD.
Mon doute est éclairci. Vous vivez! quoi! c'est vous?
Du malheureux Bourbon plus malheureuse fille!
Vous, femme de dom Pedre et reine de Castille!
BLANCHE.
Reine! vous le voyez.
ÉDOUARD, *voulant se jeter à ses pieds.*
Ah! mon cœur éperdu
Vous rend l'hommage pur qu'il garde à la vertu.
Que vous avez coûté de larmes à la terre!
Oui, votre pere et vous, chéris de l'Angleterre...
Ennemis généreux, nous savons admirer
De vertueux rivaux, les vaincre et les pleurer.
Belle Bourbon, eh quoi! lorsque Pedre et Padille
Du bruit de votre mort consternoient la Castille,
Sur vous, de leurs fureurs, ils suspendoient le cours!
Ces deux ames de sang ont respecté vos jours!
BLANCHE.
Ils n'ont rien respecté. Si je respire encore,
Leurs ordres sont trahis, leur cruauté l'ignore.
ÉDOUARD.
Croyez, si ce mystere eût percé jusqu'à moi,
Que j'aurois exigé de ce superbe roi,
Quand ma main sur son front remit le diadême,
Qu'il vous rendît justice et se la fît lui-même.
Une seconde fois son trône est renversé.
Pedre a besoin de vous pour s'y voir replacé.
Vous pouvez mieux que moi réparer sa ruine :

ACTE I, SCENE II.

Mais le daignerez-vous ? Ah ! dès leur origine,
De vos malheurs affreux retracez-moi le cours :
Ma foi, sans balancer, suivra tous vos discours :
Mon ame, jusqu'ici, toujours mal informée
Par la voix de dom Pedre, ou par la renommée,
Aspire, pour vous-même, encore à s'éclaircir.
Edouard mieux instruit pourra mieux vous servir.
Qu'il sache à quel excès Pedre offensa vos charmes.
Princesse, en ce grand jour, si je taris vos larmes,
Je croirai vous devoir le plus chéri des biens :
On m'accorde un bienfait en acceptant les miens.

BLANCHE.

Prince, de mes malheurs la confidence intime
Est due aux nobles soins d'un héros que j'estime.
A mon époux vous seul me pouvez réunir.
Ah ! pour lui, devant vous, que mon front va rougir !
Daignez prendre ce siege, et vous allez m'entendre.
Mais, seigneur, pardonnez un souvenir trop tendre ;
Ici j'ignore tout. Charle, époux de ma sœur,
D'un roi trop courageux plus sage successeur,
Cette sœur même, hélas ! si chere à mon enfance,
Dieu les conserve-t-il au bonheur de la France ?

ÉDOUARD.

Tous deux regnent, madame, et par leurs douces lois
Consolent leurs Etats du malheur des Valois :
Charle apprend aux guerriers que la valeur suprême,
Pour commander au sort se commande à soi-même ;
Plus terrible pour Londre au fond de son palais,
Que son pere suivi de cent mille François.

BLANCHE, *en larmes.*

Ah! prince, qu'à ma sœur je dois porter envie!
Elle mourra Françoise au sein de sa patrie :
Et moi, dans d'autres Cours destinée à régner,
L'hymen m'offroit par-tout mon malheur à signer.
Dom Pedre me choisit de l'aveu de sa mere,
Et m'obtint du grand roi qui me servoit de pere,
Quand mon troisieme lustre à peine finissoit.
Déjà sa cruauté sourdement s'annonçoit.
J'avouerai qu'en sortant de la Cour la plus chere,
La sienne, moins qu'une autre, alloit m'être étrangere :
L'illustre Castillane (1), aïeule des Bourbons,
Blanche, honneur de mon sexe, avoit joint nos maisons:
Son nom que je portois m'invitoit à la suivre,
M'enflammoit du desir de la faire revivre.
Je voulois rendre au Tage, au pur sang de ses rois,
Le présent qu'à la Seine ils ont fait autrefois :
Mon cœur se promettoit, pour son premier ouvrage,
D'adoucir un époux qu'on me peignoit sauvage;
Par de tendres vertus j'espérois le dompter,
Et gagner tous les cœurs pour les lui reporter.
J'arrive dans Burgos. Au lieu de l'allégresse,
Je vois dans tous les yeux le trouble, la tristesse;
La mere de dom Pedre, étouffant ses douleurs,
Vient, m'embrasse, et bientôt me baigne de ses pleurs.
Je ne vois point le Roi, qui craint de voir sa mere;
Sous cent prétextes faux mon hymen se differe.
Après de longs refus, Pedre se montre enfin.

---

(1) Blanche de Castille, mere de saint Louis.

ACTE I, SCENE II.

Il me mene à l'autel avec un fier dédain :
Cet hymen, dont Paris chantoit les nœuds prosperes,
Offrit le morne aspect des pompes funéraires.
La Cour, le peuple entier saisi d'un sombre effroi,
Cherche, en tremblant, mon sort dans les yeux de son roi :
Il me jette un regard, mais un regard farouche,
Sourit du froid serment qui tombe de sa bouche ;
Sort du temple, et soudain, par des détours secrets,
Se dérobe à sa cour et me fuit pour jamais.
Peignez-vous ma surprise à cet excès d'outrage,
Le timide embarras, la candeur de mon âge,
La douleur et l'effroi de mes esprits confus :
Etrangere, au milieu d'un monde d'inconnus,
Ne sachant où porter et mon trouble et ma plainte,
J'inspirois la pitié, mais la pitié contrainte.
Enfin on me révele un mystere odieux,
Qui n'étoit un mystere, hélas ! que pour mes yeux :
J'apprends que, dans ce jour où Pedre avec instance
Par ses ambassadeurs pressoit notre alliance,
Il avoit vu Padille, et qu'au prix de l'honneur
Cette beauté si fiere avoit gagné son cœur.
Me quittant aux autels, le monarque parjure
Revoloit dans ses bras consommer mon injure ;
Tous deux en faisoient gloire ; et qui plaignoit mon sort
Recevoit pour salaire ou les fers, ou la mort.
Mais bientôt, sur moi-même assouvissant la rage
Que garde une ame vile au grand cœur qu'elle outrage,
On m'arrache des bras de la mere du Roi,
Qui m'osoit consoler en pleurant avec moi ;
Dom Pedre me punit de la chérir en fille :

De prisons en prisons cachée à sa famille,
Je n'eus, pour soutenir mes misérables jours,
Que l'aliment du pauvre... et ne l'eus pas toujours.
Cependant il n'est plus de devoirs qu'il ne brave ;
Tyran pour tout son peuple, et pour Padille esclave,
Il ravit les trésors, il fait couler le sang,
N'épargne ni vertu, ni naissance, ni rang.
Je partage sa honte en vous traçant ses crimes.
Mais comment vous compter ses illustres victimes ?
Chaque meurtre excitant des murmures nouveaux,
Il rappeloit sans cesse et lassoit les bourreaux :
Le cruel immola ses freres et leur mere,
Son tuteur, les neveux et la sœur de son pere;
Sur sa mere... on retint son parricide bras ;
Et l'ordre de ma mort combla ses attentats.

ÉDOUARD.

Je frémis. Chaque trait rappelle à ma mémoire
Ce que m'a dit Guesclin, ce que je n'ai pu croire.
Mais... dom Pedre à vos pieds n'est jamais revenu ?

BLANCHE.

Padille craignoit trop les droits de la vertu :
D'un amour tyrannique exerçant la puissance,
Elle avoit à son roi défendu ma présence.

ÉDOUARD.

Dans quel temps osa-t-il ordonner votre mort ?
Quelle main vous sauva, quel heureux coup du sort...

BLANCHE.

Quand le seul rejeton de sa triste famille,
Transtamare, son frere, entroit dans la Castille :
Couronné par le peuple, appuyé des François,

ACTE I, SCENE II.

Il voloit pour briser les fers où je pleurois :
Pedre, malgré l'Afrique et Grenade et Lisbonne,
Se voyant par Guesclin renversé de son trône,
Voulut punir sur moi la France et les Bourbons :
Il me fit apporter un poignard, des poisons ;
Fernand, qu'il en chargeoit, n'eut que le choix du crime.
O d'un roi trop cruel ministre magnanime !
Fernand voit qu'un refus le perd sans me sauver.

ÉDOUARD.

Il se charge du meurtre?

BLANCHE.

               Et vient m'en préserver ;
Cachant mon nom, mon rang, qui m'exposoient encore,
Sa prudence en secret m'envoya chez le Maure.
Mais lorsque votre bras par-tout victorieux
Eut rétabli dom Pedre au rang de ses aïeux,
Par ordre de Fernand dans ces lieux transportée,
J'ai revu la prison que j'avois habitée :
On m'y sert avec soin sans savoir qui je suis.
Morte à tout l'univers, seule avec mes ennuis,
Je rappelle en pleurant l'éclat de mon enfance ;
Le jour où j'ai quitté le bonheur et la France :
Ah ! je croirois, sans vous, que la tour de Montiel
Est le tombeau fatal que m'a choisi le ciel.

ÉDOUARD.

Je le bénis ce ciel ; sa faveur m'accompagne,
Lorsque, pour vous sauver il m'amene en Espagne.
Dom Pedre me doit tout, il remplira mes vœux :
Dom Pedre est criminel, mais roi, mais malheureux ;
Dieu seul peut le punir, tout roi doit le défendre.

Vers moi, dans son désastre, il vint jadis se rendre;
Dépouillé, fugitif, rebut des vils humains,
Il parut : et j'allai le servir de mes mains.
Pour régner à mon tour le destin m'a fait naître;
J'enseigne à respecter ce qu'un jour je dois être.
Dans les champs de l'honneur, je m'arme contre un roi,
Dans ma cour, dans mes fers, il est un Dieu pour moi.
J'estimois Transtamare et sa valeur brillante;
Son ame est grande et fiere, humaine et bienfaisante,
Fidele à l'amitié, ferme dans le malheur...

BLANCHE.

Il a trop de vertus pour un usurpateur.

ÉDOUARD.

Madame, il n'en a plus, s'il détrône son frere.
Je viens les réunir par un accord sincere;
Et vos jours conservés appuieront ce dessein
Que la mort de Padille a fait naître en mon sein.

BLANCHE, *se levant.*

Quoi! la mort de Padille?

ÉDOUARD, *se levant.*

Elle n'est plus, madame.
Vous-même, libre encor, disposant de votre ame...

BLANCHE.

Quel discours?... Ciel! Fernand!

SCENE III.

ÉDOUARD, BLANCHE, DOM FERNAND.

BLANCHE, *à dom Fernand.*
                O mon libérateur !
Viens : si tu crains ton roi, voilà ton protecteur.
    ÉDOUARD, *embrassant dom Fernand.*
Oui, mortel généreux, oui, ma reconnoissance
Se charge du péril et de la récompense.
    DOM FERNAND.
Votre estime, seigneur, est tout ce que je veux ;
La vertu qui l'obtient ne forme plus de vœux.
Vous, madame, excusez l'excès de ma prudence,
Si toujours avec soin j'ai fui votre présence
Depuis l'instant heureux où je sauvai vos jours :
J'ai craint de vous offrir de dangereux secours,
Un entier abandon vous étoit nécessaire ;
Un seul pas indiscret eût trahi ce mystere ;
A Padille en tous lieux tant de traîtres vendus,
Un seul courrier surpris, un confident de plus,
Exposoient votre tête à sa barbare haine.
Quand Padille expira j'étois dans Trémisene,
Des soldats africains je pressois le départ :
    (*A Édouard.*)
Ils doivent aujourd'hui joindre notre étendard.
    (*A Blanche.*)
Hier, à mon retour, je crus l'instant propice
Pour instruire le roi de mon sage artifice :

Soudain Pedre enchanté conçut l'heureux dessein
De désarmer la France en vous rendant sa main :
Mais attaqué, surpris et vaincu par son frere,
De ces soins importans son cœur s'est vu distraire.
J'ai couvert sa retraite; et, pour braver le sort,
Je viens d'asseoir son camp sous Tolede et ce fort :
Pour rompre ici vos fers lui-même il va se rendre :
(*A Édouard.*)
Il vous cherche.

SCENE IV.

DOM PEDRE, ÉDOUARD, BLANCHE, DOM FERNAND, GARDES.

DOM PEDRE, *à Edouard.*
O bonheur où je n'ai pu m'attendre !
Je vois la reine, et vous ! mes revers vont finir.
Je vais tranquillement et régner et punir :
Voilà Paris et Londre unis pour ma querelle ;
Cimentons par le sang mon trône qui chancelle.
ÉDOUARD.
Un projet plus humain m'amene ici, seigneur :
J'y viens moins en guerrier qu'en pacificateur,
Mais ferme en ma promesse, et prêt à vous défendre ;
Vous êtes malheureux ; vous auriez dû m'attendre.
DOM PEDRE, *lui prenant la main.*
Digne héros ! Bourbon détourne encor les yeux !
(*A Blanche, qui est un peu détournée.*)
Je viens vous arracher de ces funestes lieux :

ACTE I, SCENE IV.

Oubliez des fureurs que le remords efface ;
   (*Montrant Edouard.*)
La vertu me protege et doit m'obtenir grace.
De votre époux du moins contemplez les regrets :
(*Elle le regarde ; il paroît frappé : il l'examine*
    avec attention et plaisir.)
Je sens mon cœur saisi... percé de mille traits.
Padille à tant d'appas me sembloit préférable !
Rarement l'œil voit bien quand le cœur est coupable.

ÉDOUARD.

J'aime ce repentir ; mais j'en crains les effets.

DOM PEDRE.

Pourquoi, seigneur ? Je veux expier mes forfaits :
   (*A Blanche.*)
Ils sont sans nombre...

BLANCHE.
   Hélas !

DOM PEDRE.
              Comptez-les par vos larmes.
(*A Edouard, avec le désordre d'une passion*
    naissante.)
Cette longue douleur n'a point terni ses charmes.
Autrefois à l'autel mon indomptable orgueil
Laissa sur elle à peine échapper un coup d'œil.
Si j'eusse pu la voir, ah ! l'aurois-je outragée ?
   (*A Blanche.*)
De mon perfide amour vous êtes bien vengée.
Le voici ce moment trop long-temps attendu,
Ce jour de mon bonheur, ce jour de ma vertu,
Où l'ame de Bourbon va me faire une autre ame :

Je veux, après l'affront de mon hymen infâme,
Aux yeux de ce héros, défenseur de mes droits,
Tour à tour le vainqueur et le vengeur des rois,
Aux yeux de tout mon camp, de l'Europe étonnée,
Former les nœuds brillans d'un nouvel hyménée.

BLANCHE.

Dans ce grand changement qu'à peine je conçois,
Interdite, et doutant des vœux que je reçois,
Je crains qu'un tel retour soit l'ouvrage d'un songe,
Et qu'en mes premiers maux le réveil me replonge.
　(*A dom Pedre.*)
Seigneur, par des remords si nouveaux et si prompts,
Croyez-vous qu'un moment efface tant d'affronts?
De mon hymen fatal je révere la chaîne;
Mon malheur fut toujours de vous devoir ma haine.
J'oublîrai par vertu l'arrêt de mon trépas :
Mais puis-je sans horreur me voir entre vos bras,
Fumant encor du sang de la Castille entiere?
　(*A Edouard.*)
Prince, il faut avant tout m'éclaircir un mystere.
Je puis, me disiez-vous, disposer de mon cœur;
Je suis libre... eh! comment?

DOM PEDRE.

　　　　　　　Qu'avez-vous dit, seigneur?

ÉDOUARD.

La vérité. Madame, elle va vous surprendre.

DOM PEDRE.

Quoi!...

ÉDOUARD.

　　Les princes sont faits pour la dire et l'entendre.

ACTE I, SCENE IV.

Pensez-vous que, trompant sa vertu, sa candeur,
Je garde par foiblesse un silence imposteur;
Je souffre qu'avec vous se croyant enchaînée,
Elle aille confirmer votre faux hyménée?

BLANCHE.

Ciel!

ÉDOUARD, *à Blanche.*

Avant le serment qu'il vous fit à regret,
Padille avoit sa foi par un hymen secret :
Et, lorsqu'à ses fureurs il vous crut immolée,
Soudain cette union hautement révélée,
Prouvée avec éclat aux Etats castillans,
Fit voir de votre hymen les vains engagemens:
En rougissant pour lui de sa premiere chaîne,
On reconnut Padille; elle étoit femme et reine.
Le ciel n'a donc jamais uni votre destin
A ce roi, dont l'hymen fixoit déja la main;
Et l'auguste Bourbon, que trompa sa promesse,
N'est point esclave et reine; elle est libre et princesse.

DOM PEDRE, *voyant la surprise de Blanche.*

Ah! je lis dans ses yeux que vous m'avez perdu.

ÉDOUARD.

Je me perdrois, seigneur, pour sauver sa vertu.

BLANCHE.

Qu'entends-je? se peut-il?... Gloire, bonheur suprême!
Quand je devrois ici périr au moment même,
O ciel tant imploré! que ne te dois-je pas ?
Je sais, avant l'instant marqué pour mon trépas,
Que je ne fus jamais unie à ce parjure,
Qu'il n'eut de droits sur moi qu'à force d'imposture!...

ACTE I, SCENE V.

Où j'allai mendier tes secours orgueilleux :
Le Navarrois, le Maure, armés pour ma défense,
Avec moins de hauteur n'ont pas moins de puissance.
Qu'ai-je à craindre de toi, mortel audacieux ?
Sur le bruit de ton nom, tu reviens en ces lieux,
Seul, sans cour, sans armée, avec ta foible garde ;
Et tu crois m'imposer ! Et ton orgueil hasarde
D'abuser des vains droits d'un service passé !
Tu ne peux plus m'en rendre, et tout est effacé.
Tu céderas Bourbon ou cesseras de vivre.
Va, j'empêcherai bien que ton choix ne la livre
A celui des humains que j'abhorre le plus ;
Ce frere, qui m'ôta, par ses fausses vertus,
Les cœurs de mes sujets, mes trésors, mon empire,
N'aura jamais du moins une épouse où j'aspire :
Et je préférerois, comme un sort moins fatal,
La mort de ce que j'aime au bonheur d'un rival.

SCENE VI.

DOM PEDRE, ALTAIRE, DOM FERNAND ;
GARDES, *hors la porte.*

DOM FERNAND.
Les Maures nous ont joints ; voici le brave Altaire :
ALTAIRE, *à Dom Pedre.*
L'empereur africain, ton ennemi, mon pere,
M'envoie ici des rois venger la majesté :
Il ne demande rien. Tu peux en liberté,
Quand nous t'aurons soumis tes peuples et ton frere,

Plus calme, vous pourrez nous en croire tous deux.
Madame, en attendant, de vous je vais répondre;
Vous serez, sous ma garde, en paix comme dans Londre.
Ne craignez pas, seigneur, que je fasse à vos yeux
Du droit de mes bienfaits un joug injurieux;
Ils n'ont pas cet orgueil dont le faste humilie;
Et si je m'en souviens, c'est quand on les oublie.
(*Il emmene Bourbon.*)
DOM PEDRE, *les suivant*.
C'en est trop, et je cours...

SCENE V.

DOM PEDRE, DOM FERNAND; GARDES, *en dehors*.

DOM FERNAND, *arrêtant dom Pedre*.
Quel transport violent!
Il ne la ravit point; il reste en votre camp :
Calmez-vous, demeurez.
DOM PEDRE.
Oui; dévorons ma rage...
(*Se tournant vers la porte par où Edouard est sorti.*)
Tes bienfaits!... à mes yeux sont ton premier outrage.
Qu'ils sont avilissans ces droits d'un bienfaiteur!...
Mais que dans ma cour même on soit mon protecteur,
Mon arbitre, mon juge!... Et dans quel temps encore!
Penses-tu qu'aujourd'hui ma foiblesse t'implore?
Non, non : je ne suis plus dans cet état honteux

ACTE I, SCENE IV.

Voulez-vous aujourd'hui me combattre moi-même,
Et livrer mon épouse à mon frere qui l'aime ?
Sitôt qu'il crut sa mort, il vanta son ardeur...
      BLANCHE, *à part.*
Il m'aime ! ah ! ce seul mot me fait lire en mon cœur.
      DOM PEDRE, *l'observant.*
Dieu ! s'il étoit aimé !... si je pouvois le croire !...
Prince, j'ai respecté votre nom, votre gloire,
Je vais tout oublier dans ma prompte fureur...
L'amour même, en naissant, est terrible en mon cœur...
Rien n'est sacré pour moi quand le courroux m'égare ;
Malheur à qui me force à devenir barbare !
      ÉDOUARD, *avec le ton d'une colere retenue.*
Modérez-vous, seigneur : ne faites point rougir
Un prince, votre appui, qui vient pour vous servir.
Je suis armé pour vous contre un frere rebelle,
Si Blanche est en péril, je suis armé pour elle.
Connoissez un Anglois dont la libre équité
Entre tous les partis marche avec fermeté.
Jeune, la passion qui soudain vous enflamme,
Est l'ivresse des sens qui dompte une grande ame ;
D'un monarque proscrit sachez le digne emploi ;
Pour remonter au trône il faut régner sur soi :
Peut-être qu'en cédant Bourbon à votre frere,
Elle seroit le nœud d'un traité salutaire :
Mais c'est d'elle, en un mot, et du roi des François
Que son sort dans mes mains dépendra désormais.
J'attends ici Guesclin que mon bonheur me livre,
Qui, toujours mon captif, m'écrit qu'il va me suivre ;
Il desire la paix, Henri suit tous ses vœux ;

Réponds-moi maintenant, ô tigre ensanglanté ;
Rends compte de ma vie et de ma liberté.
Je ne te parle plus en épouse, en victime,
Qui respecte l'abus d'un titre légitime ;
Je te parle en Françoise, en fille de vingt rois,
Qui n'eut pas le malheur de naître sous tes lois.
Pourquoi devant l'autel, que profanoit ta vue,
M'engager cette foi qu'une autre avoit reçue ?
Tu craignois qu'un refus, insultant pour mon nom,
Ne soulevât la France et ta propre maison ?
Pourquoi donc, à l'instant, leur faire une autre offense,
Me bannir, me livrer aux fers, à l'indigence ?
Ah ! mon plus grand bonheur... c'est l'insolent dédain
Qui borna mon outrage au seul don de ta main :
Par-tout tu ravissois ou l'honneur ou la vie,
Dans ton infâme cour j'échappe à l'infamie !
Va, j'aime trop mon sort pour vouloir t'en punir :
Dans les bras de ma sœur je cours m'en applaudir.

(*A Edouard, en courant à lui.*)

Vous, qui m'êtes uni par les plus nobles chaînes,
Car le sang des Capets coule aussi dans vos veines,
Prince, il faut assurer ma retraite et mes jours :
Blanche vous fait l'honneur d'implorer vos secours ;
Si des fers opprimoient votre épouse si chere,
Pensez-vous qu'un Bourbon rejetât sa priere ?

ÉDOUARD, *lui présentant la main.*

Venez, madame.

DOM PEDRE, *l'arrêtant par l'autre bras.*

Quoi ! l'arracher de mes mains,
Et jusque dans mon camp ! quels sont donc vos desseins ?

Reprendre contre nous ta haine héréditaire;
Nos glaives seront prêts. Aux portes de Montiel
Je viens de rencontrer ce terrible mortel
Que le sort rend captif du prince d'Angleterre,
Ce Guesclin, notre maître au grand art de la guerre.
Quand je vais avec toi combattre ses amis,
Je me plains qu'à leur tête il ne soit point remis :
Devant un tel rival le courage s'enflamme,
Et l'aspect d'un héros semble agrandir mon ame.

DOM PEDRE, *en l'embrassant.*

Généreux Musulman, j'attends tout de ton bras.

(*A dom Fernand.*)

Guidez-le dans ma tente, et j'y suivrai vos pas.

(*Altaire et dom Fernand sortent.*)

Guesclin semble arriver pour combler ma vengeance :
Il fit régner mon frere, il est en ma puissance!
Je sens que tout accroît dans mon cœur irrité
Les cruelles fureurs dont je suis tourmenté.
C'est un torrent fougueux qui malgré moi m'entraîne:
Toutes mes passions ressemblent à la haine;
Je ne puis ni ne veux surmonter leur transport;
Qui vient leur résister se dévoue à la mort.

FIN DU PREMIER ACTE.

ACTE II.

Le théâtre représente, dans le fond, tout le camp de dom Pedre, au milieu duquel on voit le fort et la tour de Montiel ; sur le devant, sont deux tentes, dont l'une plus avancée est celle d'Edouard, qui y arrive avec du Guesclin.

SCENE PREMIERE.

ÉDOUARD, DU GUESCLIN.

ÉDOUARD.

Du camp de dom Henri ce François va venir ;
Dans ma tente, Guesclin, daignez l'entretenir :
Qu'il y soit sans frayeur, ma foi lui sert d'otage.

DU GUESCLIN.

Transtamare lui-même y viendroit sur ce gage.

ÉDOUARD.

Dom Pedre est plus tranquille : aux chefs des Musulmans
Il apprend ses desseins, il reçoit leurs sermens.
　(*Montrant l'autre tente.*)
Bourbon, dans cette tente où vos yeux l'ont revue,
Peut être en un moment par mon bras défendue.
Cependant dites-moi quelle étrange raison

Vous fait en ces climats revenir sans rançon ;
Charles ne doit qu'à vous le salut de la France,
Et n'a pas de Guesclin payé la délivrance ?

DU GUESCLIN.

C'est moi qui de ses dons fis un juste refus ;
A l'État épuisé ma main les a rendus :
Dans les malheurs publics, un monarque économe
Doit-il prodiguer l'or aux besoins d'un seul homme ?
J'ai voulu prendre part à nos communs revers,
Et par mes propres biens me racheter des fers :
J'allai chercher moi-même au fond de l'Armorique (1)
L'honorable débris de ma fortune antique,
Et des dons de Henri le dépôt précieux :
Lorsque ma digne épouse, accourant à mes yeux,
« Tu vois, m'a-t-elle dit, nos guerres intestines
« Ont rempli nos climats de morts et de ruines ;
« Avant ton triste sort, que je n'ai pu prévoir,
« A la patrie en pleurs j'ai pensé tout devoir.
« Le bien de mes aïeux, égal à ma naissance,
« Que m'avoit conservé leur modeste opulence,
« Et qu'honora l'amour en l'offrant à Guesclin,
« Fut le trésor du pauvre et nourrit l'orphelin ;
« Je leur ai livré tout dans ce temps si funeste ;
« Ton épée et ton nom, voilà ce qui nous reste. »

ÉDOUARD.

C'est avoir plus encor que les trésors des rois.
Ah ! sa bonté prodigue a prévenu tes lois.

---

(1) Ancien nom de la Bretagne : Froissard appeloit encore du Guesclin l'*Aigle de l'Armorique*.

ACTE II, SCENE I.

Magnanimes époux, quel bonheur est le vôtre !
Toujours un de vos cœurs fait la gloire de l'autre.

DU GUESCLIN.

Cher Prince, vous goûtez ce bonheur souverain.
Votre épouse elle-même, en nous cachant sa main,
Sous des noms supposés fit compter à mon frere
Cette riche rançon qu'exigeoit votre pere :
Mon erreur accepta ces secours imprévus.
Mais trente chevaliers dans Bordeaux retenus,
Courbés sous l'indigence et respirant à peine,
Victimes de l'honneur, périssoient dans leur chaîne ;
Je leur ai partagé tout l'or de ma rançon,
Et par leur liberté je rentre en ma prison.
Ils l'ignoroient, seigneur, et vous devez le croire :
Plus utiles que moi pour fixer la victoire,
Au camp de Transtamare ils ont su parvenir,
Et peut-être en est-ce un qui veut m'entretenir.

ÉDOUARD.

Rien ne m'étonne en vous, mais tout me fait envie.
Quoi ! de vous imiter la douceur m'est ravie !
Mon pere s'est bientôt repenti du traité
Qui même à si haut prix mettoit ta liberté.
Il veut que ta rançon dans mes mains apportée,
Après les temps prescrits, ne soit plus acceptée.
Ce matin j'arrivois, et déja dom Henri,
En m'offrant tout son or, demandoit son ami :
Mais les temps sont passés ; il faut que j'obéisse,
Que je fasse à mon pere un si dur sacrifie :
Cet ordre est le premier de ce pere adoré,
Oui, le seul dont mon cœur ait jamais murmuré.

DU GUESCLIN.

Je n'espere pas moins ma prompte délivrance;
Transtamare au lieu d'or emploiera la vaillance.
Il sait trop que lui seul a fait tout mon malheur;
Des chaînes de Guesclin vous lui devez l'honneur...
N'en parlons plus... Souffrez que j'acquitte la France
Du tribut de respect et de reconnoissance
Qu'en délivrant Bourbon méritent vos bienfaits.
O héros! protecteur des héros de Calais,
Dès l'enfance aux vainqueurs vous serviez de modele :
Qu'à toutes vos vertus j'aime à vous voir fidele!
Mais ce sont ses pareils qu'un grand cœur doit chérir;
C'est Valois dans les fers qu'Edouard put servir :
Sachez que votre bras ici se déshonore,
S'il protege un tyran que l'univers abhorre.
A quels noms mêlez-vous ce beau nom d'Edouard?
Et parmi quels drapeaux flotte votre étendard?
Voit-on deux Espagnols dans cette immense armée?
De Musulmans, d'Hébreux, elle est toute formée;
Et des dignes soldats de ce vil Navarrois (1),
Qui vend, trompe, assassine, empoisonne les rois.
Quel intérêt vous dicte une telle alliance?
L'orgueil de relever l'ennemi de la France?
Grace à la politique, à sa fausse grandeur,
La gloire des héros n'est pas toujours l'honneur.

ÉDOUARD.

Eh bien! terminons tout par l'accord le plus sage :

---

(1) Charles le Mauvais, roi de Navarre, digne allié de Pierre le Cruel.

ACTE II, SCENE I.

J'avois besoin de vous pour un si grand ouvrage.
Je vais revoir le Roi; j'espere le fléchir.
  (*Lui prenant la main.*)
Guesclin, nos longs débats vont enfin s'assoupir.

DU GUESCLIN.

Si pour jamais, seigneur, nos nations amies...

ÉDOUARD.

Va, l'Europe craindroit de les voir trop unies :
Le monde entier trembla quand le roi des Anglois
Fut tout près de s'asseoir au trône des François :
Ces deux peuples vainqueurs, l'un pour l'autre indomptables,
Sous les mêmes drapeaux seroient trop redoutables ;
Et leurs sceptres un jour rassemblés dans ma main,
Rendroient mes successeurs les rois du genre humain.
Le ciel, en divisant la France et l'Angleterre,
Sauve la liberté du reste de la terre.

DU GUESCLIN.

C'est nous estimer trop : il est des Castillans,
Des Germains... Je crois voir le François que j'attends.

ÉDOUARD.

Je vous laisse.
(*Il sort de la tente avant que le François y entre.*)

DU GUESCLIN, *regardant le François.*

            Son casque est fermé! quelle crainte
Peut l'agiter ?

SCENE II.

DU GUESCLIN, DOM HENRI.

DOM HENRI, *portant une écharpe blanche, et ayant la visiere de son casque baissée.*
Ici sommes-nous sans contrainte ?
DU GUESCLIN.
Oui... Mais quel son de voix !
DOM HENRI, *levant la visiere de son casque.*
Cher Guesclin !
DU GUESCLIN, *effrayé.*
Dom Henri !
Dieu !... que prétendez-vous ?
DOM HENRI, *tranquillement, en lui prenant la main.*
Imiter mon ami ;
Justifier son cœur par ma reconnoissance.
DU GUESCLIN.
J'admire avec terreur sa sublime imprudence.
Risquer votre couronne !
DOM HENRI.
Eh bien ! je te la doi.
DU GUESCLIN.
Vos jours !
DOM HENRI, *vivement.*
Cent fois Guesclin risqua les siens pour moi.
Va, d'un jeune Espagnol connois le caractere :
Notre orgueil, dédaignant une gloire vulgaire,

ACTE II, SCENE II.

Loin de l'ordre commun va chercher des vertus;
Des périls sans exemple ont un attrait de plus.
Penses-tu que dom Pedre eût jamais pu s'attendre
Que, pour toi, dans son camp j'aurois osé me rendre?
Son cœur soupçonne-t-il la générosité?
L'audace du projet en fait la sûreté.
C'est pour toi que je tremble, et c'est ce qui m'amene:
Je connois trop mon frere et sa rage inhumaine,
Pour te voir dans ses mains sans en frémir d'effroi;
Tu fis tout mon bonheur, il te hait plus que moi.

DU GUESCLIN.

Qu'ai-je à craindre? Edouard dont seul je dois dépendre...

DOM HENRI.

Edouard périra, s'il ose te défendre.
Qu'il s'attende lui-même au plus noir attentat;
Puisqu'il sert un tyran, il doit faire un ingrat.
Ami, de mes trésors tu sais que l'offre est vaine,
Que les frayeurs de Londre éternisent ta chaîne:
Je veux de ce camp même aujourd'hui t'enlever:
J'ai formé ce dessein et saurai l'achever.
Va, je mets à profit les leçons de mon maître.
En marchant vers ces lieux j'ai su tout reconnoître:
A travers ce bois sombre et ces rochers affreux,
Mes soins ont découvert un chemin ténébreux,
Où ramenant bientôt mon élite indomptable,
Je viens à sa prison ravir mon connétable:
Et si mon imprudence a causé tes revers,
C'est ma sage valeur qui va briser tes fers.

DU GUESCLIN.

Oui, prince : c'est ainsi que le droit de la guerre

Doit ravir noblement Guesclin à l'Angleterre.
Je ne peux fuir mes fers, mais on peut les briser;
Et, libre par vos mains, j'ai droit de tout oser.
Enervé près d'un an par un repos infâme,
Le besoin de la gloire a fatigué mon âme :
Temps perdu pour l'honneur, tu seras remplacé :
L'excès de l'avenir remplira le passé.
Mais Bourbon voudra-t-elle... et peut-elle nous suivre?
A la foi d'Edouard elle-même se livre...

DOM HENRI.

Ciel! que dis-tu? Bourbon!...

DU GUESCLIN.

                 Ce bonheur imprévu
A votre oreille encor n'est donc pas parvenu?

DOM HENRI.

Non : quel espoir confus égare ma pensée!
Dans mon cœur palpitant une joie insensée...
Bourbon!

DU GUESCLIN.

    Elle respire.

DOM HENRI.

              O moment enchanteur!
Blanche, tu vis encore! et tu n'es point ma sœur!
Je vouois à ton ombre une amour immortelle :
Que mon cœur est heureux de se trouver fidele!
Eh! qui l'a pu sauver?

DU GUESCLIN.

           Le sage dom Fernand.
Edouard de ses jours répond seul maintenant.

DOM HENRI.
C'est à moi d'en répondre. Ah! mes pleurs, mon ivresse,
Tous mes sens éperdus nagent dans l'allégresse :
Ami, courons vers elle.
DU GUESCLIN.
Où vous exposez-vous ?
Craignez tous les regards. Je tremble; on vient à nous :
(*En baissant la visiere du casque de dom Henri.*)
Cachez plutôt vos traits. C'est la princesse même :
Préparons-la du moins à sa surprise extrême.

SCENE III.

DOM HENRI, BLANCHE, DU GUESCLIN.

BLANCHE, *sortant de l'autre tente.*
Je ne crois pas ici troubler votre entretien ;
Les secrets de vos cœurs n'en sont pas pour le mien.
(*A dom Henri.*)
Si Henri sait mon sort, seigneur, quelle est sa joie !
DOM HENRI, *toujours couvert.*
Il le sait.
BLANCHE.
Permettez du moins qu'il vous revoie
Chargé des vœux pressans de ma juste amitié.
Toujours à mes malheurs il s'est associé ;
Jadis j'ai vu son sang couler pour ma défense :
Qu'il ne hasarde point quelque triste imprudence.
DU GUESCLIN.
De celle qu'il hasarde, à vos yeux, je frémis :

Ici même, en secret, il vouloit être admis.
    BLANCHE, *effrayée, à dom Henri.*
Ah! courez prévenir...
    DOM HENRI, *en lui prenant la main.*
      Il n'est plus temps peut-être.
    BLANCHE.
Ciel! à son trouble... au mien... puis-je le méconnoître?
    DOM HENRI, *levant la visiere de son casque.*
Oui, c'est votre vengeur qui tombe à vos genoux,
     (*Il se releve.*)
Qui vous voit, vous adore, et mourra votre époux.
    BLANCHE.
Insensé! se peut-il qu'un zele téméraire
Vienne livrer pour moi la tête la plus chere?
    DOM HENRI.
Je vins pour l'amitié, j'ignorois mon bonheur :
Mais jugez pour l'amour ce qu'auroit fait mon cœur.
Je le déclare enfin ce feu si légitime,
Que long-temps mon erreur a caché comme un crime;
Dès le premier regard que je levai sur vous,
Mon œil fut indigné de vous voir un époux :
Pour vous suivre à l'autel j'accompagnois mon frere;
Sa froideur redoubla ma jalouse colere.
Quand il sortit du temple, et courut vous trahir,
Je ne sais quel espoir me le fit moins haïr.
Dans l'avenir obscur, une confuse image
Me montra mon bonheur dont elle étoit le gage :
Les vrais pressentimens sont un don de l'amour.
Je ne partageai point les regrets de la cour;
Moi, qui de tout mon sang voudrois payer vos larmes,

Dans un de vos malheurs j'osai trouver des charmes.
Mais quand votre trépas fut par-tout publié,
Je mourois de douleur sans sa tendre amitié.
Guesclin, sauvant mes jours d'un désespoir funeste,
Pour vous, sans le savoir, en conserva le reste :
Le ciel veut qu'en tout temps il soit de mon destin
De voir, dans mon bonheur, l'ouvrage de Guesclin.

DU GUESCLIN.

Prince, un si noble aveu fait mon plus beau salaire.
Reine, voilà l'époux choisi par votre frere :
Charle, avant que dom Pedre en eut semé le bruit,
De l'hymen de Padille en secret fut instruit ;
Et, pour vous délivrer, armant toute la France,
De ce prince et de vous il conclut l'alliance :
Pour dot, sur la Castille il vous transmit ses droits,
Acquis à nos Bourbons au défaut des Valois.
Quand le prince, éprouvant une disgrace utile,
Dans l'asyle des rois vint chercher un asyle,
Roi sans trône, et dès-lors citoyen de Paris,
Vingt fois, pleurant vos jours que nous croyions finis,
J'ai vu Charle et Bourbon s'écrier sans mystere :
« Si Blanche respiroit, ce seroit là mon frere. »
Le ciel pour ce héros vous sauva du trépas ;
Il veut unir vos cœurs pour unir deux Etats :
Par le sang des Bourbons, par la gloire enchaînées,
France, Espagne, à jamais joignez vos destinées.

BLANCHE.

Cher prince ! c'est pour vous qu'on exige ma foi,
Le jour même où j'apprends qu'elle est encore à moi.
Quel sort heureux succede au sort le plus barbare !

Je crus être à dom Pedre, et suis à Transtamare!
J'avouerai qu'en suivant votre frere à l'autel,
Je vous distinguai peu dans mon trouble mortel :
Et dès lors par l'hymen me croyant asservie,
J'aurois dompté mon cœur, s'il m'eût jamais trahie.
Mais songez à Tolede, à nos communs revers;
A ce jour où le peuple, indigné de mes fers,
M'enlevant avec rage à ma garde sanglante,
Dans un asyle saint me déposa mourante.
(*A Du Guesclin.*)
Pedre y vole; il apporte et le fer et les feux;
Me vient, en rugissant, saisir par les cheveux;
M'entraîne... Un bras s'oppose à sa fureur extrême;
Un héros le désarme; Henri, c'étoit vous-même.
Mais un soldat cruel donne son glaive au Roi,
Il frappe, et vous tombez palpitant près de moi :
J'expirois. Pour souffrir, rappelée à la vie,
C'est depuis ce moment que je l'ai moins haïe.
Occupée en secret de mon cher défenseur,
Son image m'apprit à jouir de mon cœur :
Ce cœur timide et pur, qui s'ignoroit lui-même,
Quand mon frere a parlé, s'avoue enfin qu'il aime;
Et se livre au bonheur seul fait pour me charmer
D'adorer par vertu ce que j'ai craint d'aimer.

DU GUESCLIN.

J'aperçois Edouard.

BLANCHE.

Redoutez sa présence.

DOM HENRI.

Jamais il ne m'a vu ; soyez en assurance.

SCENE IV.

DOM HENRI, ÉDOUARD, BLANCHE, DU GUESCLIN.

ÉDOUARD.

Dom Pedre à mes desirs daigne enfin se prêter,
Madame : avec son frere il consent de traiter ;
Et des conditions qu'il a droit de prescrire,
   (*A dom Henri.*)
Chevalier, dans l'instant il viendra vous instruire.

BLANCHE.

Grand Dieu !

DU GUESCLIN ET DOM HENRI.
   Pedre !

ÉDOUARD.
   Il me suit.

DOM HENRI, *à part.*
      Il faut périr.

BLANCHE.
         Guesclin !...

ÉDOUARD.

Vous pâlissez tous trois ! quel est l'effroi soudain ?...

DU GUESCLIN.

Il est juste, seigneur : vous voyez Transtamare.

BLANCHE, *à Du Guesclin.*

Cruel, vous le perdez !

DOM HENRI.
      Quoi ! l'ami le plus rare

Me livre...
ÉDOUARD.
A ma foi, prince ! et vous voilà sauvé.
Il me connoît.
(A Du Guesclin, en l'embrassant.)
Jamais tu ne l'as mieux prouvé :
Ah ! cette confiance et cet excès d'estime
M'attendrit jusqu'aux pleurs par sa candeur sublime.
DU GUESCLIN.
Je vois l'occasion d'illustrer un grand cœur ;
Je ne puis m'en saisir, je l'offre à mon vainqueur.
ÉDOUARD, *appelant un Anglois qui entre.*
(A dom Henri.)
Névil ! Eloignons Pedre. Il peut, dans sa furie,
Me braver, et nous perdre... aux dépens de sa vie.
(A l'Anglois.)
Courez ; dites au Roi qu'un funeste devoir
Contraint ce chevalier de partir sans le voir ;
Qu'il faut qu'avec Guesclin moi seul je l'entretienne.
Faites garder ces lieux de peur qu'on nous surprenne.
(L'Anglois sort.)
BLANCHE, *à Edouard.*
O héros ! qui deux fois me sauvez dans un jour...
ÉDOUARD, *montrant dom Henri.*
A sa témérité je reconnois l'amour.
DU GUESCLIN.
Non : et ce que l'amour entreprend par délire,
Le calme du courage à ce prince l'inspire.
Il vint, de son épouse ignorant les destins,
Concerter un projet pour m'ôter de vos mains.

ACTE II, SCENE IV.

Dom Henri que, sans moi, couronna la victoire,
Se souvient d'un captif inutile à sa gloire;
Le Roi devient soldat pour servir son ami.
Eh bien ! voilà le cœur que je vous ai choisi ;
Prince, mes deux héros étoient faits l'un pour l'autre;
Chérissez mon ami : comparez-lui le vôtre,
Ce tigre tout souillé de sang et de forfaits :
J'ai placé, mieux que vous, l'honneur de vos bienfaits.

DOM HENRI, *à Edouard*.

Seigneur, ma défiance est un outrage insigne,
Dont je rougis dans l'ame, et dont l'honneur s'indigne:
Mais de la réparer mon orgueil est jaloux.
Montrez-moi les moyens de m'acquitter vers vous;
En est-il ? ordonnez. Après la bienfaisance,
Le plus grand des plaisirs c'est la reconnoissance.

ÉDOUARD.

Je vous demande un prix bien digne de tous deux,
C'est la paix. Remplissez vos devoirs et mes vœux.
Craignez tous les malheurs des haines fraternelles;
Aux plus affreux excès on est conduit par elles :
Deux cœurs, qu'un même sang forma pour se chérir,
Oseront s'immoler s'ils osent se haïr.
Une fois affranchis des nœuds de la nature,
Nos fureurs sont sans frein, nos crimes sans mesure.
Prévenez sagement quelque scene d'horreur.
Mais des conseils des rois évitons la lenteur.
Tous trois (avec prudence) osons voir votre frere,
Lui, Guesclin, vous et moi, calmons l'Europe entiere.

DOM HENRI.

Moi ? le voir !

BLANCHE.

Non, seigneur.

ÉDOUARD.

Non pas en ce moment.
Vous nous avez surpris par ce déguisement :
Sans doute il oseroit, pour vous punir en traître,
Abuser du prétexte, et j'en serois peu maître.
Il faut, dans votre camp, retourner inconnu :
De là faites offrir un accord imprévu ;
Proposez l'entretien, prenez-nous pour arbitres ;
Revenez dans l'éclat qui convient à vos titres.
Cette tente peut voir, par mes justes projets,
Un moment accorder les plus grands intérêts.

DOM HENRI.

Sans l'aveu de Guesclin rarement je prononce,
Seigneur : mais dans ses yeux je crois voir sa réponse.

DU GUESCLIN.

La paix, seigneur : il faut tout lui sacrifier ;
C'est le fruit précieux qui naît d'un vain laurier :
Qu'elle suive toujours le char de la victoire,
Quand le vainqueur est homme et digne de sa gloire.

DOM HENRI.

Vos desirs sont ma loi ; je pars ; et je revien...

BLANCHE.

Juste ciel !

DOM HENRI.

Sans espoir, tenter cet entretien.

BLANCHE.

Vous allez vous remettre à la foi d'un parjure,
Qui s'est fait en tous temps un jeu de l'imposture.

ÉDOUARD.

Un parjure, à l'instant qu'il promet avec moi,
Sait qu'il doit renoncer à violer sa foi.

DOM HENRI.

Quand même mon retour hasarderoit ma vie,
Le bien de mes sujets, leur salut m'y convie;
Si pour eux dans ce camp je m'expose aujourd'hui,
(Montrant du Guesclin.)
Je l'aurois fait pour vous, et je l'ai fait pour lui.

BLANCHE, *plus vivement encore.*

Je sais trop qu'à vos yeux les périls ont des charmes.
Et dois-je me flatter d'inspirer par mes larmes
Les frayeurs d'une femme aux cœurs de trois héros?
Vous allez vous placer sous le fer des bourreaux;
Maître une fois de vous, ce monstre si sauvage
Au seul assassinat bornera-t-il sa rage?
(A Edouard et du Guesclin, en leur montrant dom Henri.)
Vous le verrez tous deux lentement déchirer,
Et vos vaines fureurs ne pourront que pleurer.
Quoi! Pedre, pour régner, n'a besoin que d'un crime,
Et vous lui présentez sa derniere victime!
(A dom Henri.)
Mais vos destins ici décideront mon sort;
Si vous m'y préparez l'horreur de votre mort,
A vos yeux expirans je réserve la mienne;
Il faudra par devoir que ma main vous prévienne;
Et je ne servirai, grace à mon seul secours,
Ni de proie au tyran, ni de prix à vos jours.

ÉDOUARD.

Madame, où vous égare un désespoir extrême ?
Songez-vous qu'avant lui je périrai moi-même ?

BLANCHE.

Oui, seigneur, je le sais ; vous mourrez en héros :
Mais vos malheurs de plus calmeront-ils mes maux ?
Hélas ! sur ses périls lorsque je vous implore,
Le péril du moment est plus terrible encore.
Si dom Pedre venoit !... Hâtez-vous de partir.
Ah ! deux fois de ses mains espere-t-on sortir ?

ÉDOUARD.

Partez, prince ; et bientôt vous me ferez apprendre
Quels otages, quels soins, quel temps vous voulez prendre.
Conduisez-le, Guesclin, jusqu'à ses pavillons :
Moi, je cours vers le Roi pour ôter tous soupçons.

DOM HENRI, *à Edouard.*

Ses pleurs m'ont désolé ; mais mon cœur persévere.
(*A Blanche.*)
Puis-je trop m'exposer pour une paix si chere,
(*Montrant du Guesclin.*)
Dont j'attends votre main, et qui rompra ses fers ?
Je hâte mon bonheur.

BLANCHE.
    Ou mon dernier revers.

FIN DU SECOND ACTE.

ACTE III.

Le théâtre représente la tente d'Edouard.

SCENE PREMIERE.

DOM PEDRE, ÉDOUARD; GARDES, *au fond.*

ÉDOUARD.

Mes vœux sont-ils remplis? et votre ame apaisée
A recevoir un frere est-elle disposée?
Les intérêts du peuple à Guesclin sont remis:
Du pas qu'on fait vers vous sentez donc tout le prix.

DOM PEDRE.

Quoi! Henri, dans ces lieux refusoit de paroître!
Ce rebelle en son camp vouloit mander son maître!

ÉDOUARD.

Ce n'est pas dom Henri; ce sont tous vos sujets,
Aujourd'hui ses soldats, qui, blâmant mes projets,
N'osoient le confier à vos mains vengeresses.

DOM PEDRE.

Ces perfides sujets doutent de mes promesses!

ÉDOUARD.

Mais leurs doutes, seigneur, sont-ils si criminels?

Rappelez envers eux vos sermens solennels,
Lorsque mon bras vainqueur terminant vos querelles,
Votre honneur me jura la grace des rebelles.
Je crus de votre peuple être le bienfaiteur;
Je crus lui rendre un pere, et fus son destructeur :
Je rendis vos bourreaux à l'Espagne indignée;
De larmes et de sang vos fureurs l'ont baignée :
De tous vos vieux amis Fernand seul voit le jour.
Quand ma bouche en ces lieux demande tour-à-tour
Grands, ministres, guerriers fameux par leurs services,
La réponse est toujours le nom de leurs supplices.
Et dom Pedre est surpris d'inspirer de l'effroi ?
Et dom Pedre est surpris qu'on doute de sa foi ?
Ah! si selon mes vœux le traité se consomme,
Sur le trône à la fin vais-je placer un homme ?
En vous frappant deux fois, la juste adversité
Ne vous a-t-elle pas appris l'humanité,
La vertu des grands rois, leur volupté suprême ?
Eh! quels droits plus divins donne le diadême,
Que de pouvoir sans borne étendre ses bienfaits;
Recueillir tous les jours les plaisirs qu'on a faits;
Trouver à chaque instant, dans son ame adorée,
Le centre du bonheur d'une vaste contrée ?

DOM PEDRE.

Mon peuple m'étoit cher, quand j'en étois chéri :
Il m'a trahi par-tout, par-tout je l'ai puni.

ÉDOUARD.

Prince, punir en roi, c'est châtier en pere.
Il faut qu'à mes dépens enfin je vous éclaire :
(Il lui prend la main affectueusement.)

Mon aïeul, comme vous, proscrit, dans l'abandon,
Méprisa du malheur la premiere leçon;
Et pour lui la seconde, hélas! fut la derniere :
Leçon pour vous et moi terrible et salutaire.
Peut-être craignez-vous d'avoir par vos rigueurs,
Loin de vous, sans retour, écarté tous les cœurs :
Mais que le cœur du maître aisément les rappelle !
Que sans peine il leur rend leur pente naturelle !
Le devoir est pour eux l'aiguillon de l'amour,
Qui les gêne en secret et les pousse au retour :
Un pere, un roi haï répugne à la nature;
Demandez qu'on vous aime, et la haine s'abjure.

SCENE II.

DOM PEDRE, ÉDOUARD, ALTAIRE, DOM FERNAND, GARDES.

DOM FERNAND, *à dom Pedre.*
Seigneur, le prince arrive; aux mains des ennemis
Les otages par moi viennent d'être remis.

ÉDOUARD.
Au-devant de ses pas je vais soudain me rendre :
Prince, je le reçois; roi, vous devez l'attendre.
(Il sort.)

ALTAIRE.
Je ne m'oppose point à tes nouveaux projets;
Je vins pour la bataille, et consens à la paix;
Quoique tous vos Chrétiens que le faux zele inspire,

En jurant de s'aimer jurent de nous détruire (1).
Au moins l'hommage pur qui m'est ici rendu,
Du Maure incorruptible atteste la vertu :
Le choix des Castillans, pour garder Transtamare,
Préféroit mes soldats aux nobles de Navarre !
Tu ne l'as point permis, et je crains ce refus :
Mais contre tes sujets si tu ne combats plus,
J'ai le bonheur de voir mon peuple magnanime,
Au lieu de leur dépouille, emporter leur estime.

SCENE III.

DOM PEDRE, DOM FERNAND, GARDES.

DOM PEDRE.

Fier Henri, te voilà dans les mains de ton roi !
Après m'avoir trahi, tu comptes sur ma foi ?
Il faut être prudent quand on est infidelle :
Tu vas voir les traités du maître et du rebelle.
Toi, sous le nom d'arbitre, oppresseur insolent,
Qui m'écrases du poids d'un mérite accablant,
Superbe Anglois, tu veux me commander sa grace :
Il falloit d'une armée appuyer ton audace.

DOM FERNAND.

Et, malgré vos sermens, vous vous croyez permis...

---

(1) Les princes chrétiens ne faisoient jamais alors de traité de paix entre eux, sans y stipuler expressément une croisade contre les infideles.

ACTE III, SCENE III.

DOM PEDRE.

Va, ma bouche a juré, mon cœur n'a point promis.

DOM FERNAND.

Mais bientôt Edouard, soulevant l'Angleterre,
Viendra...

DOM PEDRE.

Je vais tarir les sources de la guerre.
Transtamare n'a point de fils pour successeur :
Lui mort, son parti tombe et cede à la terreur.
Edouard et Guesclin, resserrés dans mes chaînes,
Contiendront de leurs rois les impuissantes haines.

(*Bas, à dom Alvar.*)

Henri vient ! Soyez prêt ; qu'il tremble de sortir :
Il n'a qu'un choix à faire ; obéir ou mourir.

(*Il fait signe à dom Fernand de se retirer.*)

SCENE IV.

DOM PEDRE, DOM HENRI, ÉDOUARD, DU GUESCLIN.

ÉDOUARD, *tenant dom Henri par la main.*
(*A dom Henri.*)   (*A dom Pedre.*)
Voilà votre roi, prince ; et voilà votre frere,
Sire.

DOM PEDRE, *à part, en regardant dom Henri.*
Déja mon sang bouillonne de colere.

ÉDOUARD.

Embrassez-vous.

(*Dom Henri fait un pas vers son frere.*)

PIERRE LE CRUEL.

DOM PEDRE.

Arrête, avant cette faveur,
Sachons s'il en est digne. Ecoutons-le.
(Il se jette sur son siege.)
DOM HENRI, *à Edouard.*
Seigneur,
Sa dureté...
ÉDOUARD.
Je suis le premier qu'elle offense.
Prenons place.
(Ils s'asseyent.)
DOM HENRI.
Je garde un reste d'espérance :
Je vois, avec un cœur et des yeux attendris,
Ce spectacle nouveau pour l'univers surpris ;
Deux rois prêts à juger leur droit à la couronne,
Avec les deux héros protecteurs de leur trône.
DOM PEDRE, *en se levant.*
N'avilis point les rois. C'est aux usurpateurs
A flatter, par besoin, d'orgueilleux défenseurs :
Un vrai roi ne connoît ni protecteurs ni maîtres ;
(En montrant Edouard.)
Mais il a des amis qui le vengent des traîtres.
(Il se rassied brusquement.)
ÉDOUARD, *à dom Pedre.*
Seigneur, si chaque mot enflamme vos esprits,
Comment traiter l'objet qui nous a réunis ?
C'est moi qui vais parler, daignerez-vous m'entendre ?
(A dom Henri.)
Mais je vais m'adresser à votre ame plus tendre.

Fils de roi, dès l'enfance on dut vous enseigner
Quel sceau Dieu même imprime à ceux qu'il fait régner :
Son être, sur la terre, en eux seuls se retrace ;
Ils ont les droits du Dieu dont ils tiennent la place.
Né de ces droits sacrés le premier défenseur,
On vous en a rendu l'impie usurpateur.
Frere de votre roi, sans un double parjure,
Avez-vous pu trahir le trône et la nature ?
Vingt fois, en combattant ces deux titres si saints,
Un double parricide a pu souiller vos mains.
Je veux fixer vos yeux sur cette affreuse image,
Dont j'ai vu malgré vous frémir votre courage.
On vante votre cœur valeureux, bienfaisant,
Des plus rares vertus exemple séduisant ;
Chef, soldat, prince, ami, vous êtes mon modele :
Disputez-moi, seigneur, une gloire plus belle ;
Préférons tous les deux, magnanimes rivaux,
La probité de l'homme aux talens du héros.
C'est par là qu'Edouard, honoré sur la terre,
Expia les lauriers qu'il cueillit dans la guerre :
Plus citoyen que prince, et docile à mon roi,
Ses plus simples desirs sont ma suprême loi ;
A son trône appelé du jour de ma naissance,
Le dernier des sujets a moins d'obéissance ;
Je voudrois de mon maître éterniser les jours ;
Je ne demande au ciel que d'obéir toujours.
Mais qui ravit le sceptre à la main de son frere,
L'auroit-il respecté dans la main de son pere ?
Pardonnez ; je vous veux arracher votre erreur,
Et dois vous la montrer dans toute son horreur.

Cher prince, lavez-vous d'une tache si noire,
Qui va de siecle en siecle obscurcir votre gloire :
Admirez le moment que j'ai su vous choisir.
De céder en vaincu vous auriez pu rougir ;
Il eût été honteux au vaillant Transtamare
D'abdiquer la couronne au sortir de Najarre.
Mais aujourd'hui vainqueur dans trois combats sanglans,
Après le plus long cours des faits les plus brillans,
Quand Pedre voit enfin l'empire qu'il possede
Réduit à ce seul fort, aux seuls murs de Tolede,
Vous, conquérant des biens que vous lui disputiez,
Prendre sceptre, couronne, et les mettre à ses pieds :
Voilà de la vertu l'effort le plus insigne,
Le miracle inouï, dont vous seul êtes digne ;
Un triomphe immortel que vos chefs, vos soldats,
La fortune et Guesclin ne partageront pas.
Ce n'est point tout. Je sais que, dans un cœur qui l'aime,
La vertu se suffit, est son prix elle-même :
Je viens pourtant offrir, à votre œil détrompé,
Un trône bien acquis pour un trône usurpé :
L'échange en est heureux ; il faut que je m'explique.
Vous voyez, comme moi, sous quel joug tyrannique
La moitié de l'Espagne expire en gémissant :
Vous savez par quel crime à jamais flétrissant
Appelés, introduits au cœur de vos provinces,
Les despotes d'Afrique ont dépouillé vos princes.
    (*Avec chaleur, à Du Guesclin.*)
O chrétiens insensés ! dans un autre univers
On court à l'infidele arracher des déserts,
Et des beaux champs d'Europe on leur laisse l'empire !

ACTE III, SCENE IV.

Armons-nous, réparons un si honteux délire :
Que pour ce grand objet quatre rois se liguans,
Aux sables de Ceuta rejettent ces brigands.
   (*A dom Henri.*)
Prenez un sceptre offert par la patrie entiere,
Et détrônez le Maure et non pas votre frere :
Sous vous, avec Guesclin, je marche le premier :
Nous sommes deux soldats, et lui seul est guerrier.
Confions sagement à l'œil de sa prudence
Les armes d'Angleterre et d'Espagne et de France :
Pedre, dans ce projet, nous secondera tous :
Charle en fut l'inventeur, mon pere en est jaloux ;
Même il m'a dit vingt fois : « Malgré nos longues haines,
« Quand l'honneur parlera, Guesclin n'a plus de chaînes. »
Ainsi le sceptre heureux que je viens vous livrer,
Rompt les fers de l'ami qui va vous l'assurer.
Je ne vous parle point d'un prix plus doux encore,
Le Roi peut vous céder la beauté qu'il adore :
Vous allez satisfaire, honorer en ce jour
La vertu, l'amitié, la patrie et l'amour.
Prononcez.
DOM HENRI.
            Je venois à vous, comme à mon frere,
Proposer ce projet sur un plan tout contraire :
Votre offre plus brillante a droit de m'émouvoir ;
Mais me justifier est mon premier devoir.
Me punisse le ciel si, par quelques intrigues,
Tramant contre mon roi d'ambitieuses ligues,
Et si, lui dérobant les cœurs de ses sujets,
J'osai jusqu'à son trône élever mes projets.

Mais quand ses bras cruels, excités par Padille,
Eurent pendant deux ans dévasté la Castille,
Un peuple d'orphelins, levant les yeux vers moi,
Crut que les pleurs d'un frere attendrissoient un roi,
Et que jusqu'à son cœur une main plus chérie
Feroit couler enfin les pleurs de la patrie.
Pour la premiere fois troublant son calme affreux,
J'apporte à ses genoux des larmes et des vœux :
Savez-vous sa réponse? Un poignard, qu'on arrête,
Et que deux fois encore il leve sur ma tête :
Padille le désarme. Et moi, toujours soumis,
J'allai pleurer ailleurs mon frere et mon pays.
Sa fureur me poursuit sur tout ce que j'adore ;
En s'abreuvant de sang il s'en altere encore ;
Et sans vous retracer mes amis, mes parens,
Mes cinq freres, hélas! sous son glaive expirans,
Songez que ses bourreaux ont massacré ma mere ;
Et voilà tous ses droits pour détester son frere.

DOM PEDRE.
Ta mere, à ta naissance, a mérité la mort.

DOM HENRI.
Vous l'entendez, seigneur ; a-t-il quelque remord?
Ce fut donc pour sauver les derniers de ma race,
Que j'acceptai ce trône où l'on m'offroit sa place.
Si vos vaillantes mains surent l'y rétablir,
De vos plus grands exploits il vous force à gémir.
L'Espagne, retournant sous l'empire des crimes,
N'est qu'un vaste bûcher tout couvert de victimes :
Pour la sauver encore on n'appelle que moi ;
Sans or et sans soldats, j'arrive, et je suis roi.

ACTE III, SCENE IV.

Ainsi ses cruautés me donnent ses provinces ;
L'amour, le choix du peuple a fait les premiers princes :
Quels titres sont plus purs, plus justes, plus flatteurs ?
Le sceptre est un présent que m'ont fait tous les cœurs.

DOM PEDRE.

Mon peuple est-il mon juge ? Amour, rigueur, vengeance,
Oubli de mes devoirs, abus de ma puissance,
J'en dois compte à moi seul. Vous, nés pour obéir,
Au lieu de me combattre il falloit me fléchir ;
Mais de mes passions vous irritiez la flamme.
J'ai vu mes vils sujets attenter sur mon ame,
En superbes tyrans disposer de ma foi.
Je repoussai Bourbon qu'ils m'offroient malgré moi :
Ils proscrivoient Padille, elle m'en fut plus chere ;
Et je la défendis contre ma propre mere.
Enfin si je versai votre sang criminel,
Je fus juste, sévere, et ne fus point cruel.
Rends-moi mon trône, ou crains que plus sévere encore...

DOM HENRI.

Du trône de Grenade on veut priver le Maure ;
Et je venois t'offrir mon armée et mon bras
Pour te couronner roi sur leurs riches états.
Rends ces peuples heureux : la Castille peut-être,
Te voyant mieux régner, regrettera son maître.
Quittant son sceptre alors, Henri te le rendroit,
Et l'empire du Maure en ma main reviendroit.
 (*Voyant l'air furieux de dom Pedre.*)
Mais non : puisqu'Edouard m'offre avec cet empire,
Une épouse, un ami, premiers biens où j'aspire,
Je suis prêt d'accepter...

DU GUESCLIN.

Qu'allez-vous faire, ô ciel !
Mettre ce peuple encor sous le couteau mortel ?
Si pour ma liberté votre cœur sacrifie
Les jours de vos sujets, le sang de la patrie,
En vous déshonorant vous allez m'avilir :
Et je fuirois un roi qui m'auroit fait rougir.
Pour Blanche, c'est Valois dont elle doit dépendre ;
Son choix vous l'a donnée, et l'on veut vous la vendre;
Quel droit son meurtrier prétend-il aujourd'hui ?
Il ordonna sa mort, elle est morte pour lui.

DOM PEDRE.

Quoi ! tu veux dans sa haine affermir ce rebelle ?
Il renonçoit au crime, et ta voix l'y rappelle !
Traître, tu fus toujours aux conseils, aux combats,
Ou l'auteur, ou l'appui de tous ses attentats.

DU GUESCLIN.

J'ai rempli des devoirs que vous avez fait naître.
Vous fûtes l'assassin de la sœur de mon maître;
Chargé de vous punir, je vous ai détrôné :
Je respecte ce front puisqu'il fut couronné;
Mais je sers un monarque avoué par la France,
Un peuple dont mon roi m'a commis la défense.
De ce peuple expirant le reste ensanglanté
Ne veut plus de vos lois subir la cruauté :
Je le déclare au nom de la Castille entiere,
Qui de ses droits ici me rend dépositaire.
Au seul trône du Maure aspirez désormais;
Dom Henri veut en vain vous donner ses sujets.
Voici leurs propres mots : « S'il cede ou perd l'empire,

ACTE III, SCENE IV.

« Un autre y va monter, et nous allons l'élire.
« Dom Pedre nous a fait rentrer dans tous nos droits.
« Est-ce pour l'égorger que le peuple a des rois?
« Quand on s'est séparé de la nature humaine,
« Que pour elle d'un tigre on imite la haine,
« Comment des nations réclame-t-on la foi?
« Abjurant le nom d'homme, on perd le nom de roi. »
  DOM PEDRE, *voulant mettre l'épée à la main.*
C'en est trop, et ton sang...
    ÉDOUARD, *l'arrêtant.*
      Qu'osez-vous entreprendre?
 DOM HENRI, *s'élançant au-devant de du Guesclin.*
C'est mon sang le premier qu'il faut ici répandre.
   ÉDOUARD, *à dom Pedre.*
Un guerrier désarmé, mon captif, mon ami!
    DOM PEDRE.
Lui! qui des droits du trône éternel ennemi,
Vient d'avancer contre eux une horrible maxime,
Redoutable à son maître, à tout roi légitime?
    DU GUESCLIN.
Vous outragez mon roi. Sur le sort des tyrans
Il peut jeter en paix des yeux indifférens :
De leur chute effroyable il ne craint pas l'exemple :
Son cœur se rend justice alors qu'il se contemple;
Il sait en nous aimant pourquoi nous l'adorons :
Les Titus craignent-ils le destin des Nérons?
  ÉDOUARD, *arrêtant encore dom Pedre.*
Guesclin, vous oubliez la majesté suprême...

DU GUESCLIN.

Voulant m'assassiner, il l'oublioit lui-même.
(*Montrant dom Henri.*)
D'ailleurs il n'est ici qu'un roi pour un François.

DOM PEDRE, *à du Guesclin.*
(*A dom Henri.*)
Tremble... Et toi, sors.

DOM HENRI.

Eh bien! plus d'accord, plus de paix;
Moi! j'allois te livrer un peuple qui m'adore!
Ah! je serois moins lâche en le livrant au Maure.
(*A Edouard.*)
Adieu, prince : osez-vous être encor le vengeur
D'un barbare?...

ÉDOUARD.

Oui, je l'ose : oui, ma foi, mon honneur,
Mon pere, ont garanti son sacré diadême :
Je vous en offre un autre; il cede ce qu'il aime...

DOM PEDRE.

Moi?

ÉDOUARD.

(*A dom Henri.*)
Tout, hors votre sceptre... Et vous, vous acceptez.
Le peuple seul ici s'oppose à nos traités :
Voyons s'il soutiendra les maîtres qu'il se donne
Mieux que je ne soutiens ceux que le ciel couronne :
Marchons à la bataille.

DOM HENRI.

Il est d'autres moyens,
En épargnant, seigneur, le sang des citoyens,

ACTE III, SCENE IV.

De finir noblement cette grande querelle...

DOM PEDRE.

Oui, viens au champ d'honneur; ton roi même t'appelle:
Le plaisir de t'y voir expirer de ma main
Fait renoncer ma rage à tout autre dessein.

DOM HENRI.

Bourreau de tous les miens, meurtrier de ma mere,
Je pourrois t'immoler sans immoler mon frere;
Mais je serois un monstre aussi cruel que toi,
Si j'osois dans ton sang me baigner sans effroi.
Tu ne m'as point compris. Pour éviter un crime,
Suivons des chevaliers l'usage magnanime :
Deux amis avec nous tenteront ce hasard,
Viens combattre Guesclin, je combats Edouard.

DU GUESCLIN.

O projet d'un héros, d'une ame grande et pure,
Qui sert l'humanité, la gloire et la nature!

DOM PEDRE, *à Edouard.*

Allons, prince.

ÉDOUARD, *fièrement.*

Arrêtez. Je ne suis pas suspect
(*A du Guesclin.*) (*A dom Henri.*)
D'éviter un combat, de fuir à votre aspect...
(*A tous.*)
Imitez d'un Anglois le courage tranquille,
Voyez de ce cartel l'imprudence inutile.
(*Aux deux freres.*)
Si le sort pour vainqueurs choisit Guesclin et moi,
En vous perdant tous deux, la Castille est sans roi :
Mais si vos deux amis tombent dans la carriere,

Le frere y reste alors seul rival de son frere :
Et vous voilà, seigneurs, tout près de revenir
Au parricide affreux qu'on cherche à prévenir.
Non ; il est juste ici que le peuple s'expose :
Armé contre les rois, qu'il défende sa cause ;
Qu'un combat général le force au repentir :
Peut-être de Najarre il va se souvenir.

DOM HENRI.

J'y reçus des leçons que je brûle de rendre ;
Et qui perd des lauriers s'instruit à les reprendre.
Je me croirois certain de vaincre mon vainqueur,
  (*Montrant du Guesclin.*)
Si j'avois ce héros, qu'il craint au fond du cœur.

ÉDOUARD.

J'admire ce héros, je ne sais pas le craindre.

DOM HENRI.

Dans des fers éternels pourriez-vous le contraindre,
Si votre pere et vous...

ÉDOUARD.

  Soyez libre, Guesclin.

DU GUESCLIN.

Voilà mon vrai rival.

DOM HENRI, *avec transport.*

   Je regne donc enfin.
  (*Il embrasse du Guesclin.*)

DOM PEDRE, *à Edouard.*

Votre pere...

ÉDOUARD.

  Eût rougi d'un soupçon téméraire :
Quand j'agis pour l'honneur, j'ai l'aveu de mon pere.

ACTE III, SCENE IV.

DU GUESCLIN, *à Edouard, en lui prenant*
la main.

Ah, cher prince ! où trouver jamais d'aussi grands cœurs ?
ÉDOUARD.
Chez vos François, Guesclin, quand ils sont nos vainqueurs.
DOM HENRI.
Je vais vous envoyer sa rançon toute prête.
ÉDOUARD.
Eh ! quel prix ? En a-t-il ?
DOM PEDRE, *à Edouard.*
J'ai des droits sur sa tête,
Il fut pris dans mon camp... Mais vos vœux sont les miens ;
Qu'il parte, et finissons ces fâcheux entretiens.
(*Il appelle.*)
Alvar !
DOM HENRI, *à Edouard.*
Prince, à Guesclin que Bourbon soit remise.
DOM PEDRE.
Penses-tu qu'Edouard manque à la foi promise ?
Je te tiens dans mon camp, j'y manquerois pour toi.
ÉDOUARD, *à dom Henri.*
J'attends l'ordre de Charle, et ce sera ma loi.
DOM PEDRE, *à Alvar, qui est entré avec des*
gardes.
Conduisez-les tous deux... vous m'entendez peut-être :
Guesclin dans son armée accompagne ce traître.
(*A Edouard, en lui prenant la main pour l'em-*
mener.)
Allons ranger la mienne, et volons aux combats.

(*A son frere.*)
Monarque d'un moment, la mort suivra tes pas.
　　　　DU GUESCLIN, *vivement à Edouard.*
Et de ma liberté c'est le premier usage
D'aller contre vous-même exercer mon courage?
Non; je vais du combat différer le hasard,
Pedre ne peut long-temps être ami d'Edouard.
　　　　　　DOM PEDRE.
Pedre pourra bientôt punir tant d'insolence.
　　(*Bas, à Alvar.*)
Va, j'emmene Edouard; va remplir ma vengeance.
(*Il sort avec Edouard : dom Henri et du Guesclin
　　sortent avec dom Alvar et l'escorte.*)

FIN DU TROISIEME ACTE.

ACTE IV.

Le théâtre représente une tente riche et vaste, qui est celle de dom Pedre. Elle a deux issues; l'une laisse voir la tour de Montiel, dont elle est très voisine; et l'autre, le reste du camp.

SCENE PREMIERE.

DOM PEDRE, DOM FERNAND.

DOM FERNAND.

Quoi! vous avez trouvé d'assez lâches mortels,
Pour se vendre sans honte à vos desirs cruels?
O trop fidele cour du monstre de Navarre!
Contre la foi publique arrêter Transtamare!
Pour un tel attentat si vous m'aviez choisi,
Aux dépens de mes jours j'aurois désobéi.
Tandis que maîtrisant le destin des batailles,
Edouard, de Tolede, assure les murailles,
Que l'aspect d'un héros ardent à vous servir
Y retient tous les cœurs déja prêts à vous fuir,
Vous lui faites ici la plus sanglante injure;
Vous manquez à sa foi, vous le rendez parjure;

Et de mépris sans nombre osant flétrir son nom,
Vous enlevez sa garde et ravissez Bourbon!
Ah! quand il va savoir ce comble de l'outrage...

DOM PEDRE.

Lui-même est observé. J'enchaînerai sa rage :
Il pense à tous ses vœux m'asservir d'un coup d'œil;
Mon orgueil est jaloux d'insulter son orgueil.
Le malheur m'imposa l'affront de me contraindre;
Mais le péril passé, j'abjure l'art de feindre.

DOM FERNAND.

Dieu juste! Et votre frere?... Ah! peut-être il n'est plus.

DOM PEDRE, *avec rage.*

Il vit : grace à Guesclin, mes coups sont suspendus.
Guesclin m'est échappé. Ce mortel redoutable,
Déployant de son bras la force inconcevable,
A percé l'escadron qui l'avoit entouré,
Et seul au camp rebelle a soudain pénétré :
Voilà, pour un moment, le seul frein qui m'arrête;
Si de l'usurpateur je fais tomber la tête,
Les grands de la Castille, animés par Guesclin,
Menacent de nommer un autre souverain;
Mais dom Henri vivant excite leurs alarmes;
Pour racheter ses jours il faut quitter les armes :
J'exige sans délai, pour prix de son pardon,
Leur pleine obéissance et la main de Bourbon.
Gardes, amenez-moi Transtamare et la reine.
Je l'ai revue encore, et je conçois à peine
L'amour qu'en tous mes sens allument ses attraits:
Il croît par ses mépris. Non, Padille et Pérès
N'avoient jamais porté dans le fond de mon ame

ACTE IV, SCENE I.

Ce feu tumultueux qui m'enivre et m'enflamme.
Je sens à mes transports que mon frere est heureux.
Eh bien ! que leur amour me serve ici contre eux :
Qu'elle passe en mes bras pour sauver ce qu'elle aime,
Ou que, tremblant pour elle, il la cede lui-même.
(*Il fait signe à dom Fernand de se retirer.*)

SCENE II.

DOM PEDRE ; DOM HENRI, *enchaîné*, BLANCHE, *enchaînée*, GARDES.

DOM HENRI, *entrant avant Blanche.*
J'attendois qu'un bourreau vînt finir mon destin :
Mais tes freres sont nés pour mourir de ta main.
Frappe... Ah, Dieu ! la princesse aux fers abandonnée !
BLANCHE, *apercevant dom Henri.*
C'est vous ! je me croyois la seule infortunée.
Et l'auguste Edouard vengeur des trahisons...
DOM HENRI.
Est la victime, hélas ! du glaive ou des poisons :
(*A dom Pedre.*)
De ceux qui t'ont servi c'est toujours le salaire.
DOM PEDRE.
Ton sang auroit payé ce discours téméraire,
Si d'autres sentimens, qui domptent ma fureur,
Pour la premiere fois ne parloient à mon cœur.
Ce changement, madame, est votre heureux ouvrage;
A lui laisser le jour je souscris et m'engage,
Pourvu que vous veniez en face des autels

Renouer à l'instant nos liens solennels.
C'est à moi que jadis Valois vous a donnée;
Depuis à Transtamare il vous a destinée,
Quand mes engagemens ne pouvoient se remplir.
Mais, lorsqu'enfin je puis et veux les accomplir,
Maître de sa promesse en observant la mienne,
Il n'est prétexte, excuse, ou loi qui nous retienne.
Vous pouvez, apportant la paix à l'univers,
Unir par un seul nœud mille intérêts divers :
L'Espagne, à votre nom, sent expirer sa haine,
Et revient à son roi par amour pour sa reine;
La France satisfaite appuiera ma grandeur;
J'aurai Valois pour frere, et Guesclin pour vengeur.
Je ne vous cache point quel est l'amour extrême
Qui m'asservit à vous et m'arrache à moi-même :
Jugez de son pouvoir sur mon cœur étonné;
Oui, ce qu'on n'a point vu depuis que je suis né,
Je commande à ma haine et suspends ma vengeance,
J'écoute et je conçois des projets de clémence.
Me les faire achever est un devoir bien doux,
Un honneur que le ciel ne réservoit qu'à vous :
Je n'épargnai jamais une tête rebelle ;
Je pardonne, pour vous, à la plus criminelle ;
Et j'offre un sûr garant à vous, à mes sujets,
Du bien que je ferai, dans le bien que je fais.
(*A dom Henri.*)
Osez répondre. Et toi, si tu prétends à vivre,
Le premier, vers l'autel, presse-la de me suivre.
DOM HENRI, *à Blanche.*
Ainsi, depuis cinq ans, par un art trop connu,

Marchant de crime en crime il promet la vertu !
Sachez qu'un autre hymen, Padille encor vivante,
Engageoit à Pérès la main qu'il vous présente,
A Pérès qu'il ravit des bras de son époux.
Il me promet le jour, s'il s'unit avec vous :
Eh bien ! de cet hymen que la pompe s'apprête,
C'est par mon échafaud que finira la fête.
DOM PEDRE.
Quoi, traître !...
DOM HENRI, *à Blanche, très rapidement.*
Ignorez-vous comme il sait pardonner ?
Le jour que dans Tolede il vint m'assassiner,
Tout un peuple tomboit sous sa main sanguinaire.
Un fils lui demanda de mourir pour son pere :
Pedre accepte l'échange, et se croit généreux :
Il s'en repent soudain et les frappe tous deux.
Pressez-vous maintenant de mériter ma grace !
DOM PEDRE, *furieux.*
Les plus affreux tourmens pour prix de tant d'audace...
Qu'on l'entraîne...
BLANCHE.
Arrêtez. Que dois-je faire, hélas !
Souscrire à mon opprobre !... ordonner son trépas !
(*A dom Henri.*)
Cruel ! je l'ai prédit : nos maux sont votre ouvrage.
DOM PEDRE, *à Blanche.*
Vous l'aimez, je le vois : vous redoublez ma rage.
Il faut.... Tremblez enfin de mon jaloux transport,
Ou me suivre à l'autel, ou le suivre à la mort.

BLANCHE.

Ah! tyran, ta menace a dissipé ma crainte.
Oui, je l'aime : en mourant je le dis sans contrainte :
Et dans tout ton pays, grace à ta cruauté,
Mon cœur seroit le seul qu'il ne t'eût point ôté.
Je vois que ta noirceur s'est juré son supplice,
Que ton horrible hymen m'en rendoit la complice :
Va, ne l'espere point : va, je saurai mourir;
J'ai fait plus jusqu'ici, j'ai su vivre et souffrir.
Oui, de ma fermeté je te dois l'avantage;
L'habitude des maux a doublé mon courage.
Peut-être ses beaux jours que je voudrois sauver
M'auroient fait consentir... Je rougis d'achever.
Grand roi, qui, des Bourbons le pere et le modele,
As reçu dans les cieux la couronne immortelle,
Livreras-tu ton sang, si pur, si généreux,
A l'esclave du Maure, à l'ami des Hébreux?
Mon cœur seroit-il fait pour l'amant de Padille?
  (*Montrant dom Henri.*)
Voilà le seul époux qui mérite ta fille;
C'est un hymen de sang qu'on prépare à nos vœux;
Des bourreaux entre nous formeront ces saints nœuds.
Mais, adoptés pour fils par ta voix paternelle,
Ta main va nous lier d'une chaîne éternelle;
Nos ames, sous les coups de ce vil assassin,
Vont s'élancer vers toi pour s'unir dans ton sein.

DOM PEDRE, *après avoir pendant les derniers*
    vers parlé bas à dom Alvar.

Otez-la de mes yeux : allez; qu'on les sépare :
Qu'on l'enferme où j'ai dit. Laissez-moi Transtamare:

ACTE IV, SCENE II.

(*A Blanche.*)
Tu ne le verras plus que mort et déchiré.
(*A d'autres gardes.*)
Et vous, que l'échafaud soit soudain préparé.

BLANCHE, *se retournant vers Henri.*
Adieu : depuis cinq ans, prince, j'ai cessé d'être ;
D'aujourd'hui seulement mon cœur croyoit renaître ;
J'ai pu vous le donner, vous nommer mon époux ;
Je n'ai vécu qu'un jour, et l'ai vécu pour vous.
(*On l'emmene.*)

DOM HENRI, *à son frere.*
Ah ! respecte son sang : tremble, Guesclin respire.
Mais du sort d'Edouard ne veux-tu pas m'instruire ?

DOM PEDRE, *à ses Gardes.*
Que ces chefs navarrois sont lents à revenir !
Voyez si dans Tolede ils n'ont pu le saisir.

SCENE III.

DOM PEDRE, DOM HENRI, ÉDOUARD, GARDES.

ÉDOUARD.
(*A Dom Pedre.*) (*A dom Henri.*)
Non, je suis libre encor. Vous allez bientôt l'être.
(*A dom Pedre.*)
Un des miens dans ce trouble ayant su disparoître,
A volé jusqu'à moi, m'a dit qu'au même temps
Qu'on échangeoit le prince à l'aspect des deux camps,
Vos escadrons, sortis de ces épais ombrages,

Ont fondu sur l'escorte et ravi les otages.
Vous violez ma foi ; j'en demande raison ;
Renvoyez Transtamare, et rendez-moi Bourbon
A l'instant.

DOM PEDRE.

De quel droit viens-tu dans leurs provinces
Dicter arrogamment tes volontés aux princes ?
Du rang de roi des rois qui t'a donc revêtu ?
Tu défends un coupable, et c'est là ta vertu !
Pour ta foi, ce rebelle, en trahissant la sienne,
Envers lui sans retour a dégagé la mienne.
Quand tu viens de lui rendre, au mépris de mes droits,
Ce dangereux Guesclin qui m'a perdu deux fois,
Comment esperes-tu que ma folle imprudence
Te laisse encor Bourbon pour la rendre à la France ?
Je t'arrêtois... par grace ; et voulois prévenir
L'affront que tu me fais et qu'il faudra punir.

ÉDOUARD.

L'étonnement, l'horreur suspendent ma furie.
Il est donc des mortels fiers de leur infamie !
Tu m'oses demander quel droit m'amene ici ?
Je suis fils d'un monarque ; et je vins, comme ami,
Pour t'offrir un secours dont je te croyois digne.
Tu nous fais à tous deux l'affront le plus insigne :
La vengeance est son droit, le mien ; et je m'en sers ;
Je puis combattre un roi, j'en ai mis dans mes fers.
Mais aux droits de mon pere, à ceux de ma naissance,
J'unis cent titres saints sur ta reconnoissance :
Tu ne regnes, ne vis, n'existes que par moi.
Songe au temps où tu vins plein de honte et d'effroi,

ACTE IV, SCENE III.

Chargé de l'or d'Espagne et des mépris du monde,
N'ayant dans l'univers d'autre asyle que l'onde,
Mendiant sur nos bords l'humble toit d'un pêcheur,
Et par-tout repoussé par la haine et l'horreur :
Tu pleuras à mes pieds. Ton malheur sans courage
D'un bonheur insolent devoit m'être le gage.

DOM PEDRE, *avec fureur.*

O ciel! de tant d'opprobre on ose me couvrir !
Tu crois qu'impunément tu m'auras fait rougir ?

ÉDOUARD.

Et toi, tyran, tu crois que je vais, sans murmures,
Voir compter mes sermens au rang de tes parjures?
Que ton frere, à ma foi se livrant en héros,
Va passer de mes mains aux mains de tes bourreaux ?
(Prenant dom Henri par la main.)
Ah! fût-il attaqué par ton armée entiere,
Il ne peut avant moi perdre ici la lumiere.

DOM PEDRE.

A tes yeux, à l'instant, sa tête va tomber.
(Il fait signe aux soldats d'avancer.)

ÉDOUARD, *mettant la main sur son épée.*

Viens. Sous le nombre enfin s'il nous faut succomber,
Qui meurt ainsi que nous éternise son être,
Et qui vit comme toi fut indigne de naître.
(Dom Pedre tire l'épée.)

SCENE IV.

DOM PEDRE, DOM HENRI, ÉDOUARD, DOM FERNAND, GARDES.

DOM FERNAND, *à dom Pedre.*
Vers Tolede, Seigneur, Guesclin force le camp,
Si vous ne paroissez, tout cede à ce torrent.
ÉDOUARD.
Ah ! je le reconnois.
DOM HENRI.
Crains son bras invincible.
DOM PEDRE.
Entouré d'ennemis... je marche au plus terrible.
(*A ses soldats, en montrant les deux princes.*)
Je reviens; qu'on les garde.
(*Il sort avec dom Fernand, les soldats restent.*)

SCENE V.

DOM HENRI, ÉDOUARD, GARDES.

DOM HENRI.
Il peut vous massacrer
Avant que jusqu'à nous on puisse pénétrer.
Tout son camp vous respecte : évitez sa colere;
Sauvez vos jours, l'espoir d'une épouse et d'un pere.
Ne pouvant être ici mon heureux défenseur,
Courez armer l'Anglois, et soyez mon vengeur.

####### ÉDOUARD.

Moi, prince ? et de quel œil me verroit l'Angleterre ?
J'ai hasardé vos jours, j'en réponds à la terre :
Lorsque par imprudence on fait des malheureux,
On ne les venge pas, on périt avec eux.

####### DOM HENRI.

Allez donc vers Bourbon : sachez où l'a conduite
L'ordre affreux du tyran......Eh quoi! tout prend la fuite!

SCENE VI.

DOM HENRI, ÉDOUARD ; DU GUESCLIN,
suivi de quelques ESPAGNOLS.

ÉDOUARD, *apercèvant du Guesclin, qui entre par l'autre issue, et lui présentant vivement dom Henri.*

Guesclin! je te le rends; tu me sauves l'honneur.

####### DU GUESCLIN.

Et de ma liberté je m'acquitte, seigneur.
    (*A dom Henri.*)
Loin de nous votre camp donne une alarme vaine ;
J'ai formé presque seul cette attaque soudaine :
J'observois tout, j'ai vu qu'on vous traînoit ici.
Partons, ou dans l'instant vous êtes investi.
    (*Il le prend par la main, et veut l'emmener.*)

####### DOM HENRI.

Courons chercher Bourbon.

####### ÉDOUARD.

                Fiez-vous à mon zele.

DU GUESCLIN, *entraînant dom Henri.*
C'est le prix du vainqueur, c'est le soin qui m'appelle.
DOM HENRI, *à Edouard.*
Suivez-nous, prince.
ÉDOUARD.
Non. Il me reste un devoir.

SCENE VII.

ÉDOUARD.

Bourbon ! dans quel péril !... j'aurois dû le prévoir ;
Quand le juste aux méchans tend ses mains secourables,
Ils se servent de lui pour perdre ses semblables.
Cherchons dans tout ce camp ; et, pour la découvrir...
Mais je crois voir dom Pedre et le Maure accourir.

SCENE VIII.

DOM PEDRE, ALTAIRE, ÉDOUARD, TROUPES DE MAURES ET DE NAVARROIS, *tous l'épée à la main, excepté Edouard.*

DOM PEDRE, *cherchant des yeux dom Henri.*
Henri m'est enlevé ! ciel ! ô vengeance ! ô rage !
(*A Edouard.*)
Tu répondras pour tous : sa fuite est ton ouvrage :
Qu'on le charge de fers.
(*Edouard met l'épée à la main.*)
ALTAIRE, *aux soldats.*
Non, soldats... Brave Anglois,

ACTE IV, SCENE VIII.

Tant que je suis présent, ne crains pas de forfaits.
  (*A dom Pedre.*)
Barbare, à quelle horreur ton courroux s'abandonne !
Enchaîner ce héros ! tu lui dois ta couronne.
Sur ton front à mon tour si je puis l'affermir,
Voilà donc tout le prix que je dois recueillir !
  (*A Edouard.*) (*A dom Pedre.*)
Tu peux te retirer... Rends-lui sa foible escorte.

DOM PEDRE, *à un Officier navarrois.*

Oui, va; mais de mon camp qu'il s'éloigne, qu'il sorte.

ÉDOUARD.

Ne crois pas...

ALTAIRE, *à Edouard.*
  Sa fureur sert mon orgueil secret :
J'allois à tes côtés combattre avec regret :
Adieu ; si nos exploits méritent la victoire,
Ton nom ne viendra pas nous en ravir la gloire.
  (*Edouard veut lui répondre, il le prévient.*)
Ecoute. Il nous a dit tes desseins contre nous :
Ma générosité n'éteint pas mon courroux.
A ta ligue chrétienne au moins je viens d'apprendre
Qu'on peut vaincre ses chefs quand on sait les défendre.

ÉDOUARD, *à Altaire, après avoir remis
son épée.*

Reçois mon amitié : cet hommage t'est dû :
Que Dieu juge le culte, et l'homme la vertu.
  (*Lui prenant la main.*)
Mais quoi ! payer la tienne en l'exerçant encore,
Seroit-ce te flatter ?

ALTAIRE.
C'est bien connoître un Maure :
Qu'exiges-tu?
ÉDOUARD.
Bourbon.
ALTAIRE.
Comment! ne sais-tu pas
Que des chefs ennemis observant tous ses pas,
Quand déja vers Tolede Alvar l'avoit conduite,
Viennent de la ravir dans l'alarme subite...
ÉDOUARD, *avec éclat.*
Grand Dieu!... Je pars content, et quitte envers l'honneur
(*A Altaire.*)
Je saurai l'être un jour envers mon défenseur.
(*A dom Pedre.*)
Pour toi, tes ennemis vengeront mon outrage :
Mon bras ne daigne point abattre son ouvrage :
Retombe dans l'état dont je t'ai fait sortir,
Je l'apprendrai sans gloire et même sans plaisir.
(*Il sort avec l'Officier navarrois.*)

SCENE IX.

DOM PEDRE, ALTAIRE, GARDES.

ALTAIRE.
Viens, et lave ta honte au milieu des alarmes;
Tu ne connois d'honneur que la gloire des armes,
Viens vaincre à notre tête; et si dans l'avenir
Tu trahis nos bienfaits, nous saurons t'en punir :

ACTE IV, SCENE IX.

Après t'avoir vengé, je vengerai mon pere.
Mais si dans ce grand jour le sort nous est contraire,
J'ai juré de ne point survivre à ton malheur :
Et la foi des sermens est mon premier honneur.

(*Il sort avec les Maures.*)

DOM PEDRE, *qui les a écoutés avec une joie secrete.*
Je brave leur menace et leur fiere imprudence :
Ils ne m'ont pas du moins dérobé ma vengeance :
Et grace à ce faux bruit par mes soins répandu,
J'ai trompé de tous deux la crédule vertu :
Blanche est en mon pouvoir ; en vain le ciel m'opprime ;
Vainqueur, je tiens ma proie ; et vaincu, ma victime.

FIN DU QUATRIEME ACTE.

ACTE V.

Le théâtre représente la même chambre que dans le premier acte.

SCENE PREMIERE.

DOM PEDRE.

(*Il entre par la porte du fond : il est dans le plus grand désordre, tête nue, sans cuirasse ; il marche d'un air sombre, tenant d'une main une coupe, de l'autre un poignard ; il pose la coupe sur la table, met le poignard à son côté, et va s'asseoir à l'autre bout du théâtre.*)

Ciel ! tu vois ta justice... ou ta haine assouvie :
Je m'apprête une fin bien digne de ma vie.
Je fus donc en tout temps accablé par Guesclin ;
Il a pris et blessé ce terrible Africain.
Plus de camp, plus d'armée; il a su tout détruire :
Ce fort, cette prison, voilà tout mon empire.
 (*Il se leve.*)
J'y suis maître de moi, de Bourbon et du sort :

ACTE V, SCENE I.

Je vois entre mes mains ma vengeance et ma mort.
Ce cruel avantage est le seul qui me reste;
Lui seul m'a fait survivre à ce combat funeste.
Poison, glaive, instrumens de mes crimes passés,
Vous servez les tyrans, et vous les punissez...
O cœur nourri de sang, que la rage dévore,
A ton horrible soif le tien manquoit encore :
Il va l'éteindre enfin... Mais à mon fier rival
Le dernier de mes jours sera le plus fatal;
Oui, son amante et moi nous périrons ensemble;
Que la haine, l'amour et la mort nous rassemble.
(*Il marche vers la petite porte, et s'arrête en voyant entrer dom Fernand.*)

SCÈNE II.

DOM PEDRE, DOM FERNAND.

DOM PEDRE.

Eh! que viens-tu chercher? Va trouver le vainqueur :
Va : tu me fus fidele, il te doit sa faveur.
(*Il s'assied.*)

DOM FERNAND.

O mon roi! vous savez, quand le sort vous accable,
Que vous m'êtes cent fois plus cher, plus respectable :
Ce cœur vrai, qui souvent combat vos volontés,
S'enchaîne à vos malheurs, fussent-ils mérités.
Je vous fis ce serment lorsque je vous vis naître.
Exemple de constance et d'amour pour mon maître,
Je veux, du fer mortel à vos pieds abattu,

Voir le vainqueur lui-même envier ma vertu.
Sur votre auguste main laissez couler mes larmes :
Celles d'un cœur fidele ont toujours quelques charmes.

DOM PEDRE.

Comment ! il est un cœur que j'ai pu conserver ?
J'en avois tant, hélas ! dont j'ai su me priver :
Ils voloient au-devant de ma débile enfance;
Vingt ans je m'en suis vu l'amour et l'espérance;
J'aurois pu, répondant à leurs tendres souhaits,
Compter autant d'amis que j'avois de sujets.
Malheureux, j'étois né pour le bonheur suprême :
On m'offroit sur le trône un digne objet que j'aime;
Je l'avois dans mes bras, et l'en ai rejeté !

(*Il se leve.*)

Ah! dans cet univers, où je suis détesté,
Nul mortel ne me hait autant que je m'abhorre.

DOM FERNAND.

Seigneur, c'est Bourbon même en qui j'espere encore:
Dans le camp de Henri je vais, je cours la voir,
Souffrez...

DOM PEDRE.

(*A part.*)

Non. Cachons-lui qu'elle est en mon pouvoir.

DOM FERNAND.

Eh bien ! aux assaillans Montiel inaccessible,
Est de tous vos états le fort le plus terrible :
La garde en est nombreuse ; et je pourrois, seigneur,
Y retenir long-temps et tromper le vainqueur.
Vous, fuyez avec art : sous cette roche antique,
Gagnez les bords du Tage et voguez vers l'Afrique.

ACTE V, SCENE II.

DOM PEDRE.

Moi, chez des rois heureux porter encor mes pas ?
Montrer de cours en cours le plus grand des ingrats !
Quel monarque insensé défendroit ce barbare,
Ce Pedre, qui trahit le vainqueur de Najarre ?
Plus d'espoir, plus d'amis que je puisse attendrir :
Il faut être Fernand pour me pouvoir souffrir.
Ma rage à chaque instant s'enflamme et s'envenime ;
Je déteste à la fois et respire le crime :
Mourons, mourons enfin, c'est l'honneur des vaincus ;
Mais mourons dans le sang, ainsi que j'y vécus.
Laisse-moi seul. Va ; crains un furieux qui t'aime,
Qui ne se connoît plus, qui tremble pour toi-même.
Ciel ! que vois-je ? Edouard !

SCENE III.

DOM PEDRE, ÉDOUARD, DOM FERNAND.

DOM PEDRE.

                   Venez-vous m'accabler,
Insulter à mes maux, en jouir, les combler ?
Qu'y manquoit-il enfin ? votre seule présence.
    (*Il se rejette sur le fauteuil et sur la table.*)
ÉDOUARD, *avec le plus grand flegme.*
Qui, moi, vous insulter ! Vous êtes sans défense :
Je ne viens voir des maux que pour les soulager :
Si vous étiez vainqueur, je viendrois me venger.
Soutenir mon ouvrage est un orgueil peut-être ;
Mais si ce sentiment dans mon ame a pu naître,

Qu'il y reste caché, je ne veux point l'y voir.
Je me crois amené par un noble devoir :
Tranquille spectateur de ce champ de carnage,
Enfin j'ai vu la guerre avec l'horreur d'un sage ;
Je veillois sur les jours de ce brave Africain,
Près de moi sans rançon renvoyé par Guesclin :
Mais du Roi mon aïeul j'ai craint pour vous l'exemple :
Je sais qu'en criminel l'Espagne vous contemple :
Je veux que mon respect impose à son courroux,
Que l'on soit généreux, et non juste envers vous.
Quand on saura, malgré tous vos droits à ma haine,
Que le seul diadême et la dompte et l'enchaîne,
Vos peuples sentiront qu'aux fers même livré,
Le roi le plus coupable est un objet sacré.
Bien plus : approuvez-vous le zele qui m'anime ?
Henri, Bourbon, Guesclin m'accordent quelque estime ;
Et seul je puis encor ménager un traité
Qui garde au nom de roi toute sa majesté.
La tour où je vous vois protege cette place,
C'est l'autre extrémité que le vainqueur menace,
J'y vole de l'assaut suspendre les apprêts :
Si Henri me refuse une équitable paix,
Je reviens, et défends votre personne auguste,
Comme je le vengeois quand vous étiez injuste :
Il va me voir, pour vous, expirer aujourd'hui,
Tel qu'il m'a vu tantôt près d'expirer pour lui.
Dans un prince outragé ce discours vous étonne :
Mais quand le ciel punit, il veut que je pardonne.

DOM PEDRE.

Je l'ai bien dit, mes maux sont comblés en effet :

ACTE V, SCENE III.

Rien n'accable un ingrat comme un nouveau bienfait.
(*Il se leve.*)
Je ne dégrade point, dans ma honte fatale,
En tombant à vos pieds, la majesté royale :
Je sens trop qu'Edouard ne le souffriroit pas :
Allez, et disposez de moi, de mes Etats.
Qu'exigeroit Henri dans sa fureur jalouse?
Il m'a tout enlevé, mon trône et mon épouse.

DOM FERNAND, *vivement, à dom Pedre.*

Seigneur, près de ce prince, agréez mes secours ;
Bourbon n'oubliera pas que je sauvai ses jours ;
Qu'elle accorde à mon roi tout le prix de mon zele,
Je serai trop payé d'avoir été fidele.

ÉDOUARD, *à dom Pedre, en lui montrant dom Fernand.*

O dom Pedre ! et c'est vous qu'ainsi je vois servir !
Jugez comment on sert les rois qu'on peut chérir.
(*Il sort en embrassant dom Fernand qu'il emmene.*)

SCENE IV.

DOM PEDRE.

Et j'ai pu concentrer cette fureur horrible !
Qu'elle s'exhale enfin par un éclat terrible.
Qu'on m'amene Bourbon... Ta vie est en mes mains.
(*Un Garde, qui est en dehors, arrive par la grande porte, traverse le théâtre, et entre par la petite porte.*)
Femme ingrate, c'est toi qui fis tous mes destins;

Il est juste à mon tour que des tiens je dispose.
Tu fus de mes revers le prétexte ou la cause :
Ton hymen me perdit, et tes seuls intérêts
Ont armé contre moi la France, mes sujets,
Mes amis, mon tuteur, mes freres et ma mere :
Et mon trône aujourd'hui deviendroit ton salaire !
Je t'y verrois monter avec mon destructeur !
Je verrois dans ses mains s'unir tout mon bonheur !
Ce qui fut à moi seul seroit son seul partage !
Moi vivant, tous mes biens seroient son héritage !...
Elle vient. Je frémis en voyant sa beauté.
Voilà le seul forfait qui m'ait encor coûté.
Mes pleurs... des pleurs de sang... tu mourras; je t'abhorre.
Frappons. Ah ! lâche cœur ! je sens que je l'adore.

SCENE V.

DOM PEDRE ; BLANCHE, *enchaînée*, GARDES, *en dehors*.

BLANCHE, *arrivant par la petite porte.*
Le bruit d'un long combat a rempli tous ces lieux:
Le tyran veut me voir : est-il victorieux ?
(*Dom Pedre vient la prendre par le bras en la regardant fixement.*)
Viens-tu m'offrir encor cette main meurtriere,
Me traîner à l'autel dans le sang de ton frere ?
Cruel, quel est son sort ?

DOM PEDRE, *la menant vers la table.*
                    Vainement autrefois

ACTE V, SCENE V.

Du fer et du poison je t'envoyai le choix ;
Pour n'être plus trompé je te l'offre moi-même.
(*Il lui montre la coupe.*)
Meurs, sans savoir le sort du perfide qui t'aime.

BLANCHE, *tremblante.*

Tu m'offres le poison...
(*Elle regarde fixement dom Pedre, et tout à coup
avec un éclat de joie, elle s'écrie :*
Transtamare est vainqueur !

DOM PEDRE.

S'il l'est, tu dois mourir avec plus de douleur.
Prends, ou crains...
(*Il tire son poignard sans le lever.*)

BLANCHE, *prenant la coupe.*

Mort plus lente ! Ah ! devant que j'expire,
Cher prince, à mes regards le ciel peut te conduire.
(*Elle porte la coupe sur ses lèvres.*)

SCENE VI.

DOM PEDRE, BLANCHE, ÉDOUARD, DOM FERNAND.

ÉDOUARD, *courant vers Blanche.*

Bourbon ! vous, dans ces lieux !

BLANCHE, *éperdue, et laissant tomber sa coupe.*

Je me jette en vos bras.

ÉDOUARD.

Que vois-je ? cette coupe...

BLANCHE.

Ah ! c'étoit le trépas.

ÉDOUARD, *à dom Pedre.*

Perfide!...

BLANCHE.

Et dom Henri?...

ÉDOUARD.

Maître de cette place...
Monstre! il va te punir.
(*Il arrache le poignard de dom Pedre, qui tombe accablé dans son fauteuil.*)

BLANCHE.

Je t'accorde ta grace ;
Pour l'obtenir du Roi, je tairai ton forfait.
(*Elle fait signe à dom Fernand, qui ramasse la coupe et la jette plus loin.*)

ÉDOUARD, *à Blanche.*

J'allois traiter pour lui; mais c'en est déja fait.
Guesclin avoit forcé, par un assaut rapide,
Et Tolede, et ce fort, et leur garde intrépide :
Il surpasse toujours ce qu'on attend de lui.

SCENE VII.

DOM PEDRE, BLANCHE, ÉDOUARD, DU GUESCLIN, DOM FERNAND, officiers espagnols.

DU GUESCLIN.

(*A Blanche.*)   (*A Edouard.*)
Vous vivez, je triomphe. O vous, son digne appui!
Vous sauvez la vertu ; c'est la suprême gloire.

ACTE V, SCENE VII.

(*A sa suite.*)
Compagnons, arrêtez l'abus de la victoire.
Les pleurs des citoyens souilleroient nos lauriers.
Je protege le peuple et combats les guerriers.
(*Une partie des officiers se retirent.*)

BLANCHE.

Mais Henri...

DU GUESCLIN.

Loin de moi, dans le fort du carnage...

SCENE VIII.

DOM HENRI, DOM PEDRE, BLANCHE, ÉDOUARD, DU GUESCLIN, DOM FERNAND, OFFICIERS ESPAGNOLS, NOUVELLE SUITE.

DOM HENRI, *à Blanche, qui court vers lui.*
(*A Du Guesclin.*)
Chere épouse ! Et j'obtiens le prix de ton courage.

BLANCHE.

Vous êtes tout sanglant : juste ciel ! je frémis...

DU GUESCLIN.

Sire, dans quel désordre...

DOM HENRI, *sans casque, et avec un bouclier tout en pieces.*
Il sied à ton ami,
Au sortir d'un assaut, en abordant son maître :
Voilà dans quel état ton éleve doit être.
(*A Blanche.*)
Sans lui, j'étois vaincu ; sans lui, vous périssiez.
(*Il donne son bouclier et sa lance à un écuyer.*)

(*Apercevant Edouard.*)
Où donc est le tyran? Vous, qui l'abandonniez...
(*Edouard est près de dom Fernand; tous deux cachent à dom Henri la vue de son frere.*)

ÉDOUARD, *à dom Henri.*

Valois fut mon captif, et dom Pedre est le vôtre;
Juste ou non, leur destin peut être un jour le nôtre (1).
(*Il s'efface, et lui montre dom Pedre.*)
Roi, contemplez un roi.

DOM HENRI.

Quel tableau du malheur!
O triste humanité! tu gémis dans mon cœur.
Nature, je t'entends jeter un cri plus tendre;
De tes larmes mes yeux ont peine à se défendre.
(*A Blanche et à du Guesclin.*)
Croyois-je que son sort me fît verser des pleurs?

DU GUESCLIN.

J'en avois deux garans : vos vertus, vos malheurs.

BLANCHE.

Daigne lui pardonner...

DOM HENRI.

Je n'ai plus de colere;
Le voilà malheureux, je redeviens son frere.
(*A dom Pedre.*)
Quand je ne l'étois plus, je t'avois imité.
Rends-moi ce titre saint que tu m'avois ôté :
Dom Pedre, je suis roi, ne cesse point de l'être;
Va, tu n'es point sujet lorsque ton frere est maître;

---

(1) L'aïeul et le fils d'Edouard furent détrônés.

ACTE V, SCENE VIII.

Le sceptre de Grenade au mien devroit s'unir ;
Eh bien ! je l'en détache, et c'est pour te l'offrir.

DOM PEDRE, *se levant.*

O prodige touchant de l'amour fraternelle !
Il rouvre à la nature un cœur fermé pour elle.
(*Il s'approche, entre Edouard et dom Fernand.*)
Je dois te l'avouer ; la terre à mon orgueil
N'offroit que deux séjours, le trône ou le cercueil ;
Et n'attendant de toi ni pitié, ni clémence,
T'immoler et mourir fut ma seule espérance.
On te laisse ignorer qu'ici, par le poison,
Mon désespoir jaloux te ravissoit Bourbon :
Tes yeux sans Edouard la verroient expirante,
Et c'est un sceptre encor que Henri me présente !
Le prix du plus grand crime est le plus grand bienfait !
Fier dom Pedre, va rendre hommage à ton sujet.
(*En finissant le dernier vers, il passe devant
Fernand et Edouard pour aller à son frere.*)

DOM HENRI, *faisant un pas pour l'embrasser.*

Non, viens dans mes bras.

DOM PEDRE, *arrachant le poignard qui est à la
ceinture de dom Henri, et voulant le frapper.*

Meurs.

ÉDOUARD.

Arrête.

(*Il retient Pedre par le bras gauche, tandis que
Henri tire l'épée et se met en garde ; du Guesclin
tire aussi l'épée pour défendre Blanche.*)

DOM PEDRE, *menaçant Edouard.*

O rage extrême !

Tremble.

(*Edouard recule un pas, met la main sur son épée ;
Dom Pedre se précipite sur son frere.*)

Mourons tous deux.

(*Il s'enferre lui-même avec l'épée de dom Henri.*)

DOM HENRI, *désolé, et retirant son épée.*

Il s'est percé lui-même.

BLANCHE, *regardant dom Pedre.*

Enfin te voilà seul coupable de ta mort !

DOM PEDRE.

Et je n'ai pu tous deux vous unir à mon sort !

(*A dom Henri.*)

Si j'avois vu du moins ton bras plus intrépide,
Ton cœur digne du mien, souillés d'un fratricide,
J'expirerois content... Je te laisse adoré,
Triomphant, vertueux : je meurs désespéré.

BLANCHE, *avec joie.*

Quand tu punis le crime, ô suprême justice !
Fais-lui voir la vertu : c'est son plus grand supplice.

FIN DE PIERRE LE CRUEL.

ORPHANIS,

TRAGÉDIE

DE BLIN DE SAINMORE,

Représentée, pour la premiere fois, le 25 septembre 1773.

ACTEURS.

SÉSOSTRIS, roi d'Egypte.

ARCÈS, neveu de Sésostris, et héritier de la couronne.

ORPHANIS, tyrienne.

IDAMAS, ambassadeur d'Idoménée, roi de Crete.

ISSA, confidente d'Orphanis.

AZOR, officier de l'armée égyptienne.

HIDASPE, officier du palais de Sésostris.

GARDES.

SOLDATS.

La scene est à Thebes, en Egypte, dans le palais de Sésostris.

ORPHANIS,
TRAGÉDIE.

ACTE PREMIER.

SCENE PREMIERE.

ORPHANIS, ISSA.

ISSA.

Eh quoi! belle Orphanis, Thebe, au repos livrée,
Des premiers feux du jour est à peine éclairée,
Tout dort dans ce palais, et vos yeux sont ouverts !
Arcès a-t-il en Crete essuyé des revers ?
Ce prince est-il vaincu ?

ORPHANIS.

          Chere Issa, je l'ignore.
Arcès après deux mois ne paroît pas encore :
J'espere... je crains tout. Oui, les flots en fureur
Sont, hélas! mille fois plus calmes que mon cœur,
Et dans ce trouble affreux tu veux que je repose !

ISSA.

Sans doute les dangers où sa valeur l'expose,

Son absence, un combat dont le sort est douteux,
Vous font craindre à la fois pour ses jours et vos feux :
Mais loin de vous former une image cruelle,
Songez au sort brillant où l'amour vous appelle.
Tout vous rit : le destin ne présente à vos vœux
Que l'aspect séduisant d'un avenir heureux.
Sésostris vous chérit et vous tient lieu de pere.
Arcès, en qui le Roi voit le fils de son frere,
Au rang de Sésostris ne veut monter un jour,
Que dans l'espoir d'offrir un trône à votre amour ;
Et quand il vit pour vous et vous garde un cœur tendre,
Quel bien plus fortuné pouvez-vous en attendre ?

ORPHANIS.

S'il triomphe, le trône ; et s'il périt, la mort.
Sa chute ou son succès va décider mon sort.

ISSA.

Puisqu'il combat pour vous, espérez la victoire.
Bientôt, n'en doutez pas, Arcès, couvert de gloire,
Des perfides Crétois heureux triomphateur,
Viendra mettre à vos pieds le prix de sa valeur.

ORPHANIS.

Eh ! que ne vient-il donc lui-même me l'apprendre !
Qu'à mon empressement il tarde de se rendre !
Je languis, je succcombe...

ISSA.

Ah ! qu'il seroit heureux
S'il voyoit le rètour dont vous payez ses feux !

ORPHANIS.

Eh quoi ! tu peux penser qu'une folle tendresse
Tyrannise mon ame et m'occupe sans cesse !

ACTE I, SCENE I.

L'amour est pour le foible, et sa triste langueur
Cede au penchant plus fier qui regne dans mon cœur.

ISSA.

Pardonnez; je croyois qu'à l'amour asservie,
Vous aviez à ses lois consacré votre vie;
Je croyois qu'un amant...

ORPHANIS.

                Je vais te révéler
Des secrets qu'à ta foi je ne puis plus céler :
Apprends à me connoître; enfin mon ame altiere
A tes yeux étonnés va s'ouvrir toute entiere.
Tu sais que Sésostris, pour terme à ses exploits,
Prétendit asservir mon pays à ses lois.
Issa, tu te souviens de l'affreuse journée
Où Tyr au fer cruel se vit abandonnée.
Tout périt : le vainqueur fit tomber sous ses coups
Mes deux fils au berceau, mon pere et mon époux.
Le Roi plaint ma jeunesse, et sa bonté facile
M'amene en ce palais et m'y donne un asyle.
Voilà ce que tu sais. Mais tu ne peux savoir
Quels sont mes sentimens et quel est mon espoir :
Te le dirai-je, Issa? Près du trône amenée,
La pompe de ces lieux ne m'a point étonnée;
Je ne me trouvai point étrangere à la cour;
Mais dès que j'approchai de ce fatal séjour,
Je sentis tout à coup, ainsi qu'un trait de flamme,
L'ardente ambition s'embraser dans mon ame.
Dans tous ces courtisans je crus voir mes sujets.
Bientôt l'amour d'Arcès seconda mes projets.
Ce prince entroit alors dans la fougue de l'âge;

Je sus mettre à profit un si grand avantage.
Son œil, accoutumé chaque jour à me voir,
De mes foibles attraits sentit tout le pouvoir.
Le croirois-tu? Ce prince, aveugle en son ivresse,
Osa m'offrir un jour le rang de sa maîtresse.
Je l'avouerai; ce coup étonna mes esprits.
Mon orgueil rejeta son offre avec mépris.
Pour obtenir sa grace, il mit tout en usage;
Il contraignit sa flamme; et, changeant de langage,
Il voulut que l'hymen, autorisant ses feux,
Au trône, après le roi, nous fît monter tous deux.
C'est là que je brûlois d'amener sa tendresse.
Alors, m'applaudissant de mon utile adresse,
J'enchaînai mon esclave, et j'acceptai sa main.
Ainsi de la grandeur je m'ouvris le chemin.

ISSA.

Pouvez-vous présumer que Sésostris ignore
Le penchant que pour vous?...

ORPHANIS.

Il ne sait rien encore.
Aux regards curieux de ce peuple indiscret
Ma prudence, avec soin, sut cacher mon secret.
Nos transports n'éclatoient qu'à l'ombre du mystere.
Mon amant m'adoroit, et je savois lui plaire;
Nous attendions en paix un destin plus heureux,
Quand un coup imprévu vint l'offrir à nos vœux.
On apprend que du roi la Crete tributaire
Ose lui refuser le subside ordinaire.
Arcès, qui voit alors l'instant de nous unir,
Obtient de Sésostris l'honneur de la punir :

Il part : il va combattre; et c'est cette journée
Qui doit de notre hymen régler la destinée.
S'il revient triomphant, bientôt aux pieds du roi,
Pour prix de sa victoire il demande ma foi.
Peut-être on t'a parlé de cet antique usage
Que des rois dans l'Egypte établit le plus sage.
Le tyran le plus fier y fut toujours soumis.
Quand la premiere fois domptant les ennemis,
Un prince, désigné pour succéder au trône,
A, par un coup d'éclat, défendu la couronne,
Le roi, sans hésiter, est forcé d'accorder
Tout ce que le vainqueur ose lui demander;
Mais malgré cette loi, mon ame déchirée
A la crainte, à l'espoir, tour à tour est livrée.
Je touche enfin au jour si funeste ou si beau,
Qui m'éleve à l'empire ou me plonge au tombeau.

ISSA.

Ainsi dans les langueurs d'une éternelle attente,
Je vous verrai sans cesse incertaine et flottante;
Ainsi du jeune Arcès oubliant les bienfaits,
Vous voulez l'épouser, et ne l'aimer jamais :
Ah! ce prince, pour vous si généreux, si tendre,
A des transports plus doux avoit lieu de s'attendre.

ORPHANIS.

Mes yeux sur ses vertus ne peuvent se fermer :
Je l'aimerois, Issa, si je pouvois aimer.
Veux-tu que, dans l'erreur d'un penchant si funeste,
J'aille de mes beaux jours perdre le foible reste ?
Le ciel, en me formant, le ciel mit dans mon cœur,
Pour toute passion, la soif de la grandeur.

Sexe ingrat et cruel, quelle est ton injustice ?
Faut-il qu'ainsi sur nous ton joug s'appesantisse !
Le sort, pour nous barbare, a-t-il pu n'accorder
Qu'à nos lâches tyrans l'honneur de commander ?
De quel droit leur orgueil ose-t-il nous réduire
Au frivole talent de plaire et de séduire ?
Et ne pouvons-nous pas, sur le trône comme eux,
Gouverner un empire et rendre un peuple heureux ?

ISSA.

J'admire vos projets, et vois avec surprise
La vaste ambition dont votre ame est éprise ;
Mais combien de revers vous faut-il dévorer ?
Du suffrage du roi qui peut vous assurer ?
J'avouerai que pour vous il est moins roi que pere ;
Qu'à son cœur, chaque jour, vous devenez plus chere.
Je suppose qu'enfin sa tendresse pour vous,
Consente à vous donner son neveu pour époux :
Les grands, sans murmurer, verront-ils qu'on préfere
Aux filles de leur sang une femme étrangere ?

ORPHANIS.

J'ai prévu les dangers que tu crains aujourd'hui :
Je puis tout sur Arcès, et voilà mon appui.
Je ne me cache point, comme tu crois peut-être,
L'obscurité du rang où les dieux m'ont fait naître.
Oui, je sais que du ciel l'impitoyable loi
Mit un espace immense entre le trône et moi ;
Qu'à quelque sort brillant où je pusse m'attendre,
Jamais à tant d'honneurs je n'aurois dû prétendre :
Mais aussi conçois-tu le triomphe flatteur
D'avoir d'un si beau rang pu franchir la hauteur ?

ACTE I, SCENE I.

Chere Issa, quelle gloire et quel plaisir extrême
De ne devoir sur-tout ma grandeur qu'à moi-même,
Et sur le trône assise, au-dessus des destins,
De voir ramper sous moi la foule des humains!
Voilà ce qui me flatte et ce qui me tourmente.
Ma soif pour les grandeurs à chaque instant s'augmente.
Tous mes vœux, tous mes pas ne tendent qu'à régner.
Malheur à qui du trône osera m'éloigner!
Que Sésostris me soit favorable ou contraire,
Rien de ce grand dessein ne pourra me distraire.
Oui, je braverai tout, roi, prince, amis, sujets :
Je veux forcer le sort à remplir mes projets.
Quand j'observe en secret ces chefs-d'œuvres antiques,
Ces vastes monumens, ces immenses portiques,
Cette foule de rois à la honte endurcis,
Traînant le char superbe où leur maître est assis,
Tant d'hommes sous un seul fléchissant en silence,
Mon ame, à ces objets, s'agrandit et s'élance;
Et dans le noble orgueil dont mon cœur est épris,
Je ne veux que régner : il n'importe à quel prix.

ISSA.

Qu'entends-je?... dans ces lieux quelqu'un vient nous surprendre.
On ouvre : c'est Azor.

ORPHANIS.
            Ciel! que va-t-il m'apprendre!

SCENE II.

ORPHANIS, AZOR, ISSA.

ORPHANIS.

Quoi! c'est vous, cher Azor! vous, qui chez les Crétois
Avez suivi l'amant dont mon cœur a fait choix!
Que votre aspect sans lui m'étonne et m'inquiete!
Venez-vous m'annoncer sa mort ou sa défaite?

AZOR.

Madame, aux coups du sort il faut vous préparer.

ORPHANIS.

Quel effroi de mes sens vient soudain s'emparer!

AZOR.

Le ciel n'a point voulu favoriser nos armes.

ORPHANIS.

Hélas! c'en est donc fait : ô mortelles alarmes!
N'est-il plus d'espérance? Ah! daignez, cher Azor,
Me confirmer les maux dont mon cœur doute encor.

AZOR.

Après avoir long-temps combattu la tempête,
Enfin du mont Ida nous découvrons le faîte.
On aborde, on descend, et les Crétois surpris
Poussent, en nous voyant, de formidables cris.
Chacun range les siens, et s'apprête au carnage.
Le signal est donné : déja tout le rivage
N'est qu'un vaste théâtre où regne la terreur.
L'un et l'autre parti s'avance avec fureur.
Aux efforts des Crétois nos bataillons répondent.
On se heurte; on se mêle, et les rangs se confondent.

Nous nous réunissons, nous redoublons nos coups,
Le sort, long-temps douteux, semble pencher pour nous :
Mais, ô revers funeste ! ô disgrace cruelle !
Tout à coup d'ennemis une troupe nouvelle
Vient au milieu de nous fondre de tous côtés.
Nous abandonnons tout. Surpris, épouvantés,
Nous fuyons. Le Crétois, que ce renfort excite,
En nous enveloppant, s'oppose à notre fuite.
ORPHANIS.
Eh ! que devient Arcès ? qu'il vive ! c'est assez.
AZOR.
Arcès, qui voit au loin nos soldats dispersés,
Quelque temps incertain garde un morne silence.
Au même instant vers moi je le vois qui s'avance :
« Quitte aussitôt le camp ; vole aux rives du Nil :
« Va trouver Orphanis, cher Azor, me dit-il ;
« Dis-lui qu'à nos projets la fortune rebelle
« A trahi, sans pitié, sa tendresse et mon zele ;
« Dis-lui qu'enfin je vais, par un dernier effort,
« Défier en ces lieux la victoire ou la mort. »
Il dit, et tout à coup ranimant sa vaillance,
Au milieu des Crétois furieux il s'élance :
Il court, il vole, il frappe, il fond à coups pressés ;
Ceux que son bras poursuit, tombent morts ou blessés.
Ah ! si vous aviez vu ce héros intrépide !
L'éclair est moins brillant, la foudre est moins rapide.
Pour le suivre aussitôt j'ai vainement couru :
Dans la foule à mes yeux ce prince a disparu.
ORPHANIS.
Ah ! prince, en quel péril l'amour te précipite !

AZOR.

Enfin, prompt à remplir la loi qu'il m'a prescrite,
Je pars : soudain les vents et les flots en courroux
Aux rives de Gaulos nous jettent malgré nous.
Nous y restons dix jours. Depuis ce temps j'ignore
Si le prince est défait, ou s'il respire encore.

ORPHANIS.

C'est donc là ce bonheur si brillant, si certain
Qu'à mon crédule espoir présentoit le destin !
Dans quel gouffre profond suis-je précipitée !
Ton zele, chere Issa, m'avoit trop tôt flattée.

AZOR.

Deux vaisseaux, que j'ai vus voguer non loin du port,
Vont sans doute bientôt vous confirmer son sort.

ORPHANIS.

O ciel ! quel coup de foudre ! Il suffit ; qu'on nous laisse.

SCENE III.

ORPHANIS, ISSA.

ORPHANIS.

Grands dieux ! vous vous jouez de ma triste foiblesse !
Le sort m'offroit le trône, et prête d'y monter,
D'un seul coup, pour jamais, il vient m'en écarter.
A ces cruels revers la fortune est sujette.
Sa main, au même instant, nous flatte et nous rejette.
Si le prince n'est plus, tout est fini pour moi.

ISSA.

Que dites-vous, madame ? et quel est votre effroi ?
Ainsi donc, du malheur la plus foible apparence

Peut en vous, sans retour, détruire l'espérance.
Le coup que vous craignez est encore incertain.
Arcès, me dites-vous, a fini son destin.
Comment de son trépas êtes-vous informée?
Par qui cette nouvelle est-elle confirmée?
Azor dit ce qu'il craint et non ce qu'il a vu.
Qui sait même, qui sait si le prince est vaincu?
Loin de presser ces nœuds, vous devriez les craindre.
Sésostris vit encore; il pourroit vous contraindre.
Ce roi, vous le savez, touche à ses derniers jours.
La Parque, à chaque instant, peut en finir le cours.
Alors votre état change et tout obstacle cesse.
Arcès en liberté se livre à sa tendresse :
Il monte au trône; et vous, fiere d'un tel appui,
Vous l'épousez, madame, et régnez avec lui.

ORPHANIS.

Pourrai-je supporter cet éternel orage?
Une attente si longue affoiblit mon courage.
Heureux qui, peu séduit d'un dangereux honneur,
Des caprices du sort n'attend pas son bonheur!
Arcès ne revient point... et mon incertitude
Me fait de mon espoir le tourment le plus rude.
Crois-tu que de périls par-tout enveloppé,
A la mort qu'il cherchoit ce prince ait échappé?
Il n'est plus... Tout accroît ma douleur et mon trouble.
    (*On entend du bruit.*)
Mais qu'entends-je? grands dieux! quel tumulte!... il redouble.
La crainte et l'espérance agitent mes esprits.
Ah! si c'étoit Arcès que m'annoncent ces cris?
On vient... Ciel! quel objet se présente à ma vue!

SCENE IV.

ARCÈS, ORPHANIS, ISSA, soldats.

ARCÈS.

Nous triomphons, madame, et la Crete est vaincue.
ORPHANIS.
Est-ce vous, cher Arcès? en croirai-je mes yeux?
Par quel évènement vous revois-je en ces lieux?
ARCÈS.
O ma chere Orphanis! livrons-nous à la joie.
Partagez les transports où mon ame est en proie.
Je puis vous posséder : nous allons être unis;
Le ciel nous favorise, et nos maux sont finis.
ORPHANIS.
Que j'ai craint pour vos jours! Aveuglé d'un faux zele,
Azor ne m'a donc fait qu'un récit infidele!
ARCÈS.
Oui, madame; il est vrai que nos soldats troublés
Fuyoient ou périssoient par le nombre accablés.
Hélas! c'en étoit fait : affrontant la tempête,
Soudain je les rassemble et je vole à leur tête.
« C'est ici, mes amis, qu'il faut vaincre ou mourir. »
Sur mes pas aussitôt je vois chacun courir.
Chacun ne connoît plus qu'un aveugle courage :
A travers mille morts chacun s'ouvre un passage.
Les Crétois, par les coups qu'ils n'avoient point prévus,
Sont, dans le même instant, attaqués et vaincus.
L'un meurt en combattant, et l'autre prend la fuite.

ACTE I, SCENE IV.

Ceux-ci, de nos guerriers évitant la poursuite,
Vont se précipiter dans l'abîme des mers :
Le reste lâchement s'abandonne à nos fers.
Enfin les miens, suivant la fureur qui les guide,
Vers les murs de Phénix volent d'un pas rapide.
Bientôt je les devance : aux pieds de ses remparts,
Phénix voit en tremblant flotter nos étendards.
Je saisis ce moment : j'ordonne à mes cohortes
D'assiéger cette ville et d'enfoncer ses portes.
On les ouvre...Indigné, je voulois les briser.
Animé d'un beau feu qu'il fallut maîtriser,
Je cede avec regret la palme qu'on m'enleve.
Mais un héraut s'avance et demande une treve ;
J'y consens. Aussitôt nous suspendons nos coups ;
Le soldat valeureux en frémit de courroux.
J'apaise ce murmure, et ma main désarmée
Aux soins du sage Arbate abandonne l'armée.
Je pars, et le destin me ramene à vos yeux.

ORPHANIS.

Je l'avois bien prévu ce succès glorieux.
L'Egypte l'espéroit d'un aussi grand courage :
Ah! cher prince, la paix sera donc votre ouvrage ;
Et moi qui vous dois tout...

ARCÈS.

Orphanis, vantez moins
Un si foible avantage et de si foibles soins.
Je combattois pour vous ; et vous devez bien croire
Que, quand l'amour inspire, on combat avec gloire.
Ce triomphe, il est vrai, doit flatter ma valeur :
Mais j'en attends un prix bien plus cher à mon cœur.

Vous le savez, madame, et si le ciel seconde
L'espérance flatteuse où mon bonheur se fonde,
Il ne tardera pas à serrer un lien
Qui doit joindre à jamais votre cœur et le mien.
Je ne sais si pour nous la guerre est terminée;
Mais un ambassadeur du sage Idoménée,
Chargé d'ordres secrets que je ne prévois pas,
A Thebes doit bientôt arriver sur mes pas.
Dans votre appartement, madame, allez vous rendre;
Et moi, pour notre amour prêt à tout entreprendre,
Je vais à Sésostris raconter le succès
Dont le dieu de la guerre honora mes essais;
Et pour prix de mes soins le presser de souscrire
A ces nœuds fortunés où ma tendresse aspire.
Heureux, cent fois heureux, si j'ai pu dans un jour
Servir en même temps mon prince et mon amour!

FIN DU PREMIER ACTE.

ACTE II.

SCENE PREMIERE.

SÉSOSTRIS, ARCES, GARDES.

SÉSOSTRIS.

Embrassez-moi, mon fils : désormais ma tendresse
Veut de ce nom si doux vous appeler sans cesse.
Ainsi vous triomphez, et vos heureux destins
Ont subjugué la Crete et puni des mutins.
Qu'il est satisfaisant pour mon amour extrême
De voir un défenseur dans un prince que j'aime,
D'entendre chaque jour tout mon peuple à la fois
Applaudir vos vertus et confirmer mon choix !
Votre bras aujourd'hui nous venge l'un et l'autre ;
En défendant mon bien vous défendez le vôtre :
Car enfin votre roi ne peut plus se cacher
Que la mort de ce trône est prête à l'arracher.
C'en est fait, j'ai vécu : soixante ans souveraines,
Ces mains vont de l'empire abandonner les rênes ;
Et dans ma derniere heure il me sera bien doux
D'avoir pour successeur un héros tel que vous.

ARCÈS.

Seigneur, je n'ai rien fait que ce que j'ai dû faire ;

Si, secondé du sort, mon zele a pu vous plaire;
Si jaloux en tout temps de marcher sur vos pas,
J'ai rencontré la gloire en cherchant le trépas;
Si d'un pere égaré j'efface enfin le crime...
SÉSOSTRIS.
Armaïs fut coupable et sa mort légitime :
Le perfide, au milieu de mes embrassemens,
Egorgea sans pitié ma femme et mes enfans.
J'ai combattu le traître; oui, ma main sanguinaire
S'est plongée à regret dans le sein de mon frere :
Je l'aimois; et malgré ses lâches attentats,
Je n'ai pu refuser des pleurs à son trépas :
Les bienfaits que sur vous mes mains ont pu répandre
Ont peut-être suffi pour apaiser sa cendre;
Son fils de ses fureurs ne doit point hériter.
Si malgré ses complots j'ai pu vous adopter,
Ce choix vous prouve assez que ma juste colere
N'a jamais confondu le fils avec le pere.
ARCÈS.
O mon prince! ô mon pere! oui, ce nom vous est dû;
Moins à tous vos bienfaits je me suis attendu,
Et plus ils resteront gravés dans ma mémoire :
C'est à les mériter que je borne ma gloire.
Mais puis-je me flatter que le grand Sésostris
Aux biens dont il me comble ajoute un nouveau prix?
SÉSOSTRIS.
Oui, je sais qu'en ces lieux une loi consacrée,
Par mes prédécesseurs en tout temps révérée,
Quand la premiere fois signalant son grand cœur,
L'héritier de l'empire est déclaré vainqueur,

Me force d'accorder la grace qu'il demande :
Mais je n'ai pas besoin que la loi me commande.
Demandez tout, mon fils, et je vous le promets :
Parlez ; qu'exigez-vous ?

ARCÈS.

Mon pere, ah ! si jamais...

SCENE II.

SÉSOSTRIS, ARCÈS, HIDASPE, GARDES.

HIDASPE.

Du prince des Crétois l'ambassadeur s'avance,
Seigneur, et sans témoin vous demande audience.

ARCÈS.

O ciel !

SÉSOSTRIS, *à Hidaspe, qui sort.*
(*A Arcès.*)

Qu'il entre. Et vous, allez offrir aux dieux
De vos premiers exploits le tribut glorieux ;
Et revenez ensuite, assuré de me plaire,
De vos nobles travaux recevoir le salaire.

(*Arcès sort, et les gardes se retirent.*)

SCENE III.

SÉSOSTRIS, IDAMAS.

IDAMAS.

Seigneur, un roi puissant et de ses droits jaloux

Daigne emprunter ma voix pour se plaindre de vous :
Il sait qu'à vous servir la gloire toujours prête
A cent fois de lauriers couronné votre tête;
Et que dans l'univers par vos armes dompté,
Au rang des plus grands rois Sésostris est compté.
Mais s'il admire en vous un courage intrépide,
Ne croyez pas du moins que, tremblant et timide,
A mendier la paix abaissant sa fierté,
Il puisse s'avilir par un lâche traité.
Vous savez ce qu'il est, et sa valeur peut-être
Devant les murs troyens s'est assez fait connoître :
Mais par plus d'un exemple il est trop bien instruit
Qu'en voulant s'agrandir souvent on se détruit.
Vous nous avez vaincus : le sort, qui vous couronne,
Peut un jour nous donner les faveurs qu'il vous donne.
Idoménée enfin vous demande aujourd'hui
Quel crime a pu, seigneur, vous armer contre lui.
Si de quelques mutins la révolte indiscrete
Refusa le tribut imposé sur la Crete,
Mon roi vous fait savoir qu'il n'a point prétendu
Affranchir ses sujets du droit qui vous est dû,
Et que loin d'approuver ces trames criminelles,
Il offre entre vos mains de livrer les rebelles.
Après un tel aveu, c'est à vous de juger
Si vous deviez vous plaindre avant de vous venger.

SÉSOSTRIS.

Je plains Idoménée : oui, si ce roi si sage
M'avoit plus tôt instruit d'où partoit cet orage,
Il ne m'auroit pas vu, plein d'un juste courroux,
Troubler l'heureuse paix qui régnoit entre nous.

ACTE II, SCENE III.

Je n'ai pas cru devoir, par un lâche silence,
D'un peuple audacieux enhardir l'insolence :
Cependant mon esprit, écartant tous soupçons,
Est éclairé par vous, et cede à vos raisons.
Oui, puisque Idoménée en ce moment s'engage
A remettre en mes mains les auteurs de l'outrage,
Sa grandeur me désarme et plaît à ma fierté.
Croyez que comme lui je connois l'équité.
Plus il est généreux, plus il me force à l'être.
Ces rebelles sujets je les rends à leur maître,
Ma clémence à lui seul veut les abandonner :
Il peut tout à son choix punir ou pardonner.
J'estime ses vertus, son amitié m'est chere.
Dans le fils de Minos je respecte le pere ;
Et s'il daigne en ce jour souscrire à mes souhaits,
Il ne tient plus qu'à lui de nous donner la paix.

IDAMAS.

Il l'accepte, seigneur : j'ose vous en répondre.
Qu'une vertu si rare a droit de me confondre !
Et des ambassadeurs que l'emploi seroit doux
S'ils n'avoient à parler qu'à des rois tels que vous !
Ainsi donc à vos yeux bannissant le mystere,
Des secrets de mon maître heureux dépositaire,
Je puis vous informer, sans trahir sa fierté,
Du séduisant espoir dont son cœur s'est flatté.
Seigneur, si pour jamais votre grande ame oublie
Un trouble passager qui vous réconcilie,
Souffrez que de la paix qui vous rejoint tous deux
L'hymen auguste et saint resserre encor les nœuds.
Consentez qu'il unisse Arcès avec sa fille.

Sans vous vanter ici l'éclat dont elle brille,
Le sang de Jupiter peut prétendre, je crois,
A l'honneur de s'unir au sang des plus grands rois.

SÉSOSTRIS.

Je consens qu'à jamais cet heureux hyménée
Enchaîne Sésostris avec Idoménée.
Que ce nœud, dieux puissans, soit un de vos bienfaits!

IDAMAS.

Ainsi vous arrêtez l'hymen avec la paix?

SÉSOSTRIS.

J'en jure par les dieux; recevez ma parole.
Ma foi n'est point un gage inutile et frivole :
Vous pouvez y compter.

IDAMAS.

Comptez aussi, seigneur,
Que mon maître avec joie accepte un tel honneur.
Moi, pour accélérer un hymen si prospere,
Je vais en informer la princesse et son pere.

SÉSOSTRIS.

Arcès vient... Sans témoins je vais lui déclarer
Le choix inattendu dont on veut l'honorer.

(*Idamas sort.*)

SCENE IV.

ARCÈS, SÉSOSTRIS.

SÉSOSTRIS.

Cher prince, vos succès ont passé mon attente.
Quels honneurs, quels bienfaits, quelle grace éclatante,

ACTE II, SCENE IV.

Peuvent récompenser des exploits si fameux?
Né du sang des héros, vous triomphez comme eux.
L'Egypte vous doit tout : votre heureuse victoire
Assure en même temps son repos et sa gloire.
Mon sceptre pour jamais est par vous affermi,
Et le Crétois dompté n'est plus notre ennemi.
Au bonheur de l'Egypte Arcès est nécessaire;
Pour payer vos bienfaits, parlez, que puis-je faire?
Au trône avant ma mort faut-il vous élever?
Ces Etats que si bien vous savez conserver,
Faut-il que Sésostris avec vous les partage?

ARCÈS.

Je ne desire point un si grand avantage :
Et si pour quelques vœux j'éleve au ciel ma voix,
C'est pour vous voir long-temps au trône où je vous vois.
Daignez m'instruire encor. Mais puisque avec franchise
Votre bonté, seigneur, à parler m'autorise,
Il est un prix qu'Arcès ose attendre de vous :
Pour moi de vos bienfaits ce sera le plus doux.

SÉSOSTRIS.

N'en doutez point, mon fils, s'il est en ma puissance,
Vous pourrez l'exiger de ma reconnoissance.
Quel est-il?

ARCÈS.

Ah! mon cœur ressent tant de bonté.
Seigneur, vous connoissez cette jeune beauté
A qui vous tenez lieu de pere et de famille,
Que déja vos bienfaits font nommer votre fille.
Ses graces, ses vertus, tous ses charmes puissans
Que vous-même admirez, ont subjugué mes sens.

Orphanis...
SÉSOSTRIS.
Vous l'aimez!... Ciel! que viens-je d'entendre!
ARCÈS.
Hélas! de cet amour je n'ai pu me défendre.
Décidez de mon sort : c'est sa main qu'à genoux
Le vainqueur des Crétois ose attendre de vous.
SÉSOSTRIS.
Je ne vous dirai point que, du trône éloignée,
Pour régner sur l'Egypte Orphanis n'est point née;
Mais je vous apprendrai qu'Idamas en ces lieux
Vient d'obtenir la paix; que pour l'assurer mieux,
Idoménée enfin demande qu'Hirzanie
Par des nœuds éternels avec vous soit unie.
J'ai juré cet hymen, et vous devez juger
Que rien de mes sermens ne peut me dégager.
ARCÈS.
Vous avez tout promis... je n'ai rien à vous dire.
Avant qu'à cet hymen Arcès puisse souscrire,
Vous le verrez plutôt... Ah! pardonnez, seigneur,
Aux éclats imprudens d'une trop vive ardeur;
Pardonnez ces transports à la douleur extrême
D'un amant malheureux qui perd tout ce qu'il aime.
Je sais ce que mon cœur doit à tous vos bienfaits;
Votre fils pourroit-il les oublier jamais.
Mais j'adore Orphanis, et le feu qui m'enflamme
Avec la même ardeur brûle aussi dans son ame.
Mon être tout entier est soumis à ses lois :
Je ne veux, je ne puis former un autre choix.
Seigneur, si l'on pouvoit, par une heureuse adresse,

Sans déplaire aux Crétois, seconder ma tendresse?
SÉSOSTRIS.
Oui, prince, j'en conviens : vous pouvez contre moi
Alléguer ma promesse et réclamer la loi :
Mais la nécessité veut qu'enfin je préfere
Des sermens plus sacrés à ceux qu'on put vous faire.
Soumettez-vous au sort, et quels que soient vos droits,
L'intérêt de l'Etat est le tyran des rois.
ARCÈS.
Eh! que redoutez-vous d'un roi qui vous implore?
J'ai vaincu les Crétois : je puis les vaincre encore.
SÉSOSTRIS.
La valeur est trompeuse, et le sort peut changer.
ARCÈS.
Je méprise la gloire acquise sans danger.
SÉSOSTRIS.
Ainsi, lorsque la paix peut être votre ouvrage,
Vous allez tout détruire! Ainsi votre courage
A vos moindres desirs prétend tout immoler,
Et le sang sous vos mains va de nouveau couler!
Ah! mon fils, connoissez les malheurs de la guerre.
Sous mon joug autrefois j'ai fait gémir la terre;
Et du fer inhumain n'écoutant que les droits,
J'ai brisé, sans pitié, le sceptre de vingt rois.
Ce fut moi qui rangeai sous mon obéissance
Ces vingt mille cités qui forment ma puissance :
J'ai du Gange au Danube étendu mes exploits;
Et le monde en tremblant fut soumis à mes lois :
Mais que j'ai payé cher cette gloire cruelle!
Que de pleurs, que de sang j'ai fait couler pour elle!

Le repentir m'en reste; et mon bras aujourd'hui,
Las d'effrayer le monde, en veut être l'appui.
Ah! loin de vous tromper par des chimeres vaines,
Songez au sang des rois qui coule dans vos veines;
Songez que vous devez l'exemple à l'univers;
Que sur vos premiers pas tous les yeux sont ouverts;
L'erreur vit chez le peuple, et nos fautes passées
Sont par la main du temps rarement effacées.
Il faut vous maîtriser; et doublement vainqueur
Ainsi que des Crétois l'être de votre cœur.
Comme vous, dans les feux d'une ardente jeunesse,
Des folles passions j'ai ressenti l'ivresse :
Mais lorsque le devoir m'ordonnoit d'étouffer
De coupables penchans, j'en ai su triompher :
D'un moment, quand on veut, cet effort est l'ouvrage;
Et je l'attends, mon fils, d'un aussi grand courage.

ARCÈS.

En vous j'honore un pere et je respecte un roi :
Mais cet effort, seigneur, est au-dessus de moi.

SÉSOSTRIS.

Si les soins que j'ai pris d'élever ton enfance
T'ont jamais inspiré quelque reconnoissance,
Sur le bord de ma tombe au moins console-moi.
Ne trahis point l'espoir que j'ai conçu de toi.
Oui, cher prince, oui, mon fils; c'est moi qui t'en conjure.
Ne fais pas à ton pere une pareille injure;
J'en mourrois de douleur : ah! tu ne voudrois pas
Avancer, sans pitié, l'instant de mon trépas.

ARCÈS.

Pour prolonger vos jours je donnerois ma vie...

Mais je ne puis souscrire à l'hymen d'Hirzanie.
Quand je domptai pour vous un peuple audacieux,
Mon cœur s'applaudissoit de la faveur des cieux,
Qui sur mes premiers pas répandit quelque gloire.
Il faut donc aujourd'hui gémir de ma victoire ;
Et la triste Orphanis, à qui j'en dois l'honneur,
N'aura donc embrassé qu'une ombre de bonheur !
Tous deux nous nous flattions de la douce chimere
De vous nommer bientôt du tendre nom de pere.
L'un et l'autre empressés, nous aurions chaque jour,
Hélas ! par tant de soins mérité votre amour !
Ah ! seigneur, se peut-il que votre ame inflexible...

SÉSOSTRIS.

Vous le savez, Arcès, je porte un cœur sensible ;
Mais j'ai fait un serment : je ne puis le trahir.

ARCÈS.

Je crains de ne pouvoir jamais vous obéir.

SÉSOSTRIS.

J'employai la douceur ; mais tant de résistance,
A la fin, malgré moi, peut lasser ma constance.
Obéissez.

ARCÈS.

Seigneur, qu'osez-vous exiger ?
Dans quels nœuds effrayans voulez-vous m'engager ?

SÉSOSTRIS.

Je ne dis plus qu'un mot : je le veux, je l'ordonne.
Acceptez sans délais l'épouse qu'on vous donne ;
Et craignez d'irriter, par de nouveaux refus,
Un roi trop indulgent qui ne vous connoît plus.

SCENE V.

ARCÈS.

Grands dieux! à ce revers aurois-je dû m'attendre!
Tant de soins, tant de feux, une amitié si tendre...
Malheureuse Orphanis, ah! que vas-tu penser?
Ton amant espéroit te mieux récompenser.
Comment pourrai-je encor soutenir sa présence?
Que lui dire? Fuyons... Je la vois qui s'avance.

SCENE VI.

ARCES, ORPHANIS, ISSA.

ORPHANIS, *arrêtant Arcès.*
Consent-il à l'hymen qui fait tout mon bonheur?
Puis-je enfin espérer?... Vous me fuyez, seigneur.

SCENE VII.

ORPHANIS, ISSA.

ORPHANIS.
O ciel! que cet accueil m'alarme et m'épouvante!
Il se tait; il me fuit, et mon ame tremblante...
Que dis-je? moi, trembler! et contre un foible écueil
Voir périr mon espoir et briser mon orgueil!...
La foudre gronde : eh bien! faisons tête à l'orage;

ACTE II, SCENE VII.

Opposons au destin le plus ferme courage.
Et sans perdre le temps en frivoles discours,
Volons. Toi, chere Issa, seconde-moi; va, cours;
Informe-toi de tout, et viens tout me redire...
Mais non, à mes projets je veux seule suffire.
Par moi-même il vaut mieux tout entendre, tout voir :
Oui, je veux que toujours soumis à mon pouvoir,
Dans mes pieges lui-même il vienne enfin se rendre.
Pour obtenir le trône osons tout entreprendre;
Et sachons avec art employer tour à tour
Les larmes, la fureur, l'artifice et l'amour.

FIN DU SECOND ACTE.

ACTE III.

SCENE PREMIERE.

ARCÈS.

Roi superbe, il faut donc qu'au gré de ton caprice
Mon ame sous tes lois en esclave fléchisse.
Je combats, je triomphe, et tu voudrois pour prix
M'arracher à l'objet dont mon cœur est épris !
Ah ! tyran, vante moins ton amitié cruelle.
Je préfere ta haine et je ne veux plus qu'elle.
Oublier Orphanis ! si jamais ton pouvoir
Prétendoit me contraindre à ne la plus revoir,
Je saurois te montrer que cette main vaillante,
Ainsi que mon pays, peut venger mon amante...
Que dis-je, malheureux ! la venger !... et de qui ?...
D'un roi qui m'a placé sur le trône avec lui;
D'un ami dont la main secourable et propice
Veut sous mes pas tremblans fermer le précipice :
Dont le rang que j'occupe est le moindre bienfait;
Que j'appelai mon pere... et qui l'est en effet.
Et pour tant de faveur, sacrilege et barbare
Je pourrois !... ah ! plutôt du trouble qui m'égare

ACTE III, SCENE I.

Abjurons à ses pieds la tyrannique erreur ;
Soyons sujet soumis et maître de mon cœur.
Oui : je veux en ce jour m'immoler pour te plaire.
Admire bien l'effort que sur moi je vais faire ;
Tu soumis, il est vrai, l'univers à ta loi ;
En domptant mon amour j'aurai fait plus que toi.
Qu'il est beau, qu'il est grand de se vaincre soi-même!
Je vais donc renoncer à la beauté que j'aime...
Qui, moi? ne la plus voir! l'abandonner! la fuir!
Après tant de sermens lâchement la trahir!
Non, l'effort est trop grand, et j'en suis incapable.
Moi, d'une trahison je deviendrois coupable!
Pardonne, cher objet de mon cœur enflammé,
Ah! pardonne... jamais tu ne fus plus aimé.
Oui, toujours en tyran tu regnes sur mon ame.
Chaque instant, chaque obstacle irrite encor ma flamme.
Sans mon amour, sans toi je ne puis respirer...
Eh bien! c'est pour cela qu'il faut m'en séparer.
Le foible honneur de vaincre un penchant ordinaire
N'est que d'un sage obscur l'héroïsme vulgaire ;
Mais fuir avec effort un objet adoré,
Mais étouffer un feu dont on est dévoré,
Mais arracher le trait qui flatte et qui déchire,
Voilà l'heureux triomphe où mon orgueil aspire!
Voilà l'honneur d'un prince et voilà mon devoir!
C'en est fait : commençons à ne la plus revoir.
Je le dois; je le veux... Que vois-je! ô dieux!... c'est elle.

SCENE II.

ORPHANIS, ARCÈS, ISSA.

ORPHANIS.
On dit, et ce rapport me semble assez fidele,
Que le fier Sésostris, désapprouvant nos feux,
Vous réserve, seigneur, à de plus nobles nœuds;
Que ma présence ici lui devient importune.
Je ne sais point lutter contre mon infortune :
Le sort qui me poursuit m'apprit à tout souffrir.
Non, seigneur, je n'ai point de sceptre à vous offrir.
Mon front n'est point orné d'un brillant diadême.
Hélas! mon foible cœur a cru, d'après vous-même,
Qu'il suffisoit d'aimer pour mériter vos feux.
Il est vrai que vos soins nobles et généreux
Ont daigné quelquefois rechercher ma misere.
Vous changez : je n'ai point de reproche à vous faire.
Vous ne m'entendrez point dans ces tristes momens
Alléguer contre vous ma flamme et vos sermens.
Vous me quittez : du moins, prince, laissez-moi croire
Que l'amour a long-temps disputé la victoire;
Que lorsqu'un si grand cœur peut manquer à sa foi,
Il ne fait qu'obéir aux volontés du roi.
Mais, seigneur, si jamais Orphanis vous fut chere,
Pour unique faveur, qui sera la derniere,
Souffrez que loin de vous j'aille au fond des déserts
Pleurer ma destinée et le bien que je perds.

ARCÈS.
Oui, j'espérois en vous voir un jour mon épouse.

ACTE III, SCENE II.

Hélas! tout m'en flattoit : la fortune jalouse,
Opposant à mes vœux je ne sais quel devoir,
D'un bien si séduisant veut me ravir l'espoir.
Je sens trop qu'à ce coup je ne pourrai survivre,
Que cet arrêt du sort...

ORPHANIS, *avec fierté.*

Seigneur, il faut le suivre.

ARCÈS.

Ah! loin de m'imputer le sujet de vos pleurs,
Orphanis, apprenez l'excès de nos malheurs;
Sésostris, ébloui d'un intérêt frivole,
Sans consulter mon cœur, a donné sa parole.

ORPHANIS.

Sans doute à ce traité vous vous êtes soumis,
Et vous avez juré...

ARCÈS, *troublé.*

Moi, je n'ai rien promis.
Il est vrai que le Roi, s'il faut ne vous rien taire,
Attend de ma vertu l'effort le plus austere;
Que je crains son courroux... et qu'au fond de mon cœur,
Plus fort que ma raison, l'amour seul est vainqueur.

ORPHANIS, *avec tendresse.*

Il faut donc m'oublier.

ARCÈS.

Vous oublier, madame!
Ah! quel trait déchirant lancez-vous dans mon ame!
Vous oublier!... le Roi peut bien nous séparer;
Mais le destin d'Arcès est de vous adorer.
Si le ciel eût daigné nous unir l'un à l'autre,
Je le sens, mon bonheur eût dépendu du vôtre.

Ah! pouvez-vous cesser de m'être chere?
ORPHANIS.
Et moi,
Je reprends ma parole et vous rends votre foi.
Il ne faut point ici, versant d'indignes larmes,
D'un bonheur qui n'est plus envisager les charmes.
(*Avec ironie.*)
De la fille d'un roi soyez l'heureux époux,
Et ne trahissez point ce qu'on attend de vous.
ARCÈS.
Quoi! de votre ame ainsi souveraine maîtresse,
Vous pourriez...
ORPHANIS.
Moi, je dois, étouffant ma tendresse,
Prendre exemple de vous, ne pouvant le donner.
Le Roi vous le commande, il faut m'abandonner.
Oui, c'en est fait : cédons au sort qui nous sépare.
ARCÈS, *avec dépit.*
Eh bien! puisque c'est vous qui l'ordonnez, barbare,
Je vais vous obéir, m'arracher de vos bras,
Et vous forcer peut-être à pleurer mon trépas.

SCENE III.

ORPHANIS, ISSA.

ISSA.
Vous m'étonnez, madame. Eh! qu'espérez-vous faire?
A vous-même soudain qui vous rend si contraire?
Vous aspirez au trône; et, si j'en juge bien,

Pour vous en écarter vous ne négligez rien.
ORPHANIS.
Va, le prince m'adore, et je n'ai rien à craindre.
C'est en lui résistant qu'on lui fait tout enfreindre.
Tu le verras, pressé par un fier ascendant,
Revenir à mes pieds plus tendre et plus ardent.
Je veux, poussant plus loin la feinte et l'artifice,
Paroître aux yeux du Roi faire un grand sacrifice.
Je veux... Mais le voici.

SCENE IV.

ORPHANIS, SÉSOSTRIS, ISSA.

ORPHANIS.
      Je vous cherchois, seigneur.
Souffrez que, découvrant les replis de mon cœur,
Sans crainte devant vous je rompe un long silence.
Je dois tout à vos soins, et ma reconnoissance
Va confesser mon crime et ne rien déguiser.
Qu'une amante est crédule et prompte à s'abuser!
Oui, seigneur, malgré moi, j'aime Arcès, je l'adore.
Que dis-je? c'étoit peu : j'osois prétendre encore
Que l'hymen nous unît et confondît nos rangs.
Cet espoir fit long-temps mon bonheur; mais j'apprends
Qu'un monarque fameux le demande pour gendre.
Il m'a donné son cœur et je viens le lui rendre.
Pour prix de vos bienfaits, vous ne me verrez pas
Exciter la discorde au sein de vos Etats.
Quoi qu'il m'en coûte enfin, quand mon amour vous blesse,

C'est à moi d'immoler mon cœur et ma foiblesse.
Ainsi demain, seigneur, l'astre naissant du jour
Me verra pour jamais fuir le prince et la cour.
SÉSOSTRIS.
Aux nobles sentimens que vous faites paroître,
J'ouvre les yeux, madame, et j'apprends à connoître
Quel hommage on doit rendre au sang dont vous sortez.
Vous dédaignez le trône, et vous le méritez.
Le prince vous chérit : que ne puis-je, madame,
Couronner à la fois vos vertus et sa flamme !
Mais vous savez qu'un prince est soumis à la loi
De ne donner sa main qu'à la fille d'un roi;
Vous en avez le cœur sans en avoir le titre.
Je vous plains : cependant je vous laisse l'arbitre
De choisir pour séjour Memphis ou ce palais,
Et vous pouvez par-tout compter sur mes bienfaits.

SCENE V.

ARCÈS, SÉSOSTRIS, ORPHANIS, ISSA.

ARCÈS, *dans le fond du théâtre.*
Non, mon cœur un instant ne peut s'éloigner d'elle.
SÉSOSTRIS, *apercevant Arcès.*
Venez, prince, approchez : voici votre modele.
Orphanis, de l'amour méprisant le pouvoir,
Se dispose à partir et renonce à vous voir :
Cédez à votre tour; imitez son courage.
(*A Orphanis.*)
Madame, il faut encore achever votre ouvrage.

ACTE III, SCENE V.

Montrez-lui qu'il se doit plus à l'Etat qu'à lui;
Qu'il apprenne à se vaincre, et qu'il sache aujourd'hui
Que si l'on veut sur soi remporter la victoire,
Ce n'est pas sans effort qu'on triomphe avec gloire;
Et moi, je vais presser un hymen dont l'éclat
Doit rejaillir sur lui, sur vous et sur l'Etat.

SCENE VI.

ARCÈS, ORPHANIS, ISSA.

ARCÈS.

J'ai peine à concevoir ce que je viens d'entendre.
Quoi! dans le même instant où l'amour le plus tendre
Pour jamais à vos pieds vous rapporte ma foi,
J'apprends que vous brûlez de vivre loin de moi!
Ah! de grace, madame, au moins daignez m'instruire
Si vous avez pensé ce que l'on vous fait dire.

ORPHANIS.

Il n'est que trop certain : je pars; et mon devoir,
Pour la derniere fois, me permet de vous voir.

ARCÈS.

Je demeure interdit, et mon ame étonnée
N'espéroit pas vous voir si bien déterminée.
Après le sort affreux dont j'éprouve les coups,
Il ne me restoit plus qu'à l'apprendre de vous.
Trouverois-je par-tout la même résistance?
Quoi! vous qui devriez soutenir ma constance,
C'est vous qui vous plaisez à me persécuter!

ORPHANIS.

Ne m'avez-vous pas dit qu'il falloit nous quitter?

ARCÈS.
Falloit-il sans combattre au même instant vous rendre?
Avec nos ennemis falloit-il vous entendre?
Ah! jamais, non, jamais vous ne sûtes aimer.

ORPHANIS.
Qu'ai-je fait? j'obéis: pouvez-vous m'en blâmer?

ARCÈS.
Si je vous étois cher, auriez-vous pu, cruelle,
Presser l'affreux moment d'une absence éternelle?
Hélas! si vous saviez quel ascendant vainqueur,
Quel empire l'amour vous donne sur mon cœur,
Ce qu'il m'en a coûté de tourmens et de larmes
Pour m'être un seul instant séparé de vos charmes,
Pourriez-vous me payer d'un si foible retour?
Quand je brûlois pour vous du plus ardent amour,
J'espérois vous trouver un cœur moins inflexible :
J'avois tant de plaisir à vous croire sensible!
Pourquoi me détromper?

ORPHANIS.
Hélas! pensez-vous bien
Que, s'il faut nous quitter, il ne m'en coûte rien?
Croyez-vous que souvent, dévorant ses alarmes,
Orphanis en secret n'ait point versé de larmes?
Quand j'ose envisager cet instant douloureux
Qui doit, sans nul espoir, nous séparer tous deux,
Mon cœur, en condamnant ma démarche indiscrete,
Revole tout entier vers le bien qu'il regrette.
Mais nous devons songer que le destin cruel
Vient de mettre à nos feux un obstacle éternel.
Pour la derniere fois revoyez votre amante.

ACTE III, SCENE VI.

ARCÈS.

Non, ne vous flattez pas que jamais j'y consente.
L'univers conjuré ne peut m'intimider.
Je ne veux que vous seule ; et, pour vous posséder,
Je n'épargnerai rien : l'Etat, le roi lui-même,
Je pourrai tout braver, et c'est ainsi que j'aime.

ORPHANIS, *avec tendresse.*

Cher prince !

ARCÈS.

M'aimez-vous ?

ORPHANIS.

Si je vous aime !

ARCÈS.

Eh bien !
Dans mes justes transports je n'écoute plus rien.
Dussé-je succomber sous le courroux céleste,
En dussé-je périr, un seul moyen me reste,
Et je cours le tenter. Je vais trouver le Roi,
Faire à ses pieds valoir mon service et la loi,
Supplier, conjurer, presser, demander grace ;
Aux larmes, s'il le faut, abaisser mon audace ;
Lui peindre mes transports, mes feux, mon désespoir ;
Enfin éprouver tout ce qui peut émouvoir.
Mais s'il résiste encor ; si toujours inflexible,
Il oppose à mes feux un obstacle invincible,
Alors, n'écoutant plus qu'une farouche ardeur,
J'irai, bravant le Roi, bravant l'ambassadeur,
J'irai leur déclarer que, prêt à tout enfreindre,
Je déteste l'hymen où l'on veut me contraindre ;
Que, loin de me ranger sous ces injustes lois,
Par le fer et le sang je défendrai mes droits.

SCENE VII.

ORPHANIS, ISSA.

ORPHANIS.
Tu vois comme à mon gré je sais, avec souplesse,
Enflammer son audace et flatter sa foiblesse.
Si j'en crois ses transports, je puis compter sur lui,
Et mon sort, chere Issa, se décide aujourd'hui.
ISSA.
Ah! vous devez trembler, si j'en crois l'apparence.
ORPHANIS.
Plus l'instant est terrible, et plus j'ai d'espérance.
ISSA.
Craignez de rencontrer des obstacles nouveaux,
Et de perdre à jamais le fruit de vos travaux.
ORPHANIS.
Je vois tous les dangers qui marchent à ma suite.
Sans doute dans l'état où les dieux m'ont réduite,
Aux coups les plus affreux je dois me préparer :
Mais en les prévoyant je saurai les parer.
Je médite un dessein qui pourra te surprendre.
ISSA.
Quel temps choisissez-vous pour oser l'entreprendre?
ORPHANIS.
Il suffit : si le Roi persiste à m'accabler,
Tu verras avant peu qui de nous doit trembler.

FIN DU TROISIEME ACTE.

ACTE IV.

SCENE PREMIERE.

ORPHANIS.

Où vais-je? que résoudre? et quel trouble m'agite!
Déja vers son déclin le jour se précipite;
Demain je dois partir; et mon cœur incertain,
Quand je devrois tout faire, attend tout du destin.
Allons : c'est maintenant qu'il faut braver l'orage :
Tant d'obstacles ne font qu'irriter mon courage.
Le Roi va me poursuivre, il le faut prévenir,
Et le forcer enfin lui-même à me punir.

SCENE II.

ORPHANIS, ISSA.

ISSA.

Vous l'emportez, madame; oui, les dieux plus propices
Vont resserrer des nœuds formés sous leurs auspices.
Arcès a vu le Roi : plein d'espoir et content,
Ce prince du palais sortoit au même instant;

Tout exprimoit sa joie; et j'ai, sur son visage,
Lu d'un bonheur prochain l'infaillible présage.
Pour vous entretenir il sembloit vous chercher.
Son cœur impatient brûloit de s'épancher.
Il vouloit me parler : il alloit tout m'apprendre,
Lorsque l'ambassadeur est venu le surprendre.
Mais si j'ai bien jugé, vos tourmens vont finir;
Sésostris, en un mot, consent à vous unir.

ORPHANIS.

Peux-tu le croire, Issa? Va, je suis moins crédule.
Le Roi refuse tout, ou le Roi dissimule.
Ah! je connois trop bien Sésostris et la cour.

ISSA.

Et pourquoi maintenant craindre un fâcheux retour?
Pourquoi désespérer, quand tout vous favorise,
Quand le Roi?...

ORPHANIS.

    Chere Issa, que veux-tu que je dise?
Mon ame impatiente est lasse de se voir
Le jouet éternel d'un chimérique espoir.
Réduite à perdre tout, ou bien à tout enfreindre,
Orphanis désormais ne peut plus se contraindre.
J'ai su gagner du temps, et pour en profiter
Je vais auprès d'Arcès tout faire, tout tenter,
Le forcer à l'éclat, et s'il faut te le dire,
Me plonger dans l'abîme, afin qu'il m'en retire.
Je sens que mon courage est capable de tout.
Qui suit bien un projet, en vient toujours à bout.
La route que je tiens est terrible, mais sûre :
C'est sur les coups du sort qu'un grand cœur se mesure.

ACTE IV, SCÈNE II.

Si, servant mes projets et découvrant mes vœux,
Sésostris osoit prendre un parti rigoureux,
Avertis-en le prince, et fais-lui bien comprendre
Que l'amour pour lui seul m'a fait tout entreprendre.
Exagere-lui bien les dangers que je cours ;
Enfin dis-lui qu'il est mon unique recours.
On vient : c'est Sésostris !... Ciel ! que veut-il me dire ?

SCENE III.

SÉSOSTRIS, ORPHANIS, ISSA, GARDES.

SÉSOSTRIS.
(*Aux Gardes.*)
Demeurez, Orphanis ; et vous, qu'on se retire.

SCENE IV.

SÉSOSTRIS, ORPHANIS, ISSA.

SÉSOSTRIS.
Madame, approchez-vous, et daignez m'écouter.
Sur un point important je viens vous consulter.
Peut-être il vous souvient qu'en ces lieux, étrangere,
Vous trouvâtes en moi moins un maître qu'un pere.
Je réparai vos maux autant qu'il fut en moi ;
Je ne m'en repens pas : c'est le devoir d'un roi.
Mais on dit qu'à mes yeux habile à vous contraindre
Vous nourrissez un feu que vous feignez d'éteindre ;
Qu'affectant sur votre ame un pouvoir éclatant,

ORPHANIS.

Vous pensez me cacher le piege qui m'attend,
Et que sans respecter l'autorité suprême,
Un jour vous prétendez...

ORPHANIS.

Moi, seigneur!

SÉSOSTRIS.

Oui, vous-même.
Vous vous flattez, dit-on, que bravant mon courroux,
Arcès aux yeux de Thebe ose s'unir à vous.

ORPHANIS.

Comme mon bienfaiteur, seigneur, je vous révere,
Mais je mérite peu ce reproche sévere.
Demain je fuis le prince, et le ciel m'est témoin
Que mon respect pour vous ne peut aller plus loin.
Je vous laisse ignorer, seigneur, ce qu'il m'en coûte.

SÉSOSTRIS.

Vous répondez trop tôt. On dit plus, on ajoute
Que dans le fond du cœur vous osez aspirer
Au rang, qu'après ma mort, Arcès doit espérer :
Qu'en lui vous recherchez moins son cœur que l'empire,
Qu'enfin ce n'est qu'au trône où votre orgueil aspire.
Répondez maintenant ; et tâchez d'éclaircir
Les bruits injurieux dont on veut vous noircir.

ORPHANIS.

Des efforts des méchans je ne suis point surprise :
Mais qu'un roi tel que vous, seigneur, les autorise,
Qu'un prince inaccessible aux brigues des flatteurs
Ait pu prêter l'oreille à mes accusateurs ;
Que par de tels soupçons il se laisse surprendre ;
Non, c'est ce que jamais je ne pourrai comprendre.

ACTE IV, SCENE IV.

Il me reste un témoin que je n'ose nommer :
De mes crimes, seigneur, il peut vous informer.

SÉSOSTRIS.

On me trompe sans doute, et j'ai trop peine à croire
Que vous payez mes soins d'une fourbe aussi noire.
Ces bruits sont peu fondés ; mais pour les démentir,
Madame, au même instant soyez prête à partir.

ORPHANIS.

Dans l'instant !

SÉSOSTRIS.

Oui, sur l'heure.

ORPHANIS, *à part.*

O ciel ! je suis perdue.

(*A Sésostris.*)
De cet ordre pressant je reste confondue.

SÉSOSTRIS.

Eh quoi ! vous résistez : j'entrevois vos raisons ;
Vos refus pourroient bien confirmer mes soupçons.
Obéissez.

ORPHANIS.

Eh bien ! frappez votre victime.
Il faut donc à vos pieds vous confesser mon crime ;
Voyez tout ce qu'en moi vous avez à punir.
Mon cœur vous a promis plus qu'il n'a pu tenir.
Hélas ! je me flattois de maîtriser mon ame ;
Je pressai même Arcès de vaincre aussi sa flamme ;
Mais pour nous séparer, rassemblés en ce lieu,
Nous ne pûmes nous dire un éternel adieu.
Aisément pour jamais quitte-t-on ce qu'on aime ?
Ah ! loin de vous tromper, je me trompois moi-même.

SÉSOSTRIS.

Quoi qu'il en soit, partez : et ne m'opposez rien.
L'absence pour vous vaincre est le plus sûr moyen.

ORPHANIS.

Convenez-en, seigneur, quelque effort que je fasse,
A vos yeux prévenus rien ne peut trouver grace.
Votre injuste rigueur me soupçonnant toujours,
Même avant de m'entendre avoit proscrit mes jours.
Vous m'avez, il est vrai, souvent servi de pere :
Mais, s'il faut avec vous m'expliquer sans mystere,
Seigneur, j'avois un pere, un époux et deux fils :
Si je les ai perdus, qui me les a ravis?
Vous le savez trop bien : hélas! ce sont vos armes
Qui dans Tyr embrasée ont fait couler mes larmes.
J'ai cru que, sans orgueil, je pouvois espérer
Que qui fit mes malheurs voudroit les réparer;
Qu'enfin c'étoit à vous, auteur de ma misere,
De rendre à mes regrets mon époux et mon pere.

SÉSOSTRIS.

Que prétendez-vous donc? Vous, régner en ces lieux!
Vous, épouser le prince! Ah! connoissez-vous mieux.
Songez quel est Arcès, et songez qui vous êtes.

ORPHANIS.

Veuve d'un étranger fameux par cent conquêtes,
Certes, je n'ai pas cru qu'un fils de souverain,
Qu'un roi même rougît de me donner la main,
Ni qu'un jour avec moi partageant la couronne,
Arcès pût avilir la majesté du trône.

SÉSOSTRIS.

Je n'en saurois douter : on m'a trop bien instruit,

ACTE IV, SCENE IV.

Et votre seul orgueil confirme assez ce bruit.
Ingrate! c'est donc vous de qui le front timide
Sous des traits imposans cache un cœur si perfide !
Vous, qui ne respirez que par mes seuls bienfaits ;
C'est vous qui dans ces lieux osez troubler la paix ;
C'est vous qui, nourrissant un amour qui m'outrage,
Osez à la révolte enhardir le courage ;
Qui, par de faux dehors éblouissant mes yeux,
N'affectez la vertu que pour me tromper mieux !
Mais je vous punirai d'un si lâche artifice ;
L'exil que j'ai prescrit n'est qu'un foible supplice :
Un plus grand châtiment est réservé pour vous ;
Et vous allez sur l'heure éprouver mon courroux ;
Enfin de mes bontés pour vous voici le terme :
Gardes, que dans la tour à l'instant on l'enferme.
(Issa sort par le côté où doit entrer Arcès.)

ORPHANIS.

(A part.)   *(A Sésostris.)*

Je triomphe... Un soupçon fait tous mes attentats :
Mais, avant que le jour renaisse en ces Etats,
Vous pourrez me connoître et me rendre justice.

SÉSOSTRIS.

(Aux Gardes.)

Ce que j'ordonne est juste. Allez, qu'on m'obéisse.
(On emmene Orphanis.)

SCENE V.

SÉSOSTRIS.

Suis-je encor Sésostris ? Moi, qui sus autrefois
Soumettre à mes Etats les peuples et les rois,
Dont l'univers vantoit la valeur intrépide,
J'étois donc le jouet d'une femme perfide !
Si par sa vertu feinte elle a pu me tromper,
A ses pieges mon fils devoit-il échapper ?
A-t-il pu s'en défendre ? Avec quel artifice
La cruelle infectoit ce cœur simple et novice ?
Mais on vient : c'est lui-même.

SCENE VI.

ARCÈS, SÉSOSTRIS.

SÉSOSTRIS.

                Ah ! prince, où courez-vous ?
Et qui peut dans vos yeux allumer ce courroux ?

ARCÈS.

Quoi ! seigneur, Orphanis vient de m'être ravie !
Votre fureur n'a plus qu'à m'arracher la vie.
Que lui reprochez-vous ? Eh ! qui peut en un jour
La noircir à vos yeux et changer votre amour ?
Vous l'admiriez vous-même : eh quoi ! n'est-ce pas elle
Que vous m'avez tantôt offerte pour modele ?
Qu'a-t-elle fait depuis pour mériter des fers ?

ACTE IV, SCENE VI.

SÉSOSTRIS.

Mes yeux étoient fermés : mes yeux se sont ouverts.
Plût aux dieux que les tiens pussent s'ouvrir de même !
Ai-je pu sans courroux voir son audace extrême ?
La perfide, déja prompte à se démentir,
Après l'avoir promis refuse de partir.

ARCÉS.

De grace, à sa vertu rendez plus de justice.
De mes égaremens elle n'est point complice.
Et si tantôt, seigneur, j'eusse exaucé ses vœux,
L'absence, sans retour, nous séparoit tous deux :
Sa fuite pour jamais m'eût privé de ses charmes.
C'est moi dont la douleur, la priere et les larmes
Ont arrêté ses pas ; et si la retenir
Est un crime à vos yeux, c'est moi qu'il faut punir.

SÉSOSTRIS.

Mais toi, qui la défends, crois-tu bien la connoître ?
Mes yeux moins prévenus, ou trop justes peut-être,
Ont à travers son voile et sa fausse candeur,
De ses desseins secrets percé la profondeur.
J'ai vu que, par l'amour cherchant à te séduire,
Elle n'en veut qu'au trône où tu peux la conduire.

ARCÈS.

Orphanis trahiroit un cœur tel que le mien !
Mais ce n'est pas à moi de soupçonner le sien...
Hélas ! ayez pitié des tourmens que j'endure.
Pouvez-vous à la gloire immoler la nature ?
Vous savez si jamais j'ai trahi mon devoir.
Ne m'abandonnez pas à tout mon désespoir.
En vous aimant tous deux je trouve tant de charmes !

ORPHANIS.
Mon pere, serez-vous insensible à mes larmes ?
Vous vous attendrissez... Je tombe à vos genoux.
Rendez-moi ce que j'aime.
SÉSOSTRIS.
Ah ! prince, levez-vous.
Ingrat, tu sais pour toi combien ce cœur est tendre ;
Mais par tes pleurs enfin ne crois plus me surprendre.
Le bonheur de mon peuple est préférable au tien.
Le sort en est jeté : je n'écoute plus rien.
Je tiens en mon pouvoir l'objet de ta tendresse.
Je puis tout : cependant, si son sort t'intéresse,
Si tu lui veux enfin rendre la liberté,
Epouse la princesse et consens au traité.
ARCÈS.
Je vous l'ai déja dit et dois vous le redire ;
Jamais à cet hymen ma main ne peut souscrire.
Qui, moi ! vaincre mes feux ! en dussai-je expirer,
Jamais !...
SÉSOSTRIS.
De votre part j'avois lieu d'espérer
Un peu plus de respect et plus d'obéissance.
ARCÈS.
Et j'attendois de vous plus de reconnoissance.
Oui, seigneur, quelque loi qu'on puisse m'imposer,
Ce cœur est tout mon bien, et j'en veux disposer.
En un mot, rendez-moi la beauté qui m'est chere,
Rendez-la moi, seigneur, ou...
SÉSOSTRIS.
Tremble, téméraire.
Tes pleurs et ton courroux sont pour moi superflus.

Je te le jure enfin ; tu ne la verras plus.
ARCÈS.
Je ne la verrai plus ! De quel droit, à quel titre,
De ses jours et des miens vous rendez-vous l'arbitre ?
Dès l'instant que mon bras dompta vos ennemis,
Au pouvoir de la loi n'êtes-vous pas soumis ?
On ne m'abuse point par un espoir frivole :
Vous m'avez tout promis, et vous tiendrez parole.
SÉSOSTRIS.
Qu'entends-je ! un imprudent brave ainsi mon pouvoir !
Vante moins ta valeur et suis mieux ton devoir.
Qu'as-tu donc fait enfin, que t'acquitter du zele
D'un fils reconnoissant et d'un sujet fidele ?
ARCÈS.
La loi m'accorde un prix, et je veux l'exiger.
SÉSOSTRIS.
Celui qui fait les lois a droit de les changer.
ARCÈS.
Mais en changeant la loi, changerez-vous mon ame ?
Détruirez-vous ce feu qui m'entraîne et m'enflamme ?
Si, n'ayant pu le vaincre, on s'y veut opposer,
Craignez tout d'un amant qu'on force à tout oser.
Hélas ! vous m'étiez cher ; mais votre injuste haine
Va briser entre nous le seul nœud qui m'enchaîne.
SÉSOSTRIS.
Lâche, fais éclater tes coupables transports ;
Non, tu ne démens point le monstre dont tu sors.
Traître, il ne manque plus à tant de perfidies,
Que d'oser sur mes jours porter tes mains hardies.
Crois-tu par tes fureurs m'inspirer de l'effroi ?

Va, je te crains trop peu pour m'assurer de toi.
Mais je veux bien encor, modérant ma colere,
Par pitié te donner un avis salutaire.
S'il t'échappe un seul mot, un seul geste douteux,
Je puis du même coup vous immoler tous deux.

ARCÈS.

L'immoler ! si jamais... Ah ! j'en frémis de rage.
A quelle extrémité portez-vous mon courage ?
Mais sachez qu'Orphanis, seigneur, est tout mon bien;
Que, s'il ne m'est rendu, je ne connois plus rien.

SCENE VII.

SÉSOSTRIS.

Grands dieux ! jamais si loin poussa-t-on l'insolence?
J'aurois dû... Vengeons-nous... Quoi! cette main balance!
Eh! quel Dieu si long-temps peut retenir mon bras ?
Que faut-il donc encor ?... Perfide! tu mourras.
Que dis-je ? réprimons un transport si funeste :
Irai-je de mon sang verser le foible reste,
M'ôter le seul appui de mes jours languissans ?
Qu'a-t-il fait? Sans l'amour qui subjugue ses sens,
L'aurois-je jamais vu lever un front rebelle ?
Par combien de respects m'a-t-il prouvé son zele?
O toi, dont j'ai souvent admiré la vertu,
Toi que j'aime, ô mon fils ! à quoi me réduis-tu?
Pressé de tous côtés, quel parti dois-je prendre ?
Je ne puis le punir et je ne puis me rendre.
Hélas ! j'ai vu l'instant où, prêt à lui céder,

ACTE IV, SCENE VII.

Ma foiblesse tantôt alloit tout accorder.
O mon fils! que de pleurs tu coûtes à ton pere!
Mais de cette pitié que faut-il que j'espere?
Idoménée attend l'effet de mes sermens.
Irai-je, m'exposant à ses ressentimens,
De mes tristes Etats hâter la décadence?
Que faire? Du conseil implorons la prudence.
Qu'il juge, qu'il décide, et qu'il accorde en moi
La tendresse du pere et la gloire du Roi.

FIN DU QUATRIEME ACTE.

ACTE V.

Le jour diminue insensiblement.

SCENE PREMIERE.

ARCÈS, ORPHANIS, GARDES.

ARCÈS, *tenant Orphanis par la main, aux Gardes.*

(*Les amis d'Arcès font un mouvement, et les Gardes de Sésostris, après un léger combat, reculent dans la coulisse.*)

N'AVANCEZ pas, cruels, ou tremblez de paroître.
Reconnoissez en moi le sang de votre maître.
Et vous, braves amis, ne vous éloignez pas,
J'aurai peut-être encor besoin de votre bras ;
  (*A Orphanis.*)
Allez. D'indignes fers vous êtes délivrée,
Je vous revois, madame, et mon ame enivrée,
En rompant vos liens, ne connoît d'autre espoir,
N'éprouve d'autre bien que celui de vous voir.
Si j'ai pu quelque temps suspendre cet orage,

ACTE V, SCENE I.

Je vois qu'il faut encore achever mon ouvrage,
Vous rendre...Mais que vois-je? Orphanis, vous pleurez.

ORPHANIS.

Ah! prince.

ARCÈS.

   Expliquez-vous ; vous me désespérez.
Est-il encor des maux où je doive m'attendre?

ORPHANIS.

Prince, il n'est plus pour nous de bonheur à prétendre.

ARCÈS.

Eh! de grace, parlez.

ORPHANIS.

    L'amour ingénieux
Sur vos seuls intérêts m'a fait ouvrir les yeux.
Tremblez.

ARCÈS.

  De quel péril êtes-vous informée?

ORPHANIS.

Des menaces du Roi justement alarmée,
Du fond de ma prison j'ai su veiller sur lui.
Je sais l'affreux destin qu'il nous garde aujourd'hui.

ARCÈS.

Eh! qu'avons-nous à craindre?

ORPHANIS.

    Une mort assurée.
Par lui dans le conseil notre perte est jurée.

ARCÈS.

Vous croyez...

ORPHANIS.

  Tout ici confirme ma terreur.

ARCÈS.

Juste ciel! je ne puis contenir ma fureur,
Vous, mourir! ah! je vais...

ORPHANIS.

Eh! qu'espérez-vous faire?

ARCÈS.

Aux projets du tyran je prétends vous soustraire.
Venez, et sur mes pas cherchez en d'autres lieux
Un asyle assuré qui vous cache à ses yeux.

ORPHANIS.

Moi, seigneur, moi, que j'aille, amante criminelle,
Vous dérober au rang où le sort vous appelle!
Que je prive l'Etat de son plus ferme appui!

ARCÈS.

Hélas! si mon amour doit vous perdre aujourd'hui,
Que m'importe la vie et le trône et l'empire!
Vous voir, vous posséder, c'est le bien où j'aspire.
Vous êtes tout pour moi. Malgré le sort jaloux,
Je mourrai votre amant, ou vivrai votre époux.
Plus on fait contre vous éclater de colere,
Et plus en ces instans vous me devenez chere.

ORPHANIS.

Qu'un intérêt si tendre alarme mon amour!
C'est pour vous que je crains Sésostris en ce jour.
Je mourrois sans regret si sa cruelle envie
Se bornoit à trancher ma déplorable vie.
Mais rien ne peut sur vous rassurer mes esprits;
Il a perdu le pere, il va perdre le fils.

ARCÈS.

Généreuse Orphanis, quoi! parmi tant d'alarmes,

ACTE V, SCENE I.

C'est pour moi, pour moi seul que vous versez des larmes.
####### ORPHANIS.
Ah! prince, cher amant, quel est donc notre sort?
Il ne nous reste plus d'autre espoir que la mort.
Voilà donc ce bonheur dont la riante image
Au milieu des revers soutenoit mon courage!
Voilà donc ces plaisirs, cet avenir heureux
Dont le ciel dut un jour récompenser nos feux!
Hélas! tout est détruit.
####### ARCÈS.
Je saurai tout vous rendre.
####### ORPHANIS.
Vous vous flattez en vain : que peut-on entreprendre?
Aux projets du tyran ici tout est livré;
Ce palais est par-tout de gardes entouré.
####### ARCÈS.
Eh bien! qu'en ces momens ta prudence m'éclaire.
Pour assurer tes jours, parle : que faut-il faire?
Décide-moi : commande, et je cours obéir.
####### ORPHANIS.
Ne me consulte point. Ah! laisse-moi te fuir.
####### ARCÈS.
Eh quoi! chere Orphanis, ta pitié m'abandonne?
####### ORPHANIS.
Quels conseils attends-tu que ma raison te donne?
Ah! si tu connoissois l'excès de mon amour,
Que ne ferois-je pas pour te sauver le jour!
Pour te prouver ma foi, pour conserver la tienne,
Il n'est point, je le sens, de nœud qui me retienne.

ORPHANIS.
ARCÈS.
Eh! crois-tu donc mes feux moins ardens que les tiens?
Je puis, ainsi que toi, tenter tous les moyens,
Braver tous les dangers; enfin, pour te défendre,
Il n'est rien qu'en ce jour je ne puisse entreprendre.
ORPHANIS.
Peut-être en ces momens il jure mon trépas;
Peut-être il vient ici m'arracher de tes bras.
Peut-être sa fureur implacable et sanglante
Aux plus affreux tourmens va livrer ton amante.
ARCÈS.
Eh! prends-tu donc plaisir à redoubler mes maux?
Que me dis-tu? qui, moi, sous le fer des bourreaux,
Je verrois expirer!... Dieux! cette horrible image
Aux excès les plus grands peut porter mon courage.
ORPHANIS.
Que dites-vous? ô ciel! le trouble où je vous voi,
Vos fureurs, nos dangers, tout me glace d'effroi.
Il est d'affreux instans où la vertu s'oublie.
Ne vous attendez pas que je le justifie.
Il en veut à nos jours, il vous ravit ma foi,
Mais de ces cruautés ne punissez que moi.
On a vu des amans, dans l'accès qui vous presse,
Immoler leur tyran pour venger leur maîtresse.
Leur exemple...
ARCÈS.
Qui, moi!
ORPHANIS.
J'en frémis.

ACTE V, SCENE I.

ARCÈS.

Quelle horreur !
Quelle affreuse clarté jettes-tu dans mon cœur ?

ORPHANIS.

Je m'égare moi-même, et ma raison tremblante
D'un reproche éternel doit sauver ton amante.
Que vais-je devenir ? Je n'ai donc aujourd'hui
Que la mort pour espoir, ou ton bras pour appui.

ARCÈS.

Je ne sais que résoudre. Extrémité cruelle !
Prêt à me décider, mon courage chancelle.
Quoi ! je n'ai qu'à choisir son trépas ou le tien !
Que dois-je faire, ô dieux ?

ORPHANIS.

Quittons cet entretien.
Entre ces deux partis quand ton ame balance,
Je vois trop que la mort est ma seule espérance.
Puisqu'il n'est qu'un moyen de t'unir avec moi,
Laisse-moi fuir ces lieux et mourir loin de toi.
Où vais-je ?... si je fuis, le tyran plein de joie
Avec avidité va ressaisir sa proie ;
Et, poursuivant le cours de ses projets affreux,
Il peut dans sa fureur nous immoler tous deux.
Eh bien ! remplis mes vœux : et si je te suis chere,
Ose par un seul coup terminer ma misere.

ARCÈS.

Comment ?

ORPHANIS.

Il m'est plus doux de mourir de ta main.

(*Lui remettant un poignard.*)
Arme-toi de ce fer : frappe : voici mon sein.
   ARCÈS, *lui arrachant le poignard.*
Orphanis ! ah ! grands dieux !... qu'oses-tu me prescrire ?
Je sens que je succombe : à peine je respire...
Non, tu ne mourras point. Je verrois sans trembler
De la terre sous moi les voûtes s'écrouler :
Mais m'offrir de ta mort une image sanglante,
De toutes les horreurs c'est la plus accablante...
Et puisqu'il faut choisir, rien ne peut m'arrêter.
Tu m'as montré l'écueil : c'est m'y précipiter.
    ORPHANIS.
Adieu : le Roi bientôt en ces lieux se doit rendre ;
Il seroit dangereux qu'il nous y vînt surprendre :
Il faut nous séparer. Mais sur-tout songe bien
Qu'Orphanis attend tout et ne commande rien.
Tu connois nos dangers : consulte, délibere.
Décide-toi, choisis : vois ce que tu dois faire.
Si, trahissant mes feux, tu peux vivre sans moi,
J'aurai la fermeté de m'immoler pour toi.
Adieu.

SCENE II.

ARCÈS.

Dans quelle horreur la cruelle me laisse !
A quelle épreuve, ô dieux ! mettez-vous ma foiblesse !
Et j'ai pu soutenir ce fatal entretien !
Qu'ai-je promis, grands dieux ?... Non, je ne promis rien.
De ce projet sanglant l'horreur me persécute,

ACTE V, SCENE II.

Et la nécessité veut que je l'exécute.
Ce bras, que la vengeance et l'amour ont armé,
Hélas! au meurtre encor n'est pas accoutumé.
Que dis-tu, lâche amant? d'une ame indifférente
Vois donc dans les tourmens ta maîtresse expirante.
Quoi! tu peux d'un seul coup prévenir son trépas,
L'arracher au supplice... et tu ne l'oses pas!
Attends-tu qu'un tyran l'immole ou nous sépare?
Frappe, il t'a trop appris à devenir barbare.
C'est un crime; n'importe, il faut qu'il soit commis.
Frappons : qui me retient?... d'où vient que je frémis?
Dans le fond de mon cœur déja je crois entendre
De ce foible vieillard la voix plaintive et tendre.
Je crois le voir tomber sous mes coups inhumains,
M'implorer et mourir en me tendant les mains.
Quoi! je suis innocent, et le remords m'accable!
Que sera-ce, grands dieux! si je deviens coupable?
Non, je ne ferai rien qui souille ma vertu,
De remords trop cuisans mon cœur est combattu.
On vient... Ciel! quel objet vois-je marcher dans l'ombre?
Qui vient chercher la mort dans ce lieu triste et sombre?

SCENE III.

ISSA, ARCÈS.

ISSA.

Ah! seigneur, du conseil le Roi vient de sortir.
ARCÈS.
Qu'entends-je? c'est Issa.

ISSA.
Je viens vous avertir
De quel prix sa fureur va payer vos services.
Tout retentit des mots d'exil et de supplices.
La tremblante Orphanis, qui frémit pour vos jours,
En vain de vos amis implore le secours.
Policlete près d'elle a fait ranger la garde.
Je ne puis, sans horreur, voir le sort qu'on lui garde.
C'en est fait, et ce bruit est par-tout répandu,
Orphanis va périr et vous êtes perdu.

SCENE IV.

ARCÈS.

Orphanis périroit! ce mot seul me décide;
Et, sans être effrayé du nom de parricide,
Frappons : c'est toi, tyran, qui fis tous mes malheurs;
Tantôt, sans être ému, tu vis couler mes pleurs ;
C'est donc pour te fléchir du sang qu'il faut répandre.
Eh bien! de ce poignard mon destin va dépendre.
O nuit, lugubre nuit! seconde ma fureur;
Viens sur ces lieux sanglans répandre la terreur :
Cache-moi dans l'horreur des profondes ténebres;
Que ton silence affreux, que tes ombres funebres
Enhardissent mon bras et ma timidité :
Ma foiblesse a besoin de ton obscurité.

SCENE V.

SÉSOSTRIS, ARCÈS.

SÉSOSTRIS, *dans le fond du théâtre.*
Dieux ! ménagez ce cœur trop sensible et trop tendre.
ARCÈS.
Quelle voix lamentable ici se fait entendre ?
SÉSOSTRIS.
Grands dieux !...
ARCÈS, *levant le poignard.*
C'est le tyran. Avançons... je ne puis.
SÉSOSTRIS.
Ne m'abandonnez pas dans le trouble où je suis.
Des pieges qu'on lui tend préservez sa jeunesse.
ARCÈS.
Que dit-il ? écoutons.
SÉSOSTRIS.
D'une fatale ivresse
Ecartez loin de lui le charme empoisonneur.
Mon cœur, vous le savez, ne veut que son bonheur.
Qu'il connoisse les maux où sa fougue l'expose,
Et n'éprouve jamais les chagrins qu'il me cause.
Daignez enfin le rendre à ma tendresse... Et toi,
Arcès, mon cher Arcès, que fais-tu loin de moi ?
ARCÈS.
Où suis-je ? malheureux ! Grands dieux ! que dois-je faire ?
SÉSOSTRIS.
Est-ce toi que j'entends, ô mon fils ?

ARCÈS, *jetant le poignard et tombant aux pieds de Sésostris.*

O mon pere !
Vous voyez des mortels le plus infortuné.
Pour être criminel Arcès n'étoit pas né.
Ah ! vous ne savez pas combien j'étois barbare.

SÉSOSTRIS.

De tes sens égarés quel désordre s'empare !

ARCÈS.

Pour mon cœur il n'est plus de repos, de vertu.
Hélas ! j'ai tout trahi.

SÉSOSTRIS.

Malheureux ! que dis-tu ?

ARCÈS.

Connoissez de ce cœur l'ingratitude affreuse ;
Tandis que vers le ciel votre voix généreuse
S'élevoit pour me plaindre et pour me pardonner,
Votre fils n'aspiroit qu'à vous assassiner.

SÉSOSTRIS.

Qui, toi, m'assassiner ! Dieux ! que viens-je d'entendre ?
(*Regardant Arcès de l'air le plus touchant.*)
Hélas ! de tes amis tu perdois le plus tendre.
Ingrat ! à mon amour quel prix réservois-tu ?

ARCÈS.

Grands dieux ! que l'homme est foible, et qu'il faut de vertu
Pour dompter un penchant qui nous entraîne au crime !
Hélas ! je me suis vu sur le bord de l'abîme.
Vengez-vous d'un barbare ; ordonnez mon trépas :
Mais en me condamnant ne me haïssez pas ;
Accordez-moi, pour prix de mon remords sincere,

ACTE V, SCENE V.

Le plaisir, en mourant, de vous nommer mon pere.
SÉSOSTRIS.
Quand je vois aux remords ton cœur s'abandonner,
Ma gloire et mon plaisir sont de te pardonner.
Mon fils, que pour jamais cette faute t'éclaire!
Entraîné par l'erreur d'un charme involontaire,
Eh! quel cœur peut ne pas quelquefois s'égarer?
La gloire est de le vaincre et non de l'ignorer.
Je t'aimai sans foiblesse, et ce triomphe insigne
De ma tendre amitié te rend encor plus digne.
ARCÈS.
Si vous m'aimez encor, mon sort est moins affreux.
Je ne méritois pas un roi si généreux.

SCENE VI.

ORPHANIS, ARCÈS, SÉSOSTRIS, ISSA.

ORPHANIS.
Cœur ingrat! j'ai prévu ta foiblesse perfide.
Tu te crois vertueux, et tu n'es que timide.
Triomphe, indigne amant. Monte au trône sans moi.
Je renonce aux grandeurs, à ton amour, à toi :
Regne seul : mais apprends d'une femme intrépide,
Comment dans les revers un grand cœur se décide.
  (*Après une pause, à Sésostris.*)
Tu peux lui pardonner : ce fut moi dont la main
Conduisit sans pitié le poignard dans ton sein.

Mais son amour pour toi trompa mon artifice :
C'est moi qui fis le crime... et voilà mon supplice.
(*Elle se tue.*)
Trône, objet de mes vœux, délices des grands cœurs,
Je n'en voulois qu'à toi : tu m'échappes... je meurs.

FIN D'ORPHANIS.

MUSTAPHA ET ZÉANGIR,

TRAGÉDIE EN CINQ ACTES,

DE CHAMPFORT,

Représentée, pour la premiere fois, le 15 décembre 1777.

ACTEURS.

SOLIMAN, empereur des Turcs.
ROXELANE, épouse de Soliman.
MUSTAPHA, fils aîné de Soliman, mais d'une autre femme.
ZÉANGIR, fils de Soliman et de Roxelane.
AZÉMIRE, princesse de Perse.
OSMAN, grand-vizir.
ALI, chef des janissaires.
ACHMET, ancien gouverneur de Mustapha.
FÉLIME, confidente d'Azémire.
NESSIR.
Gardes.

La scene est dans le sérail de Constantinople, autrement Byzance.

MUSTAPHA ET ZÉANGIR,
TRAGÉDIE.

ACTE PREMIER.

SCENE PREMIERE.

ROXELANE, OSMAN.

OSMAN.

Oui, madame, en secret le sultan vient d'entendre
Le récit des succès que je dois vous apprendre ;
Les Hongrois sont vaincus, et Témesvar surpris,
Garant de ma victoire, en est encor le prix.
Mais tout près d'obtenir une gloire nouvelle,
Dans Byzance aujourd'hui quel ordre me rappelle ?

ROXELANE.

Eh quoi ! vous l'ignorez !... Oui, c'est moi seule, Osman,
Dont les soins ont hâté l'ordre de Soliman.
Vizir, notre ennemi se livre à ma vengeance.

Le prince, dès ce jour, va paroître à Bizance;
Il revient : ce moment doit décider enfin
Et du sort de l'empire et de notre destin.
On saura si toujours, puissante, fortunée,
Roxelane, vingt ans d'honneurs environnée,
Qui vit du monde entier l'arbitre à ses genoux,
Tremblera sous les lois du fils de son époux;
Ou si de Zéangir l'heureuse et tendre mere,
Dans le sein des grandeurs achevant sa carriere,
Dictant les volontés d'un fils respectueux,
De l'univers encore attachera les yeux.

OSMAN.

Que n'ai-je, en abattant une tête ennemie,
Assuré d'un seul coup vos grandeurs et ma vie!
J'osois vous en flatter : le sultan soupçonneux
M'ordonnoit de saisir un fils victorieux
Dans son gouvernement, au sein de l'Amasie;
Je pars sur cet espoir : j'arrive dans l'Asie,
J'y vois notre ennemi des peuples révéré,
Chéri de ses soldats, par-tout idolâtré.
Ma présence effrayoit leur tendresse alarmée,
Et si le moindre indice eût instruit son armée
De l'ordre et du dessein qui conduisoit mes pas,
Je périssois, madame, et ne vous servois pas.

ROXELANE.

Soyez tranquille, Osman, vous m'avez bien servie :
Puisqu'on l'aime à ce point, qu'il tremble pour sa vie.
Je sais que Soliman n'a point, dans ses rigueurs,
De ses cruels aïeux déployé les fureurs;
Que souvent, près de lui, la terre avec surprise

ACTE I, SCENE I.

Sur le trône ottoman vit la clémence assise ;
Mais s'il est moins féroce, il est plus soupçonneux,
Plus despote, plus fier, non moins terrible qu'eux.
J'ignore si d'ailleurs au comble de la gloire,
Couronné quarante ans des mains de la victoire,
Sans regret par son fils un pere est égalé ;
Mais le fils est perdu si le pere a tremblé.

OSMAN.

Ne m'écrivez-vous point qu'une lettre surprise,
Par une main vénale entre vos mains remise,
Du prince et de Thamas trahissant les secrets,
Doit prouver qu'à la Perse il vend nos intérêts ?
Cette lettre sans doute au sultan parvenue...

ROXELANE.

Cette lettre, vizir, est encore inconnue.
Mais apprenez quel prix le sultan, par ma voix,
Annonce en ce moment au vainqueur des Hongrois.
De ma fille à vos vœux par mon choix destinée,
Il daigne à ma priere approuver l'hyménée,
Et ce nœud sans retour unit nos intérêts.
J'ai pu jusque aujourd'hui, sans nuire à nos projets,
Dans le fond de mon cœur ne point laisser surprendre
Tous les secrets qu'ici j'abandonne à mon gendre.
Ecoutez : du moment qu'un hymen glorieux
Du sultan pour jamais m'eut asservi les vœux,
Je redoutai le prince ; idole de son pere,
Il pouvoit devenir le vengeur de sa mere :
Il pouvoit... Cher Osman, j'en frémissois d'horreur ;
Au faîte du pouvoir, au sein de la grandeur,
Du sérail, de l'Etat, souveraine paisible,

Je voyois dans le fond de ce palais terrible
Un enfant s'élever pour m'imposer la loi :
Chaque instant redoubloit ma haine et mon effroi.
Les cœurs voloient vers lui : sa fierté, son courage,
Ses vertus s'annonçoient dans les jeux de son âge,
Et ma rivale un jour, arbitre de mon sort,
M'eût présenté le choix des fers ou de la mort.
Tandis que ces dangers occupoient ma prudence,
Le Ciel de Zéangir m'accorda la naissance;
Je triomphois, Osman, j'étois mere; et ce nom
Ouvroit un champ plus vaste à mon ambition.
Je cachai toutefois ma superbe espérance;
De mon fils près du prince on éleva l'enfance,
Et même l'amitié, vain fruit des premiers ans,
Sembla mêler son charme à leurs jeux innocens.
Bientôt mon ennemi, plus âgé que son frere,
S'enflammant au récit des exploits de son pere,
S'indigna de languir dans le sein du repos,
Et brûla de marcher sur les pas des héros.
Avec plus d'art alors cachant ma jalousie,
Je fis à son pouvoir confier l'Amasie,
Et, tandis que mes soins l'exiloient prudemment,
Tout l'empire me vit avec étonnement
Assurer à ce prince un si noble partage,
De l'héritier du trône ordinaire apanage;
Sa mere auprès de lui courut cacher ses pleurs.
Mon fils, demeuré seul, attira tous les cœurs :
Mon fils à ses vertus sait unir l'art de plaire;
Presque autant qu'à moi-même il fut cher à son pere,
Et, remplaçant bientôt le rival que je crains,

Déja, sans les connoître, il servoit mes desseins.
Je goûtois en silence une joie inquiete;
Lorsque, las de payer le prix de sa défaite,
Thamas à Soliman refusa les tributs,
Salaire de la paix que l'on vend aux vaincus;
Il fallut pour arbitre appeler la victoire.
Le prince, jeune, ardent, animé par la gloire,
Brigua près du sultan l'honneur de commander :
Aux vœux de tout l'empire il me fallut céder.
Eh! qui savoit, Osman, si la guerre inconstante,
Punissant d'un soldat la valeur imprudente,
N'auroit pu?... Vain espoir! les Persans terrassés,
Trois fois dans leurs déserts devant lui dispersés,
La fille de Thamas, aux chaînes réservée,
Dans Tauris pris d'assaut par ses mains enlevée,
Ces rapides exploits l'ont mis, dès son printemps,
Au rang de ces héros, honneur des Ottomans...
J'en rends graces au ciel... Oui, c'est sa renommée,
Cet amour, ces transports du peuple et de l'armée,
Qui d'un maître superbe aigrissant les soupçons,
A ses regards jaloux ont paru des affronts.
Il n'a pu se contraindre, et son impatience
Rappelle sans détour le prince dans Byzance.
Je m'en applaudissois, quand le sort dans mes mains
Fit passer cet écrit propice à mes desseins;
Je voulois au sultan contre un fils que j'abhorre...
Il faut que ce billet soit plus funeste encore;
Le prince est violent et son malheur l'aigrit,
Il est fier, inflexible, il me hait... il suffit.
Je sais l'art de pousser ce superbe courage

A des emportemens qui serviront ma rage ;
Son orgueil finira ce que j'ai commencé.

OSMAN.

Hâtez-vous : qu'à l'instant l'arrêt soit prononcé,
Avant que l'ennemi que vous voulez proscrire
Sur le cœur de son pere ait repris son empire.
Mais ne craignez-vous point cette ardente amitié
Dont votre fils, madame, à son frere est lié ?
Vous-même, pardonnez à ce discours sincere,
Vous-même, l'envoyant sur les pas de son frere,
D'une amitié fatale avez serré les nœuds.

ROXELANE.

Eh quoi ! falloit-il donc qu'enchaîné dans ces lieux,
Au sentier de l'honneur mon fils n'osât paroître ?
Entouré de héros, Zéangir voulut l'être.
Je l'adore, il est vrai, mais c'est avec grandeur.
J'approuvai, j'admirai, j'excitai son ardeur :
La politique même appuyoit sa priere :
Du trône sous ses pas j'abaissois la barriere.
Je crus que signalant une heureuse valeur,
Il devoit à nos vœux promettre un empereur
Digne de soutenir la splendeur ottomane.
Eh ! comment soupçonner qu'un fils de Roxelane,
Si près de ce haut rang, pourroit le dédaigner,
Et former d'autres vœux que celui de régner ?
Mais non, rassurez-vous ; quel excès de prudence
Redoute une amitié, vaine erreur de l'enfance,
Prestige d'un moment, dont les foibles lueurs
Vont soudain disparoître à l'éclat des grandeurs ?
Mon fils...

ACTE I, SCENE I.

OSMAN.

Vous ignorez à quel excès il l'aime.
Je ne puis vous tromper ni me tromper moi-même :
Je déteste le prince autant que je le crains :
Il doit haïr en moi l'ouvrage de vos mains,
Un vizir qui le brave, et bientôt votre gendre ;
D'Ibrahim qu'il aimoit il veut venger la cendre,
Successeur d'Ibrahim, je puis prévoir mon sort.
S'il vit, je dois trembler ; s'il regne, je suis mort :
Jugez sur ses destins quel intérêt m'éclaire.
Perdez votre ennemi, mais redoutez son frere :
Par des nœuds éternels ils sont unis tous deux.

ROXELANE.

Zéangir!... Ciel!... mon fils!... il trahiroit mes vœux!
Ah! s'il étoit possible... Oui, malgré ma tendresse...
Je suis mere, il le sait, mais mere sans foiblesse.
Ses frivoles douleurs ne pourroient m'allarmer,
Et mon cœur en l'aimant sait comme il faut l'aimer.

OSMAN.

Il est d'autres périls dont je dois vous instruire.
Je crains que dans ces lieux cette jeune Azémire
N'ouvre à l'amour enfin le cœur de votre fils.

ROXELANE.

J'ai mes desseins, Osman ; captive dans Tauris,
Je la fis demander au vainqueur de son pere.
La fille de Thamas peut m'être nécessaire ;
Vous saurez mes projets quand il en sera temps.
Allez, j'attends mon fils ; profitez des instans,
Assiégez mon époux : Sultane et belle-mere,
Jusqu'au moment fatal je dois ici me taire.

Parlez : de ses soupçons nourrissez la fureur ;
C'est par eux qu'en secret j'ai détruit dans son cœur
Ce fameux Ibrahim, cet ami de son maître,
S'il est vrai toutefois qu'un sujet puisse l'être.
Plus craint, notre ennemi sera plus odieux.
Du despotisme ici tel est le sort affreux :
Ainsi que la terreur le danger l'environne :
Tout tremble à ses genoux, il tremble sur le trône.
On vient. C'est Zéangir. Un instant d'entretien,
Me dévoilant son cœur, va décider le mien.

SCENE II.

ROXELANE, ZÉANGIR.

ROXELANE.

Mon fils, le temps approche, où, devançant votre âge,
De mes soins maternels accomplissant l'ouvrage,
Vous devez assurer l'effet de mes desseins.
Elevez votre cœur jusques à vos destins.
Le sultan (notre amour veut en vain nous le taire)
Touche au terme fatal de sa longue carriere ;
De l'Euphrate au Danube, et d'Ormus à Tunis (1),
Cent peuples sous ses lois étonnés d'être unis,
Vont voir à qui le sort doit remettre en partage
De sceptres, de grandeurs, cet immense héritage.
Le prince, après huit ans, rappelé dans ces lieux...

---

(1) Les flottes de Soliman pénétrerent jusque dans le golfe Persique.

ACTE I, SCENE II.

ZÉANGIR.

Ah!... je tremble pour lu.

ROXELANE.

(*A part.*)
Qui, vous, mon fils!... O cieux!

ZÉANGIR.

C'est pour lui que j'accours : souffrez que ma priere
Implore vos bontés en faveur de mon frere.
Les enfans des sultans (vous ne l'ignorez pas),
Bannis pour commander en de lointains climats,
Ne peuvent en sortir sans l'ordre de leur pere ;
Mais cet ordre est souvent terrible, sanguinaire.
Sur le seuil du palais si mon frere immolé...

ROXELANE.

Et voilà de quels soins votre cœur est troublé,
De nos grands intérêts quand mon âme est remplie,
Quand vous devez régler le sort de notre vie !

ZÉANGIR.

Moi !

ROXELANE.

(*A part.*)
Vous... Ciel ! qu'il est loin de concevoir mes vœux !
(*Haut.*)
Ceux dont ici pour vous le zele ouvre les yeux
Vous tracent vers le trône un chemin légitime.

ZÉANGIR.

Le trône est à mon frere, y penser est un crime.

ROXELANE.

Il est vrai qu'en effet, s'il eût persévéré,
S'il eût vaincu l'orgueil dont il est dévoré,

S'il n'eût trahi l'Etat, vous n'y pouviez prétendre.
ZÉANGIR.
Qui, lui! trahir l'Etat! ô ciel! puis-je l'entendre?
Croyez qu'en cet instant, pour dompter mon courroux,
J'ai besoin du respect que mon cœur a pour vous.
Qui venois-je implorer! quel appui pour mon frere!
ROXELANE.
Eh bien! préparez-vous à braver votre pere :
Prouvez-lui que ce fils, noirci, calomnié,
D'aucun traité secret à Thamas n'est lié;
Que depuis son rappel, ses délais qu'on redoute,
Sur lui, sur ses desseins ne laissent aucun doute.
Mais tremblez que son pere aujourd'hui, dans ces lieux,
N'ait de la trahison la preuve sous ses yeux.
ZÉANGIR.
Quoi!... non, je ne crains rien, rien que la calomnie.
Rougissez du soupçon qui veut flétrir sa vie :
Il est indigne, affreux.
ROXELANE.
    Modérez-vous, mon fils.
Eh bien! nous pourrons voir nos doutes éclaircis.
Cependant vous deviez, s'il faut ici le dire,
Excuser une erreur qui vous donne un empire.
Vous le sacrifiez. Quel repentir un jour!...
ZÉANGIR.
Moi! jamais.
ROXELANE.
   Prévenez ce funeste retour.
Quel fruit de mes travaux! Quel indigne salaire!
Savez-vous pour son fils ce qu'a fait votre mere?

ACTE I, SCENE II.

Savez-vous quels degrés préparant ma grandeur,
D'avance, par mes soins, fondoient votre bonheur?
Née, on vous l'a pu dire, au sein de l'Italie,
Surprise sur les mers qui baignent ma patrie,
Esclave, je parus aux yeux de Soliman :
Je lui plus : il pensa qu'éprise d'un sultan,
M'honorant d'un caprice, heureuse de ma honte,
Je briguerois moi-même une défaite prompte.
Qu'il se vit détrompé ! Ma main, ma propre main,
Prévenant mon outrage, alloit percer mon sein;
Il pâlit à mes pieds, il connut sa maîtresse.
Ma fierté, son estime accrurent sa tendresse :
Je sus m'en prévaloir : une orgueilleuse loi
Défendoit que l'hymen assujétît sa foi ;
Cette loi fut proscrite, et la terre étonnée
Vit un sultan soumis au joug de l'hyménée :
Je goûtai, je l'avoue, un instant de bonheur.
Mais bientôt, mon cher fils, lasse de ma grandeur,
Une langueur secrète empoisonna ma vie :
Je te reçus du Ciel, mon ame fut remplie.
Ce nouvel intérêt, si tendre, si pressant,
Répandit sur mes jours un charme renaissant;
J'aimai plus que jamais ma nouvelle patrie;
La gloire vint parler à mon ame agrandie;
J'enflammai d'un époux l'heureuse ambition :
Près de son nom peut-être on placera mon nom.
Eh bien ! tous ces surcroîts de gloire, de puissance,
C'est à toi que mon cœur les soumettoit d'avance;
C'est pour toi que j'aimois et l'empire et le jour,
Et mon ambition n'est qu'un excès d'amour.

ZÉANGIR.

Ah! vous me déchirez; mais quoi! que faut-il faire?
Faut-il tremper mes mains dans le sang de mon frere,
Moi qui voudrois pour lui voir le mien répandu?

ROXELANE.

Quoi! vous l'aimez ainsi? Dieux! quel charme inconnu
Peut lui donner sur vous cet excès de puissance?

ZÉANGIR.

Le charme des vertus, de la reconnoissance,
Celui de l'amitié... Vous me glacez d'effroi.

ROXELANE.

Adieu.

ZÉANGIR.

Qu'allez-vous faire?

ROXELANE.

Il est affreux pour moi
D'avoir à séparer mes intérêts des vôtres :
Ce cœur n'étoit pas fait pour en connoître d'autres.

ZÉANGIR.

Vous fuyez. Dans quel temps m'accable son courroux!
Quand un autre intérêt m'appelle à ses genoux,
Quand d'autres vœux...

ROXELANE.

Comment?

ZÉANGIR.

Je tremble de le dire.

ROXELANE.

Parlez.

ZÉANGIR.

Si mon destin m'écarte de l'empire,

ACTE I, SCENE II.

Il est un bien plus cher et plus fait pour mon cœur,
Qui pourroit à mes yeux remplacer la grandeur.
Sans vous, sans vos bontés je n'y dois point prétendre :
Je l'oserois par vous.

ROXELANE.
    Je ne puis vous entendre.
Mais quel que soit ce bien pour vous si précieux,
Mon fils, il est à vous, si vous ouvrez les yeux.
Votre imprudence ici renonce au rang suprême,
Vous en voyez le fruit, et dans cet instant même :
Il vous faut implorer mon secours, ma faveur ;
Régnez, et de vous seul dépend votre bonheur ;
Et sans avoir besoin qu'une mere y consente,
Vous verrez à vos lois la terre obéissante.

SCENE III.

ZÉANGIR.

Quels assauts on prépare à ce cœur effrayé !
Craindrois-je pour l'amour, tremblant pour l'amitié ?
O mon frere ! ô cher prince ! après un an d'absence,
Hélas ! étoit-ce à moi de craindre sa présence ?
J'augmente ses dangers... je vole à ton secours...
Et c'est ma mere, ô ciel ! qui menace tes jours.
Se peut-il que d'un crime on me rende complice,
Et que je sois formé d'un sang qui te haïsse !

SCENE IV.

ZÉANGIR, AZÉMIRE.

ZÉANGIR.

Ah ! princesse, apprenez, partagez ma douleur.
Ma voix, de la sultane implorant la faveur,
Et de mes feux secrets découvrant le mystere,
Alloit à mon bonheur intéresser ma mere,
Quand j'ai compris soudain, sur un affreux discours,
Quels périls vont du prince environner les jours.

AZÉMIRE.

Eh quoi! que faut-il craindre? Et quel nouvel orage...

ZÉANGIR.

Souffrez qu'entre vous deux mon ame se partage,
Que d'un frere à vos yeux j'ose occuper mon cœur.
Vous pouvez le haïr, je le sais.

AZÉMIRE.

                Moi, seigneur!

ZÉANGIR.

Je ne me flatte point : par lui seul prisonniere,
C'est par lui qu'Azémire est aux mains de mon pere.
L'instant où je vous vis est un malheur pour vous,
Et mon frere est l'objet d'un trop juste courroux.

AZÉMIRE.

Par mon seul intérêt mon ame prévenue
A ses vertus, seigneur, n'a point fermé ma vue :
Je suis loin de haïr un généreux vainqueur.
Ses soins ont de mes fers adouci la rigueur ;

ACTE I, SCENE IV.

Il a même permis que mes yeux dans son ame
Vissent... quelle amitié pour son frere l'enflamme!

ZÉANGIR.

Ah! que n'avez-vous pu lire au fond de son cœur,
De tous ses sentimens connoître la grandeur!
Vous sauriez à quel point son amitié m'est chere.

AZÉMIRE.

Je vous l'ai dit, seigneur, j'admire votre frere;
Je sens que son danger doit vous faire frémir.
Quel est-il?

ZÉANGIR.

On prétend, on ose soutenir
Qu'avec Thamas, madame, il est d'intelligence.

AZÉMIRE.

O ciel! qui peut ainsi flétrir son innocence?

ZÉANGIR.

De ces affreux soupçons je confondrai l'auteur.
Mais si j'ose, à mon tour, soigneux de mon bonheur...

AZÉMIRE.

Faut-il que de mes vœux vous le fassiez dépendre!
D'un trop funeste amour que devez-vous attendre?
Nos destins par l'hymen peuvent-ils être unis?
Thamas et Soliman, éternels ennemis,
Dans le cours d'un long regne, illustre par la guerre,
De leurs sanglans débats ont occupé la terre;
Et, malgré ses succès, votre pere, seigneur,
Laisse au seul nom du mien éclater sa fureur.
Je vois que votre amour gémit de ce langage;
Mais mon cœur, je le sens, gémiroit davantage,
Si le vôtre, seigneur, par le temps détrompé,

Me reprochoit l'espoir dont il s'est occupé.
ZÉANGIR.
Non : je serai moi seul l'auteur de mon supplice,
Cruelle ; je vous dois cette affreuse justice.
Mais je veux, malgré vous, par mes soins redoublés,
Triompher des raisons qu'ici vous rassemblez ;
Et si dans vos refus votre ame persévere,
Mes larmes couleront dans le sein de mon frere.

SCENE V.
AZÉMIRE, FÉLIME.

AZÉMIRE.
Dans le sein de son frere!... Ah! souvenir fatal!
Pour essuyer ses pleurs, il attend son rival.
Quelle épreuve! et c'est moi, grand Dieu, qui la prépare.
FÉLIME.
Je conçois les terreurs où votre cœur s'égare ;
Mais un mot, pardonnez, pouvoit les prévenir.
L'aveu de votre amour...
AZÉMIRE.
J'ai dû le retenir.
Quand un ordre cruel, m'appelant à Byzance,
Du prince, après trois mois, m'eut ravi la présence,
Sa tendresse, Félime, exigea de ma foi
Que ce fatal secret ne fût livré qu'à toi.
Il craignoit pour tous deux sa cruelle ennemie.
Est-ce elle dont la haine arme la calomnie?
A-t-il pour notre hymen sollicité Thamas?

ACTE I, SCENE V.

O ciel! que de dangers j'assemble sur ses pas!
Etrange aveuglement d'un amour téméraire!
Ces raisons qu'à l'instant j'opposois à son frere,
Contre le prince, hélas! parloient plus fortement,
Je les sentois à peine auprès de mon amant;
Et quand plus que jamais ma flamme est combattue,
C'est l'amour d'un rival qui les offre à ma vue!

FÉLIME.

Je frémis avec vous pour vous-même et pour eux;
Eh! qui peut sans douleur voir deux cœurs vertueux
Briser les nœuds sacrés d'une amitié si chere,
Et contraints de haïr un rival dans un frere!

AZÉMIRE.

Ah! loin d'aigrir les maux d'un cœur trop agité,
Peins-moi plutôt, peins-moi leur générosité;
Peins-moi de deux rivaux l'amitié courageuse,
De ces nobles combats sortant victorieuse,
Et d'un exemple unique étonnant l'univers.
Mais un trône, l'amour, des intérêts si chers...
Fuyez, soupçons affreux; gardez-vous de paroître.
Quel espoir, cher amant, dans mon cœur vient de naître,
Quand ton frere à mes yeux partageant mon effroi,
Au lieu de son amour ne parloit que de toi!
L'amitié dans son ame égaloit l'amour même :
Il te rendoit justice, et c'est ainsi qu'on t'aime.
Tu verras une amante, un rival malheureux,
Unir pour te sauver leurs efforts et leurs vœux.
Le ciel, qui veut confondre et punir ta marâtre,
Charge de ta défense un fils qu'elle idolâtre.

FIN DU PREMIER ACTE.

ACTE II.

SCENE PREMIERE.

MUSTAPHA, ACHMET.

MUSTAPHA.

Est-ce toi, cher Achmet, que j'embrasse aujourd'hui!
Toi, de mes premiers ans et le guide et l'appui?
Ah! puisqu'à mes regards on permet ta présence,
De mes fiers ennemis je crains peu la vengeance.
Par tes conseils prudens je puis parer leurs coups :
Un si fidele ami...

ACHMET.
Prince, que faites-vous?
D'un tel excès d'honneur mon ame est accablée.
Je voudrois voir ma vie à la vôtre immolée;
Mais ce titre...

MUSTAPHA.
Tes soins ont su le mériter.
Pour en être plus digne il le faut accepter.
On m'accuse en ces lieux d'un orgueil inflexible;
C'est du moins, cher Achmet, celui d'un cœur sensible.
Je sais chérir toujours et ton zele et ta foi,

Et l'orgueil des grandeurs est indigne de moi.
Voilà donc ce séjour si cher à mon enfance,
Où jadis... quel accueil après huit ans d'absence !
Tu le vois, c'est ainsi qu'on reçoit un vainqueur.
On dérobe à mes yeux l'empressement flatteur
D'un peuple dont la joie honoroit mon entrée.
Une barque en secret, sur la mer préparée,
Aux portes du sérail me mene obscurément :
Un ordre me prescrit d'attendre le moment
Qui doit m'admettre aux pieds de mon juge sévere ;
Il faut que je redoute un regard de mon pere,
Et que l'amour d'un fils, muet à son aspect,
Se cache avec terreur sous un morne respect.

ACHMET.

Ecartez, croyez-moi, cette sombre pensée.
N'enfoncez point les traits dont votre ame est blessée :
A vos dangers, au sort conformez votre cœur :
Du joug, sans murmurer, souffrez la pesanteur :
De vos exploits, sur-tout, bannissez la mémoire,
Plus que vos ennemis, redoutez votre gloire,
Et d'un vizir jaloux confondant les desseins,
Tremblez aux pieds d'un trône affermi par vos mains.

MUSTAPHA.

Le lâche ! d'Ibrahim il occupe la place ;
Un jour... Dirois-tu bien que sa superbe audace
Dans mon camp, sous mes yeux, vouloit dicter des lois ?

ACHMET.

De vos ressentimens, prince, étouffez la voix.

MUSTAPHA.

Qui, moi ! souffrir l'injure et dévorer l'offense !

Détester sans courroux et frémir sans vengeance !...
Je le voudrois en vain, n'attends point cet effort...
Pardonne, cher Achmet, pardonne à ce transport :
Je devrois, je le sens, vaincre ma violence;
Mais prends pitié d'un cœur déchiré dès l'enfance,
Que d'horreur, d'amertume on se plut à nourrir,
D'un cœur fait pour aimer qu'on force de haïr.
Eh! qui jamais du sort sentit mieux la colere?
Témoin, presqu'en naissant, des ennuis de ma mere,
Confident de ses pleurs dans mon sein recueillis,
Le soin de les sécher fut l'emploi de son fils.
Elle fuit avec moi, je pars pour l'Amasie.
Dès ce moment, Achmet, l'imposture, l'envie,
Quand je verse mon sang, osent flétrir mes jours :
Une indigne marâtre empoisonne leur cours :
Vainqueur dans les combats, consolé par la gloire,
Je n'ose aux pieds d'un maître apporter ma victoire.
Je m'écarte en tremblant du trône paternel;
Je languis dans l'exil en craignant mon rappel.
J'en reçois l'ordre, Achmet; et quand? lorsque ma mere
A besoin de ma main pour fermer sa paupiere :
A cet ordre fatal juge de son effroi;
Expirante à mes yeux elle a pâli pour moi;
Ses soupirs, ses sanglots, ses muettes caresses,
Remplissoient de terreur nos dernieres tendresses :
J'ai lu tous mes dangers dans ses regards écrits,
Et sur son lit de mort elle a pleuré son fils.
Ah! cette image encor me poursuit et m'accable;
Et tandis qu'occupé d'un devoir lamentable,
Je recueillois sa cendre et la baignois de pleurs,

ACTE II, SCENE I.

Ici l'on accusoit mes coupables lenteurs :
On cherchoit à douter de mon obéissance :
Un fils pleurant sa mere a besoin de clémence,
Et doit justifier, en abordant ces lieux,
Quelques momens perdus à lui fermer les yeux !

ACHMET.

Ah ! d'un nouvel effroi vous pénétrez mon ame.
Si votre cœur se livre au courroux qui l'enflamme,
De la sultane ici soutiendrez-vous l'aspect ?
Feindrez-vous devant elle une ombre de respect ?
N'allez point à sa haine offrir une victime,
Contenez, renfermez l'horreur qui vous anime.

MUSTAPHA.

Ah ! voilà de mon sort le coup le plus affreux.
C'est peu de l'abhorrer, de paroître à ses yeux,
D'étouffer des douleurs qu'irrite sa présence,
Mon cœur s'est pour jamais interdit la vengeance ;
Mere de Zéangir, ses jours me sont sacrés,
Que les miens, s'il le faut, à sa fureur livrés...
Mais quoi ! puis-je penser qu'un grand homme, qu'un pere,
Adoptant contre un fils une haine étrangere...

ACHMET.

Ne vous aveuglez point de ce crédule espoir.
Par la mort d'Ibrahim jugez de son pouvoir.
Connoissez, redoutez votre fiere ennemie ;
Vingt ans sont écoulés depuis que son génie
Préside aux grands destins de l'empire ottoman,
Et, sans le dégrader, regne sur Soliman.
Le séjour odieux qui lui donna naissance,
Lui montra l'art de feindre et l'art de la vengeance.

Son ame aux profondeurs de ses déguisemens
Joint l'audace et l'orgueil de nos fiers Musulmans.
Sous un maître absolu souveraine maîtresse,
Elle osa dédaigner, même dans sa jeunesse,
Ce frivole artifice et ces soins séducteurs,
Par qui son foible sexe, enchaînant de grands cœurs,
Offre aux yeux indignés la douloureuse image
D'un héros avili dans un long esclavage.
De son illustre époux seconder les projets;
Utile dans la guerre, utile dans la paix,
Sentir ainsi que lui les fureurs de la gloire;
L'enflammer, le pousser de victoire en victoire :
Voilà par quelle adresse elle a su l'asservir.
Sans la braver, du moins, laissez-la vous haïr.
Eh! par quelle imprudence, augmentant nos alarmes,
Contre vous-même ici lui donnez-vous des armes?

MUSTAPHA.

Comment?

ACHMET.

Pourquoi, seigneur, tous ces chefs, ces soldats,
Qui jusqu'au pied des murs ont marché sur vos pas?
Pourquoi cet appareil qui menace Byzance?
Et qui d'un camp guerrier présente l'apparence?

MUSTAPHA.

N'accuse que des miens le transport indiscret;
Aux ordres du sultan j'obéissois, Achmet;
J'annonçois mon rappel; et le peuple et l'armée,
Tout frémit : on s'assemble, une troupe alarmée
M'environne, me presse et s'attache à mes pas.
On s'écrie, en pleurant, que je cours au trépas :

ACTE II, SCENE I.

Je m'arrache à leur foule; alors, plein d'épouvante,
Furieux, égarés, ils volent à leur tente,
Saisissent l'étendard, et d'un zele insensé,
Croyant me suivre, ami, m'ont déja devancé.
Pardonne : à tant d'amour, hélas! je fus sensible.
Et quel seroit, dis-moi, le mortel inflexible,
Qui, sous le poids des maux dont je suis opprimé,
Auroit fermé son cœur au plaisir d'être aimé?
Mais mon frere en ces lieux tarde bien à paroître.

ACHMET.

Il s'occupe de vous quelque part qu'il puisse être.
De sa tendre amitié je me suis tout promis :
C'est mon plus ferme espoir contre vos ennemis.

MUSTAPHA.

Hélas! nous nous aimons dès la plus tendre enfance,
Et de son âge au mien oubliant la distance,
Nos ames se cherchoient alors comme aujourd'hui;
Un charme attendrissant régnoit autour de lui,
Et le cœur encor plein des douleurs de ma mere,
L'amitié m'appeloit au berceau de mon frere;
Tu le sais, tu le vis; et lorsque les combats
Loin de lui vers la gloire emporterent mes pas,
La gloire, loin de lui, moins touchante et moins belle,
M'apprit qu'il est des biens plus desirables qu'elle.
Il vint la partager. La victoire deux fois
Associa nos noms, confondit nos exploits.
C'étoit le prix des miens, et mon ame enchantée
Crut la gloire d'un frere à la mienne ajoutée.
Mais je te retiens trop. Cours, observe ces lieux;
Sur les pieges cachés ouvre pour moi les yeux;

Aux regards du sultan je dois bientôt paroître ;
Reviens... j'entends du bruit. C'est Zéangir, peut-être.
C'est lui. Va, laisse-moi dans ces heureux momens
Oublier mes douleurs dans ses embrassemens.

SCENE II.

MUSTAPHA, ZÉANGIR.

ZÉANGIR.

Où trouver?... c'est lui-même. O mon ami! mon frere!
Que, malgré mes frayeurs, ta présence m'est chere!
Laisse-moi dans tes bras, laisse-moi respirer,
De ce bonheur si pur laisse-moi m'enivrer!

MUSTAPHA.

Ah! que mon ame ici répond bien à la tienne!
Ami, que ta tendresse égale bien la mienne!
Que ces épanchemens ont pour moi de douceurs!
Pour moi, près de mon frere, il n'est plus de malheurs!

ZÉANGIR.

Je connois tes dangers, ils redoublent mon zele.

MUSTAPHA.

Tu ne les sais pas tous.

ZÉANGIR.

    Quelle crainte nouvelle?...

MUSTAPHA.

Ecoute.

ZÉANGIR.

  Je frémis.

MUSTAPHA.

    Tu vis de quelle ardeur

Les charmes de la gloire avoient rempli mon cœur;
Tu sais si l'amitié le pénetre et l'enflamme;
A ces deux sentimens dont s'occupoit mon ame,
Le ciel en joint un autre, et peut-être ce jour...

ZÉANGIR.

Eh bien!...

MUSTAPHA.

A ce transport méconnois-tu l'amour?

ZÉANGIR.

Qu'entends-je! et quel objet?...

MUSTAPHA.

Je prévois tes alarmes.

ZÉANGIR.

Acheve.

MUSTAPHA.

Il te souvient que la faveur des armes,
Dans les murs de Tauris remit entre mes mains...

ZÉANGIR.

Azémire...

MUSTAPHA.

Elle-même.

ZÉANGIR.

O douleur! ô destins!

MUSTAPHA.

Je te l'avois bien dit, ta crainte est légitime :
Je sens que sous mes pas j'ouvre un nouvel abîme.
Mais c'est d'elle à jamais que dépendra mon sort.
C'est pour elle qu'ici je viens braver la mort:
J'en suis aimé du moins, et sa tendresse extrême...
En croirai-je ma vue?... O ciel! c'est elle-même.

SCENE III.

MUSTAPHA, ZÉANGIR, AZÉMIRE.

MUSTAPHA.

Azémire, est-ce vous? qui vous ouvre ces lieux?
Quel miracle remplit le plus cher de mes vœux?
Puis-je enfin devant vous montrer la violence
D'un amour, loin de vous, accru dans le silence?
Comptiez-vous quelquefois, sensible à mes tourmens,
Des jours dont ma tendresse a compté les momens?
J'ose encor m'en flatter, mais daignez me le dire.
Vous baissez vos regards, et votre cœur soupire!
Je vois... Ah! pardonnez, ne craignez point ses yeux.
Qu'il soit le confident, le témoin de nos feux.
Je vous l'ai dit cent fois, c'est un autre moi-même.
Ce séjour, cet instant m'offre tout ce que j'aime :
Mon bonheur est parfait... Vous pleurez... tu pâlis...
De douleur et d'effroi vos regards sont remplis...

ZÉANGIR.

O tourment!

AZÉMIRE.

Jour affreux!

MUSTAPHA.

Quel transport! quel langage!
Du sort qui me poursuit est-ce un nouvel outrage?

ZÉANGIR.

Non : c'est moi seul ici qu'opprime son courroux.
C'est à moi désormais qu'il réserve ses coups.

ACTE II, SCENE III.

Il me perce le cœur par la main la plus chere :
J'aime, et pour mon rival il a choisi mon frere.

MUSTAPHA.

Cieux !

ZÉANGIR.

Ma mere, en secret, j'ignore à quel dessein,
Dans ce piege fatal m'a conduit de sa main.
Sa cruelle bonté, secondant mon adresse,
A permis à mes yeux l'aspect de la princesse ;
J'ai prodigué les soins d'un amour indiscret
Pour attendrir, hélas ! un cœur qui t'adoroit :
Je venois à tes yeux, dévoilant ce mystere...
Cruelle, eh ! quel devoir vous forçant à vous taire,
Me laissoit enivrer de ce poison fatal ?
A-t-on craint de me voir haïr un tel rival ?

AZÉMIRE.

Je l'avouerai, seigneur, ce reproche m'étonne ;
L'ayant peu mérité, mon cœur vous le pardonne ;
J'en plains même la cause, et je crois qu'en secret
Déja vous condamnez un transport indiscret.

(*A Mustapha.*)

Vous n'avez pas pensé, prince, que votre amante,
Négligeant d'étouffer une flamme imprudente,
Fiere d'un autre hommage à ses yeux présenté,
Ait d'un frivole encens nourri sa vanité,
Et me justifier, c'est vous faire une offense ;
Mais puisque je vous dois expliquer mon silence,
Du repos d'un ami comptable devant vous,
Souffrez qu'en ce moment je rappelle entre nous
Quels sermens redoublés me forçoient à lui taire

Un secret...

MUSTAPHA.

Ciel! madame, un secret pour mon frere!
Eh! pouvois-je prévoir...

AZÉMIRE.

Je sais que ce palais
Devoit à tous les yeux me soustraire à jamais;
Qu'entouré d'ennemis empressés à vous nuire,
De nos vœux mutuels vous n'avez pu l'instruire.
Hélas! me chargeoit-on de ce soin douloureux,
Moi qui dans ce séjour, pour vous si dangereux,
Craignant mon cœur, mes yeux et mon silence même,
Vingt fois ai souhaité de me cacher qui j'aime ?
Mais non, je lui parlois de vous, de vos vertus;
Enfin je vous nommois, que falloit-il de plus?
Et quand de son amour la prompte violence
A condamné ma bouche à rompre le silence,
J'ai vu son désespoir, tout prêt à s'exhaler,
Repousser le secret que j'allois révéler.

MUSTAPHA.

Oui, sans doute, et ce trait manquoit à ma misere:
Je devois voir couler les larmes de mon frere;
Voir l'amitié, l'amour, unis, armés tous deux
Contre un infortuné qui ne vit que pour eux.
Mon ame à l'espérance étoit encore ouverte :
C'en est fait; je l'abjure, et le ciel veut ma perte.
Je la veux comme lui, si je fais ton malheur.

ZÉANGIR.

Ta perte!... Acheve, ingrat, de déchirer mon cœur;
Il te falloit... Cruel, as-tu la barbarie

D'offenser un rival qui tremble pour ta vie.
Ta perte!... et de quel crime... Il n'en est qu'un pour toi;
Tu viens de le commettre en doutant de ma foi.
Crois-tu que ton ami, dans sa jalouse ivresse,
Devienne ton tyran, celui de ta maîtresse,
Abjure l'amitié, la vertu, le devoir,
Pour contempler par-tout les pleurs du désespoir,
Pour mériter son sort en perdant ce qu'il aime?
Qui de nous deux ici doit s'immoler lui-même?
Est-ce toi qu'à mourir son choix a condamné?
Ne suis-je pas enfin le seul infortuné?

MUSTAPHA.

Arrête. Peux-tu bien me tenir ce langage?
C'est un frere, un ami qui me fait cet outrage!
Cruel! quand ton amour au mien veut s'immoler,
Est-ce par ton malheur qu'il faut me consoler!
Que tu craignes ma mort qui t'assure le trône,
Cette vertu n'a rien dont la mienne s'étonne:
Le ciel, en te privant d'un ami couronné,
Te raviroit bien plus qu'il ne t'auroit donné:
Mais te voir à mes vœux sacrifier ta flamme,
Sentir tous les combats qui déchirent ton ame,
Et ne pouvoir t'offrir, pour prix de tes bienfaits,
Que le seul désespoir de t'égaler jamais:
Ce supplice est affreux si tu peux me connoître.

ZÉANGIR.

Va, ce seul sentiment m'a tout payé peut-être.
Mon frere, laisse-moi dans mes vœux confondus,
Laisse-moi ce bonheur que donnent les vertus;
Il me coûte assez cher pour que j'ose y prétendre.

Tu dois vivre et m'aimer; moi, vivre et te défendre :
Tout l'ordonne, le ciel, la nature, l'honneur.
Respecte cette loi qu'ils font tous à mon cœur.
Je t'en conjure ici par un frere qui t'aime,
Par toi, par tes malheurs... par ton amour lui-même.
　　　(*A Azémire.*)
Joignez-vous à mes vœux; c'est à vous de fléchir
Un cœur aimé de vous, qui peut vouloir mourir.
　　　MUSTAPHA, *avec transport*.
C'en est fait, je me rends; ce cœur me justifie.
Je vous aime encor plus que je ne hais la vie :
Oui, dans les nœuds sacrés qui m'unissent à toi,
Ton triomphe est le mien, tes vertus sont à moi.
Va, ne crains point, ami, que ma fierté gémisse,
Ni qu'opprimé du poids d'un si grand sacrifice,
Mon cœur de tes bienfaits puisse être humilié.
Eh! connoît-on l'orgueil auprès de l'amitié?

SCENE IV.

MUSTAPHA, ZÉANGIR, AZÉMIRE, ACHMET.

　　　ACHMET.
Pardonnez si déja mon zele en diligence
A vos épanchemens vient mêler ma présence;
Mais d'un subit effroi le palais est troublé.
Déja près du sultan le vizir appelé,
　　　(*A Mustapha.*)
Prodigue contre vous les conseils de la haine.
La moitié du sérail, que sa voix seule entraîne,

ACTE II, SCENE IV.

Séduite dès long-temps, s'intéresse pour lui.
Même on dit qu'en secret un plus puissant appui...
Pardonnez... Dans vos cœurs mes regards ont dû lire ;
Mais une mere... Hélas ! je crains...

MUSTAPHA.

Qu'oses-tu dire ?

ZÉANGIR, *transporté*.

Acheve.

ACHMET.

Eh bien ! l'on dit qu'invisible à regret,
Sa main conduit les coups qu'on prépare en secret.
On redoute un courroux qu'elle force au silence.
On craint son artifice, on craint sa violence.
Mais un bruit dont sur-tout mon cœur est consterné...
Le sultan veut la voir et l'ordre en est donné.

AZÉMIRE.

Ciel !

ACHMET.

On tremble, on attend cette grande entrevue,
On parle d'une lettre au sultan inconnue...

MUSTAPHA.

(*à Zéangir.*)
Dieu ! mon sort voudroit-il ?... Tu sauras tout...

ACHMET.

Seigneur,
Contre un juste courroux défendez votre cœur.
Vous ignorez quel ordre et quel projet sinistre
Mena dans votre camp un odieux ministre.
Le vizir, je voudrois en vain vous le cacher,
Aux bras de vos soldats devoit vous arracher.

MUSTAPHA.
Que dis-tu ?
ACHMET.
Le péril arrêta son audace.
Cher prince, devant vous si mes pleurs trouvent grace,
Si mes vœux, si mes soins méritent quelque prix,
Si d'un vieillard tremblant vous souffrez les avis,
Modérez vos transports, et loin d'aigrir un pere,
Réveillez dans son cœur sa tendresse premiere ;
Il aima votre enfance, il aime vos vertus.
Vous pourriez... Pardonnez. Je n'ose en dire plus.
A de plus chers conseils mon cœur vous abandonne,
Et vole à d'autres soins que mon zele m'ordonne.

SCENE V.

ZÉANGIR, MUSTAPHA, AZÉMIRE.

ZÉANGIR.
Quel est donc ce péril dont je t'ai vu frémir ?
Cette lettre fatale... Ami, daigne éclaircir...
MUSTAPHA.
J'accroîtrai tes douleurs.
ZÉANGIR.
Parle.
MUSTAPHA.
Avant que mon pere
Demandât la princesse en mes mains prisonniere,
Thamas secrètement députa près de moi,
Et pour briser ses fers et pour tenter ma foi.

ACTE II, SCENE V.

Ami, tu me connois, et mon devoir t'annonce,
Malgré mes vœux naissans, quelle fut ma réponse;
Mais lorsque chaque jour, ses vertus, ses attraits...
Je t'arrache le cœur...

ZÉANGIR.

Non, mon cœur est en paix.
Poursuis.

MUSTAPHA.

O ciel !... Eh bien !... Brûlant d'amour pour elle,
Et depuis, accablé d'une absence cruelle,
Je crus que je pouvois, sans blesser mon devoir,
De la paix à Thamas présenter quelque espoir,
Et demander pour prix d'une heureuse entremise,
Que la main de sa fille à ma foi fût promise.
Nadir, de mes desseins fidele confident,
Autorisé d'un mot, partit secrètement;
J'attendois son retour. J'apprends qu'en Assyrie,
Attaqué, défendant mon secret et sa vie,
Accablé sous le nombre, il avoit succombé.

ZÉANGIR.

Je vois dans quelles mains ce billet est tombé.
Je vois ce que prépare une mere inhumaine,
Cette lettre aujourd'hui vient d'enhardir sa haine.
Hélas! de toi bientôt dépendront ses destins,
Bientôt son empereur...

MUSTAPHA.

Que dis-tu? Quoi! tu crains...

ZÉANGIR.

Non, mon ame à ta foi ne fait point cette offense.
Sans crainte pour ses jours, je vole à ta défense.

Je vois quels coups bientôt doivent m'être portés.
Il en est un sur-tout... J'en frémis... Ecoutez.
Je jure ici par vous que dans cette journée,
Si je pouvois surprendre, en mon ame indignée,
Quelque desir jaloux, quelque perfide espoir
Capable un seul moment d'ébranler mon devoir,
Dans ce cœur avili... Non, il n'est pas possible.
Le ciel me soutiendra dans cet instant terrible,
Et satisfait d'un cœur trop long-temps combattu,
De l'affront d'un remords sauvera ma vertu.

FIN DU SECOND ACTE.

ACTE III.

SCENE PREMIERE.

SOLIMAN, ROXELANE.

SOLIMAN.

Prenez place, madame; il faut que dans ce jour
Votre ame à mes regards se montre sans détour :
Le Prince dans ces lieux vient enfin de se rendre.

ROXELANE.

Les cris de ses soldats viennent de me l'apprendre.

SOLIMAN.

J'entrevois par ce mot vos secrets sentimens;
Vous jugerez des miens : daignez quelques momens
Vous imposer la loi de m'entendre en silence.
Mon fils a mérité ma juste défiance;
Et son retour d'ailleurs fait pour me désarmer,
Avec quelque raison peut encor m'alarmer.
Sans doute je suis loin de lui chercher des crimes;
Mais il faut éclaircir des soupçons légitimes.
Vos yeux, si du Vizir j'explique les discours,
Ont surpris des secrets d'où dépendent mes jours.
Je n'examine point si, pour mieux me confondre,

De concert avec lui... vous pourrez me répondre.
Hélas ! il est affreux de soupçonner la foi
Des cœurs que l'on chérit et qu'on croyoit à soi.
Mais au bord du tombeau telle est ma destinée.
Par d'autres intérêts maintenant gouvernée,
Aux soins de l'avenir vous croyez vous devoir;
Je conçois vos raisons, vos craintes, votre espoir;
Et malgré mes vieux ans, ma tendresse constante
A vos destins futurs n'est point indifférente.
Mais vous n'espérez point que pour votre repos
Je répande le sang d'un fils et d'un héros.
Son juge, en ce moment, se souvient qu'il est pere.
Je ne veux écouter ni soupçons ni colere.
Ce sérail qui jadis, sous de cruels sultans,
Craignoit de leurs fureurs les caprices sanglans,
A connu, dans le cours d'un regne plus propice,
Quelquefois ma clémence et toujours ma justice.
Juste envers mes sujets, juste envers mes enfans,
Un jour ne perdra point l'honneur de quarante ans.
Après un tel aveu, parlez, je vous écoute,
Mais que la vérité s'offre sans aucun doute.
Je dois, s'il faut porter un jugement cruel,
En répondre à l'État, à l'avenir, au ciel.

ROXELANE.

Seigneur, d'étonnement je demeure frappée.
De vous, de votre fils en secret occupée,
J'ai dû, sans m'expliquer sur ce grand intérêt,
Muette avec l'empire, attendre son arrêt.
Mais puisque le premier vous quittez la contrainte
D'un silence affecté trop semblable à la feinte,

ACTE III, SCENE I.

De mon ame à vos yeux j'ouvrirai les replis.
Je déteste le prince et j'adore mon fils.
Ainsi que vous du moins je parle avec franchise;
Et loin qu'avec effort ma haine se déguise,
J'ose entreprendre ici de la justifier,
Vous invitant vous-même à vous en défier.
Je ne vous cache point (qu'est-il besoin de feindre?)
Que prompte en ce péril à tout voir, à tout craindre,
J'ai d'un vizir fidele emprunté les avis,
Et moi-même éclairé les pas de votre fils;
Tout fondoit mes soupçons, un pere les partage.
Eh! qui donc en effet pourroit voir sans ombrage
Un jeune ambitieux qui, d'orgueil enivré,
Des cœurs qu'il a séduits disposant à son gré,
A vous intimider semble mettre sa gloire,
Et croit tenir ce droit des mains de la victoire?
Qui, mandé par son maître, a jusques à ce jour
Fait douter de sa foi, douter de son retour;
Et du grand Soliman a réduit la puissance
A craindre, je l'ai vu, sa désobéissance?
Qui, j'ose l'attester, et mes garans sont prêts,
Achete ici des yeux ouverts sur vos secrets;
Parle, agit en sultan; et, si l'on veut l'entendre,
Et la guerre et la paix de lui seul vont dépendre.
Oui, seigneur, oui, vous dis-je, et peut-être aujourd'hui
Vous en aurez la preuve et la tiendrez de lui.

SOLIMAN.

Ciel!

ROXELANE.

D'un fils, d'un sujet est-ce donc la conduite?

Et depuis quand, seigneur, n'en craint-on plus la suite?
Est-ce dans ce séjour?... vainement sous vos loix,
La clémence en ces lieux fit entendre sa voix.
Une autre voix peut-être y parle plus haut qu'elle :
La voix de ces sultans qu'une main criminelle,
Sanglans, a renversés aux genoux de leurs fils ;
La voix des fils encor qui, près du trône assis,
N'ont point devant ce trône assez courbé la tête.
Il le sait : d'où vient donc que nul frein ne l'arrête?
Sans doute mieux qu'un autre il connoît son pouvoir :
De l'empire en effet il est l'unique espoir.
Eh! qui d'un peuple ingrat n'a vu cent fois l'ivresse,
Oser à vos vieux ans égaler sa jeunesse,
Et d'un héros l'honneur des sultans, des guerriers,
Devant un fier soldat abaisser les lauriers?
Qui peut vous rassurer contre tant d'insolence?
Est-ce un camp qui frémit aux portes de Byzance?
Un peuple de mutins, esclaves factieux,
De leur maître indigné tyrans capricieux?
Ah! seigneur, est-ce ainsi, je vous cite à vous-même,
Que rassurant Sélim dans un péril extrême,
Vous vîntes dans ses mains ici vous déposer,
Quand ces mêmes soldats, ardens à tout oser,
Pour vous, malgré vous seul, plein d'un zele unanime,
Rebelles, prononçoient votre nom dans leur crime?
On vous vit accourir, seul, désarmé, soumis,
Plein d'un noble courroux contre ses ennemis,
Et tombant à ses pieds, otage volontaire,
Echapper au malheur de détrôner un pere.
Tel étoit le devoir d'un fils plus soupçonné,

Et votre exemple au moins l'a déja condamné.
SOLIMAN.
Ce qu'a fait Soliman, Soliman dut le faire.
Celui qui fut bon fils doit être aussi bon pere ;
Et quand vous rappelez ces preuves de ma foi,
Votre voix m'avertit d'être digne de moi.
Des revers des sultans vous me tracez l'image :
Je reconnois vos soins, madame, et je présage
Que, grace aux miens peut-être, un sort moins rigoureux
Ecartera mon nom de ces noms malheureux.
Trop d'autres, négligeant le devoir qui m'arrête,
A des fils soupçonnés ont demandé leur tête.
Oui ; mais n'ont-ils jamais, après ces rudes coups,
Détesté les transports d'un aveugle courroux ?
Hélas ! si ce moment doit m'offrir un coupable,
Peut-être que mon sort est assez déplorable.
Serai-je donc rangé parmi ces souverains
Qu'on a vus de leurs fils juges trop inhumains,
Réduits à s'imposer ce fatal sacrifice ?
Malheureux qu'on veut plaindre et qu'il faut qu'on haïsse !
Quelque éclat dont leur regne ait ébloui les yeux,
De ces grands châtimens le souvenir affreux,
Eternisant l'effroi qu'imprime leur mémoire,
Mêle un sombre nuage aux rayons de leur gloire.
Le nom de Soliman, madame, a mérité
De parvenir sans tache à la postérité.
Dans mon cœur vainement votre cruelle adresse
Cherche d'un vil dépit la vulgaire foiblesse,
Et voudroit par la haine irriter mes soupçons :
J'écarte ici la haine et pese les raisons.

L'intérêt de mon sang me dit pour le défendre,
Qu'un coupable en ces lieux eût tremblé de se rendre,
Qu'adoré des soldats... Je l'étois comme lui.

ROXELANE.

Comme lui des Persans imploriez-vous l'appui?

SOLIMAN.

Des Persans... Lui! grands dieux! je retiens ma colere :
Ce n'est pas vous ici que doit en croire un pere.
Que des garans certains à mes yeux présentés,
Que la preuve à l'instant...

ROXELANE.

Je le veux.

SOLIMAN, *se levant.*

Arrêtez.
Je redoute un courroux trop facile à surprendre.
Son maître en vain frémit, son juge doit l'entendre,
Que mon fils soit présent... Faites venir mon fils.
(*Roxelane se leve, le Vizir paroît.*)
Que veut-on?

SCENE II.

SOLIMAN, ROXELANE, OSMAN.

OSMAN.

J'attendois le moment d'être admis,
Seigneur, je viens chercher des ordres nécessaires.
Ali, ce brave Ali, ce chef des Janissaires,
Qui même sous Sélim s'est illustré jadis,
Et malgré son grand âge, a suivi votre fils,

Se flatte qu'à vos pieds vous daignerez l'admettre ;
Il apporte un secret qu'il a craint de commettre.
Le salut de l'empire, a-t-il dit, en dépend,
Et des moindres délais il me rendoit garant.
J'ai cru que son grand nom, ses exploits...

SOLIMAN.

Qu'il paroisse.

ROXELANE, *à part.*

Que veut-il ?

SOLIMAN, *lui faisant signe de sortir.*

Vous savez quelle est votre promesse.

ROXELANE.

Je ne reparoîtrai que la preuve à la main.

SCENE III.

SOLIMAN, OSMAN, ALI.

SOLIMAN.

Quel soin pressant t'amene, et quel est ton dessein ?
Veux-tu qu'il se retire ?

ALI.

Il le faudroit peut-être.
Mais je viens contre lui m'adresser à son maître ;
Qu'il demeure, il le peut. Sultan, tu ne crois pas
Que j'eusse d'un rebelle accompagné les pas.
Ton fils, ainsi que moi, vit et mourra fidele.
J'ai su calmer des siens et la fougue et le zele,
Ils te réverent tous. Mais on craint les complots
Que la haine en ces lieux trame contre un héros.

« Ah! du moins, disoient-ils, dans leur secret murmure,
« Ah! si la vérité confondoit l'imposture!
« Si détrompant un maître et cherchant ses regards,
« Elle osoit pénétrer ces terribles remparts!
« Mais la mort puniroit un zele téméraire. »
On peut près du cercueil hasarder de déplaire,
Sultan; d'un vieux guerrier ces restes languissans,
Ce sang, dans les combats prodigué soixante ans,
Exposés pour ton fils que tout l'empire adore,
S'ils sauvoient un héros, te serviroient encore.
De notre amour pour lui ne prends aucuns soupçons:
C'est le grand Soliman qu'en lui nous chérissons;
Il nous rend tes vertus et tu permets qu'on l'aime.
Mais crains ses ennemis; crains ton pouvoir suprême,
Crains d'éternels regrets et sur-tout un remord.
J'ai rempli mon devoir : ordonnes-tu ma mort?

SOLIMAN.

J'estime ce courage et ce zele sincere :
Je permets à tes yeux de lire au cœur d'un pere.
Ne crains point un courroux imprudent ni cruel.
J'aime un fils innocent, je le hais criminel :
Ne crains pour lui que lui. L'audace et l'artifice
En moi de leurs fureurs n'auront point un complice.
Contiens dans son devoir le soldat turbulent :
Leur idole répond d'un caprice insolent.
Sans dicter mon arrêt, qu'on l'attende en silence.
Tu peux de ce séjour sortir en assurance :
Va, les cœurs généreux ne craignent rien de moi.

ALI.

Sur le sort de ton fils je suis donc sans effroi.

SCENE IV.

SOLIMAN, MUSTAPHA.

SOLIMAN.
Approchez : à mon ordre on daigne enfin se rendre.
J'ai cru qu'avant ce jour je pouvois vous attendre.
MUSTAPHA.
Un devoir douloureux a retenu mes pas.
Une mere, seigneur, expirante en mes bras...
SOLIMAN.
Elle n'est plus !... Je dois des regrets à sa cendre.
MUSTAPHA.
Occupée en mourant d'un souvenir trop tendre...
SOLIMAN.
C'est assez. Plût au ciel qu'à de justes raisons
Je pusse voir encor céder d'autres soupçons,
Sans que de vos soldats l'audace et l'insolence
Vinssent d'un fils suspect attester l'innocence !
MUSTAPHA.
Ne me reprochez point leurs transports effrénés
Qu'en ces lieux ma présence a déja condamnés.
Ah! seigneur, si pour moi l'excès de leur tendresse
Jusqu'à l'emportement a poussé leur ivresse,
Daignez ne l'imputer, hélas! qu'à mon malheur :
C'est mon funeste sort qui parle en ma faveur.
Privé de vos bontés, où je pouvois prétendre,
J'inspire une pitié plus pressante et plus tendre.
SOLIMAN.
Peut-être il vaudroit mieux leur en inspirer moins :

Peut-être qu'un sujet devoit borner ses soins
A savoir obéir, à faire aimer sa gloire,
A servir sans orgueil, à ne point laisser croire
Que ses desseins secrets de la Perse approuvés...
MUSTAPHA.
O ciel! le croyez-vous?
SOLIMAN.
    Non : puisque vous vivez.

SCENE V.

SOLIMAN, MUSTAPHA, ROXELANE.

ROXELANE.
Sultan, vous pourrez voir ma promesse accomplie.
Prince, un destin cruel m'a fait votre ennemie;
Mais cette haine, au moins, en s'attaquant à vous,
Dans la nuit du secret ne cache point ses coups :
Vous êtes accusé, vous pourrez vous défendre.
MUSTAPHA.
A ce trait généreux j'avois droit de m'attendre.
SOLIMAN, *prenant la lettre.*
Donnez. « A vos desirs on refusa la paix,
« Un heureux changement vous permet d'y prétendre.
« Victorieux par moi, peut-être à mes souhaits
  « Le Sultan voudra condescendre.
« Les raisons de cette offre et le prix que j'y mets,
« Je les tairai; Nadir doit seul vous les apprendre. »
Que vois-je! avouerez-vous cette lettre, ce seing?

ACTE III, SCENE V.

MUSTAPHA.

Oui, ce billet, seigneur, fut tracé de ma main.

SOLIMAN.

Holà ! gardes.

MUSTAPHA.

Je dois vous paroître coupable,
Je le sais. Cependant si le sort qui m'accable
Souffroit que votre fils pût se justifier,
Si mon cœur à vos yeux se montroit tout entier...

ROXELANE.

(Au Prince.)(Au Sultan.)(Au Prince.)
Il le faut.... Permettez.... Vous n'avez rien à craindre.
Parlez, Nadir n'est plus, et vous pouvez tout feindre.

MUSTAPHA.

Barbare ! à cet opprobre étois-je réservé ?
Par pitié, si mon crime à vos yeux est prouvé,
D'un pere, d'un sultan déployez la puissance.
Par mille affreux tourmens éprouvez ma constance ;
Je puis chérir des coups que vous aurez portés,
Mais ne me livrez point à tant d'indignités.
Votre gloire l'exige, et votre fils peut croire...

SOLIMAN.

Perfide ! il te sied bien d'intéresser ma gloire,
Toi ! qui veux la flétrir, toi, l'ami des Persans !
Toi, qui devant leur maître avilis mes vieux ans !
Qui sachant contre lui quelle fureur m'anime...

MUSTAPHA.

Ah ! croyez que son nom fait seul mon plus grand crime ;
Que sans ce fier courroux j'aurois pu... non, jamais.

(*Montrant Roxelane.*)
J'ai mérité la mort, et voilà mes forfaits.
Cette lettre en vos mains, seigneur, m'accusoit-elle,
Quand d'avance par vous traité comme un rebelle,
L'ordre de m'arrêter dans mon camp...

SOLIMAN.

Justes cieux !
Tu savois... je vois tout. D'un écrit odieux
Ta bouche en ce moment m'éclaircit le mystere :
Il demande à Thamas des secours contre un pere.

MUSTAPHA.

Quoi ! ce secret fatal, qu'à l'instant dans ces lieux...

SOLIMAN.

Traître ! c'en est assez. Qu'on l'ôte de mes yeux.

SCENE VI.

SOLIMAN, MUSTAPHA, ROXELANE, ZEANGIR.

MUSTAPHA, *voyant Zéangir.*

Ciel !

ZÉANGIR.

(*A part.*)
Mon pere, daignez... O mere trop cruelle !

SOLIMAN.

Quoi ! sans être appelé...

ROXELANE.

Quelle audace nouvelle !

SOLIMAN.

Qu'on m'en réponde, allez.

ZÉANGIR.

     Suspendez un moment...

MUSTAPHA.

Ah! qu'il suffise au moins à cet embrassement.
Va, de ton amitié cette preuve derniere
A trop bien démenti les fureurs de ta mere;
Elle surpasse tout, sa rage et mes malheurs,
Et la haine qu'on doit à ses persécuteurs.

     (*Il sort.*)

SCENE VII.

SOLIMAN, ROXELANE, ZÉANGIR.

SOLIMAN.

Quel orgueil!

ZÉANGIR.

    Ah! craignez que dans votre vengeance...

SOLIMAN.

Je veux bien de ce zele excuser l'imprudence,
Et j'aimerois, mon fils, à vous voir généreux,
Si le crime du moins pouvoit être douteux :
Mais ne me parlez point en faveur d'un perfide
Qui peut-être déja médite un parricide.

 (*A Roxelane.*)

J'excuse votre haine, et je vais de ce pas
Prévenir les effets de ses noirs attentats.

SCENE VIII.

ROXELANE, ZÉANGIR.

ZÉANGIR.

Quoi! déja votre haine a frappé sa victime!
Un pere en un moment la trouve légitime!

ROXELANE.

Pour convaincre un coupable il ne faut qu'un instant.

ZÉANGIR.

Si vous n'aviez un fils, il seroit innocent.

ROXELANE.

Le ciel me l'a donné peut-être en sa colere.

ZÉANGIR.

Le ciel vous l'a donné... pour attendrir sa mere.
Je veux croire et je crois que prête à l'opprimer,
Contre un coupable ici vous pensez vous armer;
Et l'amour maternel que dans vous je révere,
(Car je combats des vœux dont la source m'est chere)
Abusant vos esprits sur moi seul arrêtés,
Vous persuade encor ce que vous souhaitez;
Mais cet amour vous trompe, et peut être funeste.

ROXELANE.

Dieu, quel aveuglement! Le crime est manifeste,
Son pere en a tenu le gage de sa main.

ZÉANGIR, *à part.*

Que ne puis-je parler!

ROXELANE.

    Vous frémissez en vain.
Abandonnez un traître à son sort déplorable.

ACTE III, SCENE VIII.

Vous l'aimiez vertueux, oubliez-le coupable.
Ou si votre amitié lui donne quelques pleurs,
Voyez du moins, voyez, à travers vos douleurs,
Quel brillant avenir le destin vous présente :
Cet éclat des sultans, cette pompe imposante,
L'univers de vos lois docile adorateur,
Et la gloire plus belle encor que la grandeur,
La gloire que vos vœux...

ZÉANGIR.

Sans doute elle m'anime.

ROXELANE.

Un trône ici la donne.

ZÉANGIR.

Un trône acquis sans crime.

ROXELANE.

Quel crime commets-tu ?

ZÉANGIR.

Ceux qu'on commet pour moi.

ROXELANE.

Des attentats d'autrui je profite pour toi.

ZÉANGIR.

Vous le croyez coupable, et c'est là votre excuse.
Mais moi qui vois son cœur, mais moi que rien n'abuse...

ROXELANE.

Tu pleureras un jour quand l'absolu pouvoir...

ZÉANGIR.

A-t-on jamais pleuré d'avoir fait son devoir ?

ROXELANE.

J'ai pitié, mon cher fils, d'un tel excès d'ivresse ;
Je vois avec quel art, séduisant ta jeunesse,

Il a su, plus prudent, par cette illusion,
T'écartant du sentier de son ambition...

ZÉANGIR.

Quoi! vous doutez...

ROXELANE.

Eh bien! je veux le croire, il t'aime :
Ainsi que toi, mon fils, il se trompe lui-même.
Vous ignorez tous deux, dans votre aveugle erreur,
Et le cœur des humains et votre propre cœur.
Mais le temps, d'autres vœux, l'orgueil de la puissance,
Du monarque au sujet cet intervalle immense,
Tout va briser bientôt un nœud mal affermi,
Et sur le trône un jour tu verras...

ZÉANGIR.

Un ami.

ROXELANE.

L'ami d'un maître! ô ciel! ah! quitte un vain prestige.

ZÉANGIR.

Jamais.

ROXELANE.

Les Ottomans ont-ils vu ce prodige?

ZÉANGIR.

Ils le verront.

ROXELANE.

Mon fils, songes-tu dans quels lieux...
Encor si tu vivois dans ces climats heureux
Qui, grace à d'autres mœurs, à des lois moins séveres,
Peuvent offrir des rois que chérissent leurs freres;
Où, près du maître assis, brillant de sa splendeur,
Quelquefois partageant le poids de sa grandeur,

Ils vont à des sujets, placés loin de sa vue,
De leurs devoirs sacrés rappeler l'étendue;
Et marchant sur sa trace aux conseils, aux combats,
Recueillent les honneurs attachés à ses pas!
Qu'à ce prix, signalant l'amitié fraternelle,
On mette son orgueil à s'immoler pour elle,
Je conçois cet effort : mais en ces lieux! mais toi!

ZÉANGIR.

Il est fait pour mon ame, il est digne de moi.
Est-ce donc un effort que de chérir son frere?
Seroit-ce une vertu quelque part étrangere?
Ai-je dû m'en défendre? Eh! quel cœur endurci
Ne l'eût aimé par-tout comme je l'aime ici?
Par-tout il eût trouvé des cœurs aussi sensibles;
Un pere, hélas! plus doux... des destins moins terribles.
Non, vous ne savez pas tout ce que je lui dois.
Si mon nom près du sien s'est placé quelquefois,
C'est lui qui vers l'honneur appeloit ma jeunesse,
Encourageoit mes pas, soutenoit ma foiblesse;
Sa tendresse inquiete au milieu des combats,
Prodigue de ses jours, m'arrachoit au trépas.
La gloire enfin, ce bien qu'avec excès on aime,
Dont le cœur est avare envers l'amitié même,
Lui sembloit le trahir, et manquoit à ses vœux,
Si son éclat du moins ne nous couvroit tous deux.
Cent fois...

ROXELANE.

Ah! c'en est trop, va, quoi qu'il ait pu faire,
Tu peux tout acquitter par le sang de ta mere.

ZÉANGIR.

O ciel!

ROXELANE.

Oui, par mon sang : lui seul doit expier
Des affronts que jamais rien ne fait oublier.
Sous les yeux de son fils, ma rivale en silence,
Vingt ans de ses appas a pleuré l'impuissance.
Il l'a vue exhaler dans ses derniers soupirs
L'amertume et le fiel de ses longs déplaisirs.
Il revient poursuivi de cette affreuse image ;
Et lorsque mon nom seul doit exciter sa rage,
Il me voit, calme et fiere, annonçant mon dessein,
Lui montrer son forfait attesté par son seing.
Dis-moi si, pour le trône élevé dès l'enfance,
Le plus fier des humains oubliera cette offense.

ZÉANGIR.

Je vais vous étonner : le plus fier des humains
Verroit, sans se venger, la vengeance en ses mains.
Le plus fier des humains est encor le plus tendre...
Je prévoyois qu'ici vous ne pourriez m'entendre ;
Mais, quoi que vous pensiez, je le connois trop bien...

ROXELANE.

Insensé!

ZÉANGIR.

Votre cœur ne peut juger le sien ;
Pardonnez. Mon respect frémit de ce langage;
Mais vous concevez mal qu'on pardonne un outrage :
Un autre l'a conçu. Je réponds de sa foi,
Et vos jours sont sacrés pour lui comme pour moi ;
Il sait trop qu'à ce coup je ne pourrois survivre.

ACTE III, SCENE VIII.

ROXELANE.

J'entends, pour prix des soins où l'amitié vous livre,
Sa bonté souffrira que du plus beau destin
Je coure dans l'opprobre ensevelir la fin;
Et ramper, vil esclave, et rebut de sa haine,
En des lieux où vingt ans j'ai marché souveraine.
Décidons notre sort et daignez écouter
Ce qu'un amour de mere avoit su me dicter.
De mon époux bientôt je vais pleurer la perte;
Et de la gloire ici la carriere est ouverte :
Soliman la cherchoit; mais détestant Thamas,
Malgré moi cette haine en détournoit ses pas.
Loin de porter ses coups à la Perse abattue,
Dans ses vastes déserts sans fruit toujours vaincue,
Il falloit s'appuyer des secours du Persan
Contre les vrais rivaux de l'empire ottoman.
L'hymen fait les traités, et la main d'Azémire
Pourroit unir par vous et l'un et l'autre empire.

ZÉANGIR.

Par moi!

ROXELANE.

J'offre à vos vœux la gloire et le bonheur.

ZÉANGIR.

Le bonheur! désormais est-il fait pour mon cœur?
Si vous saviez...

ROXELANE.

Mon fils, je sais tout.

ZÉANGIR.

Que dit-elle?

ROXELANE.

Vous l'aimez.

ZÉANGIR.

Je l'adore et je fuis... Ah! cruelle!
O ciel! dont la rigueur vend si cher les vertus,
D'un cœur au désespoir n'exigez rien de plus.

SCENE IX.

ROXELANE.

Voilà donc de ce cœur quel est l'endroit sensible.
Allons, frappons un coup plus sûr et plus terrible.
Mon fils est amoureux, sans doute il est aimé.
Intéressons l'objet dont il est enflammé.
Pour être ambitieux il porte un cœur trop tendre;
Mais l'amour va parler, j'ose tout en attendre.
Espérons. Qui pourroit triompher en un jour
Des charmes d'un empire et de ceux de l'amour?

FIN DU TROISIEME ACTE.

ACTE IV.

SCENE PREMIERE.

ZÉANGIR, AZÉMIRE

AZÉMIRE.

Non, je n'ai point douté qu'un héroïque zele
Ne signalât toujours votre amitié fidele;
Je vous ai trop connu. Votre frere arrêté
Aujourd'hui de vous seul attend sa liberté.
La Sultane me quitte; et, dans sa violence...
Quel entretien fatal et quelle confidence!
De ses desseins secrets complice malgré moi,
Ainsi que ma douleur j'ai caché mon effroi.
Je respire par vous; et, dans ma tendre estime,
J'ose encore implorer un rival magnanime :
Je tremble pour le prince, et mes vœux éperdus
Lui cherchent un asyle auprès de vos vertus.

ZÉANGIR.

J'ai subi comme vous cette épreuve cruelle,
Je n'ai pu désarmer une main maternelle.
Ma mere, en son erreur, se flatte qu'aujourd'hui
Vos vœux, fixés pour moi, me parlent contre lui;

Que le sang de Thamas doit détester mon frere.
Ignorant mon malheur, elle croit, elle espere
Que la séduction d'un amour mutuel
M'intéresse par vous à son projet cruel ;
Il sera confondu. Déja jusqu'à mon pere
Une lettre en secret a porté ma priere :
On l'a vu s'attendrir, ses larmes ont coulé,
C'est par son ordre ici que je suis appelé.
J'obtiendrai qu'à ses yeux le prince reparoisse,
Je saurai pour son fils réveiller sa tendresse.
Songez, dans vos frayeurs, qu'il lui reste un appui,
Et, tant que je vivrai, ne craignez rien pour lui.

AZÉMIRE.

Je retiens les transports de ma reconnoissance.
Mais par pitié, peut-être, on me rend l'espérance :
Pour mieux me rassurer vous cachez vos terreurs,
Vous détournez les yeux en essuyant mes pleurs.
Que de périls pressans! le vizir, votre mere,
Moi-même, cette lettre, et ce fatal mystere ;
Un sultan soupçonneux, l'ivresse des soldats,
L'horreur de Soliman pour le nom de Thamas,
Horreur toujours nouvelle et par le temps accrue,
Que sans fruit la Sultane a même combattue !
Ah! si dans les dangers qu'on redoute pour moi,
Ceux du prince à mon cœur inspiroient moins d'effroi,
Je vous dirois, forcez son généreux silence ;
Dévoilez son secret, montrez son innocence :
Heureuse, si j'avois, en voulant le sauver,
Et des périls plus grands, et la mort à braver !

ACTE IV, SCENE I.

ZÉANGIR.

Comme elle sait aimer! je vois toute ma perte.
Pardonnez : ma blessure un instant s'est ouverte;
Laissez-moi : loin de vous je suis plus généreux.
Le Sultan va paroître : on vient. Fuyez ces lieux.

SCENE II.

SOLIMAN, ZÉANGIR.

ZÉANGIR.

Souffrez qu'à vos genoux j'adore l'indulgence
Qui rend à mes regards votre auguste présence,
Et d'un ordre sévere adoucit la rigueur.

SOLIMAN.

Touché de tes vertus, satisfait de ton cœur,
D'un sentiment plus doux je n'ai pu me défendre.
Dans ces premiers momens j'ai bien voulu t'entendre :
Mais que vas-tu me dire en faveur d'un ingrat,
Dont ce jour a prouvé le rebelle attentat?
De ce triste entretien quel fruit peux-tu prétendre?
Et de ma complaisance, hélas! que dois-je attendre,
Hors la douceur de voir que le ciel aujourd'hui
Me laisse au moins en toi plus qu'il ne m'ôte en lui?

ZÉANGIR.

Il n'est point prononcé cet arrêt sanguinaire;
Le Pirnce a pour appui les bontés de son pere.
Vous l'aimâtes, seigneur; je vous ai vu cent fois
Entendre avec transport et conter ses exploits;
Des splendeurs de l'empire en tirer le présage,

Et montrer ce modele à mon jeune courage.
Depuis plus de huit ans, éloigné de ces lieux,
On a de ses vertus détourné trop vos yeux.

SOLIMAN.

Quoi! quand toi-même as vu jusqu'où sa violence
A fait de ses adieux éclater l'insolence!

ZÉANGIR.

Gardez de le juger sur un emportement,
D'une ame au désespoir rapide égarement.
Vous savez quel affront enflammoit son courage.
On excuse l'orgueil qui repousse un outrage.

SOLIMAN.

De l'orgueil devant moi! menacer à mes yeux!
Dès long temps...

ZÉANGIR.

Pardonnez, il étoit malheureux;
Dans les rigueurs du sort son ame étoit plus fiere :
Tels sont tous les grands cœurs, tel doit être mon frere.
Rendez-lui vos bontés, vous le verrez soumis,
Embrasser vos genoux, vous rendre votre fils,
J'en réponds.

SOLIMAN.

Eh! pourquoi réveiller ma tendresse,
Quand je dois à mon cœur reprocher ma foiblesse,
Quand un traître aujourd'hui sollicite Thamas?
Quand son crime avéré..

ZÉANGIR.

Seigneur, il ne l'est pas :
Croyez-en l'amitié qui me parle et m'anime ;
De tels nœuds ne sont point resserrés par le crime.

Quels que soient les garans qu'on ose vous donner,
Croyez qu'il est des cœurs qu'on ne peut soupçonner.
Eh! qui sait si, fermant la bouche à l'innocence...
SOLIMAN.
Va, son forfait lui seul l'a réduit au silence.
Eh! peut-il démentir ce camp, dont les clameurs
Déposent contre lui pour ses accusateurs?
ZÉANGIR.
Oui. Souffrez seulement qu'il puisse se défendre.
Daignez, daignez du moins le revoir et l'entendre.
SOLIMAN.
Que dis-tu? ciel! qui? lui! qu'il paroisse à mes yeux!
Me voir encor braver par cet audacieux!
ZÉANGIR.
Eh quoi! votre vertu, seigneur, votre justice
De ses persécuteurs se montreroit complice?
Vous avez entendu ses mortels ennemis,
Et pourriez, sans l'entendre, immoler votre fils,
L'héritier de l'empire! Ah! son pere est trop juste.
Où seroit, pardonnez, cette clémence auguste
Qui dicta vos décrets, par qui vous effacez
Nos plus fameux sultans près de vous éclipsés?
SOLIMAN.
Eh! qui l'atteste mieux, dis-moi, cette clémence,
Que les soins paternels qu'avoit pris ma prudence,
D'étouffer mes soupçons, d'exiger qu'en ma main
Fût remis du forfait le gage trop certain?
D'ordonner que présent, et prêt à les confondre,
A ses accusateurs lui-même il pût répondre?
Hélas! je m'en flattois : et lorsque ses soldats

Menacent un sultan des derniers attentats,
Qu'ils me bravent pour lui, réponds-moi, qui m'arrête?
Que autre dans leur camp n'eût fait voler sa tête?
Et moi, loin de frapper, je tremble en ce moment
Que leur zele, poussé jusqu'au soulèvement,
Malgré moi ne m'arrache un ordre nécessaire.
Eh! qui sait si tantôt, secondant ta priere,
Ce reste de bonté qui m'enchaîne le bras,
N'a point porté vers toi mes regrets et mes pas,
Si je n'ai point cherché, dans l'horreur qui m'accable,
A pleurer avec toi le crime et le coupable?
Hélas! il est trop vrai qu'au déclin de mes ans,
Fuyant des yeux cruels, suspects, indifférens,
Contraint de renfermer mon chagrin solitaire,
J'ai chéri l'intérêt que tu prends à ton frere;
Et qu'en te refusant, ma douleur aujourd'hui
Goûte quelque plaisir à te parler de lui.

ZÉANGIR.

Vous l'aimez, votre cœur embrasse sa défense.
Ah! si vos yeux trop tard voyoient son innocence,
Si le sort vous condamne à cet affreux malheur,
Avouez qu'en effet vous mourrez de douleur.

SOLIMAN.

Oui. Je mourrois, mon fils, sans toi, sans ta tendresse,
Sans les vertus qu'en toi va chérir ma vieillesse.
Je te rends grace, ô ciel! qui, dans ta cruauté,
Veux que mon malheur même adore ta bonté;
Qui, dans l'un de mes fils prenant une victime,
De l'autre me fais voir la douleur magnanime,
Oubliant les grandeurs dont il doit hériter,

Pleurant au pied du trône et tremblant d'y monter.

ZÉANGIR.

Ah! si vous m'approuvez, si mon cœur peut vous plaire,
Accordez-m'en le prix en me rendant mon frere.
Ces sentimens qu'en moi vous daignez applaudir,
Communs à vos deux fils, ont trop su les unir.
Vous formâtes ces nœuds aux jours de mon enfance;
Le temps les a serrés... c'étoit votre espérance :
Ah! ne les brisez point. Songez quels ennemis
Sa valeur a domptés, son bras vous a soumis.
Quel triomphe pour eux! et bientôt quelle audace,
Si leur haine apprenoit le coup qui le menace!
Quels vœux, s'ils contemploient le bras levé sur lui!
Et dans quel temps veut-on vous ravir cet appui?
Voyez le Transilvain, le Hongrois, le Moldave,
Infester à l'envi le Danube et la Drave.
Rhodes n'est plus. D'où vient que ses fiers défenseurs,
Sur le rocher de Malte insultent leurs vainqueurs?
Et que sont devenus ces projets d'un grand homme,
Quand vous deviez, seigneur, dans les remparts de Rome,
Détruisant des Chrétiens le culte florissant,
Aux murs du Capitole arborer le croissant?
Parlez, armez nos mains, et que notre jeunesse
Fasse encor respecter cette auguste vieillesse.
Vous, craint de l'univers, revoyez vos deux fils
Vainqueurs, à vos genoux retomber plus soumis,
Baiser avec respect cette main triomphante,
Incliner devant vous leur tête obéissante,
Et chargés d'une gloire offerte à vos vieux ans,
De leurs doubles lauriers couvrir vos cheveux blancs.

Vous vous troublez, je vois vos larmes se répandre.
SOLIMAN.
Je cede à ta douleur et si noble et si tendre.
Ah ! qu'il soit innocent, et mes vœux sont remplis.
Gardes, que devant moi l'on amene mon fils.
ZÉANGIR.
(Aux Gardes.)
Mon pere... demeurez... Ah ! souffrez que mon zele
Coure de vos bontés lui porter la nouvelle ;
Je reviens avec lui me jeter à vos pieds.

SCENE III.

SOLIMAN.

O nature ! ô plaisirs trop long-temps oubliés !
O doux épanchemens qu'une contrainte austere
A long-temps interdits aux tendresses d'un pere,
Vous rendez quelque calme à mes sens oppressés !
Egalez vos douceurs à mes ennuis passés.
Quoi donc ! ai-je oublié dans quels lieux je respire,
Et par qui mon aïeul dépouillé de l'empire
Vit son fils ?... Murs affreux ! séjour des noirs soupçons,
Ne me retracez plus vos sanglantes leçons ;
Mon fils est vertueux, ou du moins je l'espere.
Mais si de ses soldats la fureur téméraire
Malgré lui-même osoit... triste sort des sultans
Réduits à redouter leurs sujets, leurs enfans !
Qui ? moi ! je souffrirois qu'arbitre de ma vie...
Monarques des Chrétiens, que je vous porte envie !

Moins craints et plus chéris, vous êtes plus heureux.
Vous voyez de vos lois vos peuples amoureux
Joindre un plus doux hommage à leur obéissance ;
Ou, si quelque coupable a besoin d'indulgence,
Vos cœurs à la pitié peuvent s'abandonner,
Et, sans effroi, du moins vous pouvez pardonner.

SCENE IV.

SOLIMAN, MUSTAPHA, ZÉANGIR.

SOLIMAN.

Vous me voyez encor, je vous fais cette grace.
Je veux bien oublier votre nouvelle audace.
Sans ordre, sans aveu, traiter avec Thamas
Est un crime qui seul méritoit le trépas.
Offrir la paix ! qui, vous ? De quel droit ? à quel titre ?
De ces grands intérêts qui vous a fait l'arbitre ?
Sachez, si votre main combattit pour l'Etat,
Qu'un vainqueur n'est encor qu'un sujet, un soldat.

MUSTAPHA.

Oui, j'ai tâché du moins, seigneur, de le paroître,
Et mon sang prodigué...

SOLIMAN.

    Vous serviez votre maître.
Votre orgueil croiroit-il faire ici mes destins ?
Soliman peut encor vaincre par d'autres mains.
Un autre avec succès a marché sur ma trace,
Et votre égal un jour...

MUSTAPHA.

    Mon frere ! il me surpasse :

Le ciel, qui pour moi seul garde sa cruauté,
S'il vous laisse un tel fils, ne vous a rien ôté.

SOLIMAN.

Qu'entends-je! à la grandeur joint-on la perfidie?

ZÉANGIR.

En se montrant à vous, son cœur se justifie.

SOLIMAN.

Je le souhaite au moins. Mais n'apprendrai-je pas
Le prix que pour la paix on demande à Thamas?
Le perfide ennemi, dont le nom seul m'offense,
Vous a-t-il contre moi promis son assistance?

MUSTAPHA.

Juste ciel! ce soupçon me fait frémir d'horreur;
Si le crime un moment fût entré dans mon cœur,
(Vous ne penserez pas que la mort m'intimide,)
Je vous dirois, frappez, punissez un perfide.
Mais je suis innocent, mais l'ombre d'un forfait...

SOLIMAN.

Eh bien! je veux vous croire, expliquez ce billet.

MUSTAPHA, *après un moment de silence.*

Je frémis de l'aveu qu'il faut que je vous fasse;
Mon respect s'y résout, sans espérer ma grace;
J'ai craint, je l'avouerai, pour des jours précieux.
J'ai craint, non le courroux d'un sultan généreux,
Mais une main... Seigneur, votre nom, votre gloire,
Soixante ans de vertus chers à notre mémoire,
Tout me répond des jours commis à votre foi,
Et mes malheurs du moins n'accableront que moi.

SOLIMAN.

Et pour qui ces terreurs?

ACTE IV, SCENE IV.

MUSTAPHA.

Cet écrit, ce message,
Que de la trahison vous avez cru l'ouvrage,
C'est celui de l'amour; ordonnez mon trépas :
Votre fils brûle ici pour le sang de Thamas.

SOLIMAN.

Pour le sang de Thamas!

MUSTAPHA.

Oui, j'adore Azémire.

SOLIMAN.

Puis-je l'entendre, ô ciel! et qu'oses-tu me dire?
Est-ce là le secret que j'avois attendu?
Voilà donc le garant que m'offre ta vertu!
Quoi! tu pars de ces lieux, chargé de ma vengeance,
Et de mon ennemi tu brigues l'alliance!

ZÉANGIR.

S'il mérite la mort, si votre haine...

SOLIMAN.

Eh bien!

ZÉANGIR.

L'amour est son seul crime, et ce crime est le mien.
Vous voyez mon rival, mon rival que l'on aime,
Ou prononcez sa grace, ou m'immolez moi-même.

SOLIMAN.

Ciel! de mes ennemis suis-je donc entouré?

ZÉANGIR.

De deux fils vertueux vous êtes adoré.

SOLIMAN.

O surprise! ô douleur!

ZÉANGIR.
Qu'ordonnez-vous ?
MUSTAPHA.
Mon pere,
Rien n'a pu m'abaisser jusques à la priere,
Rien n'a pu me contraindre à ce cruel effort,
Et je le fais enfin pour demander la mort :
Ne punissez que moi.
ZÉANGIR.
C'est perdre l'un et l'autre.
MUSTAPHA.
C'est votre unique espoir.
ZÉANGIR.
Sa mort seroit la vôtre.
MUSTAPHA.
C'est pour moi qu'il révele un secret dangereux.
ZÉANGIR.
Pour vous fléchir ensemble, ou pour périr tous deux.
MUSTAPHA.
Il m'immoloit l'amour qui seul peut vous déplaire.
ZÉANGIR.
J'ai dû sauver des jours consacrés à son pere.
SOLIMAN.
Mes enfans, suspendez ces généreux débats.
O tendresse héroïque! admirables combats!
Spectacle trop touchant offert à ma vieillesse!
Mes yeux connoîtront-ils des larmes d'allégresse?
Grand Dieu! me payez-vous de mes longues douleurs?
De mes troubles mortels chassez-vous les horreurs?
Non, je ne croirai point qu'un cœur si magnanime,

ACTE IV, SCENE IV.

Parmi tant de vertus ait laissé place au crime.
Dieu! vous m'épargnerez le malheur...

SCENE V.

SOLIMAN, MUSTAPHA, ZEANGIR, OSMAN.

OSMAN.

                              Paroissez :
Le trône est en péril, vos jours sont menacés.
Transfuges de leur camp, de nombreux janissaires,
Des fureurs de l'armée insolens émissaires,
Dans les murs de Byzance ont semé leur terreur,
Séditieux sans chef, unis par la douleur.
Ils marchent. Leur maintien, leur silence menace.
En pâlissant de crainte, ils frémissent d'audace;
Leur calme est effrayant, leurs yeux avec horreur
Des remparts du sérail mesurent la hauteur.
Déja, devançant l'heure aux prieres marquée,
Les flots d'un peuple immense inondent la mosquée;
Tandis que dans le camp un deuil séditieux
D'un désespoir farouche épouvante les yeux,
Que des plus forcenés l'emportement funeste
Des drapeaux déchirés ensevelit le reste,
Comme si leur courroux, en les foulant aux pieds,
Venoit d'anéantir leurs sermens oubliés.
Montrez-vous, imposez à leur foule insolente.

SOLIMAN.

J'y cours : va, pour toi seul un pere s'épouvante.
Frémis de mon danger, frémis de leur fureur;

Et sur-tout fais des vœux pour me revoir vainqueur.
MUSTAPHA.
Je fais plus; sans frémir je deviens leur otage;
J'aime à l'être, seigneur; je dois ce témoignage
A de braves guerriers qu'on veut rendre suspects,
Quand leur douleur soumise atteste leurs respects.
Ah! s'il m'étoit permis! si ma vertu fidele
Pouvoit, à vos côtés, désavouant leur zele,
Se montrer, leur apprendre en signalant ma foi,
Comment doit éclater l'amour qu'ils ont pour moi!
SOLIMAN. (*Moment de silence.*)
Gardes, qu'il soit conduit dans l'enceinte sacrée
Des plus audacieux en tout temps révérée.
Qu'au fidele Nessir ce dépôt soit commis.
Va, mon destin jamais ne dépendra d'un fils.
Vizir, à ses soldats, aux vainqueurs de l'Asie
Opposez vos guerriers, vainqueurs de la Hongrie;
Qu'on soit prêt à marcher à mon commandement,
Veillez sur le sérail.

SCENE VI.

ZEANGIR, OSMAN.

ZÉANGIR.
　　　　Arrêtez un moment.
C'est vous qui de mon frere accusant l'innocence,
Contre lui du Sultan excitez la vengeance.
Je lis dans votre cœur, et conçois vos desseins :
Vous voulez par sa mort assurer mes destins,

Et des pieges qu'ici l'amitié me présente
Garantir, par pitié, ma jeunesse imprudente.
Vous croyez que vos soins, en m'immolant ses jours,
M'affligent un moment pour me servir toujours ;
Que dans l'art de régner sans doute moins novice,
Je sentirai le prix d'un si rare service,
Et que j'approuverai dans le fond de mon cœur,
Un crime malgré moi commis pour ma grandeur.

OSMAN.

Moi, seigneur, que mon ame à ce point abaissée...

ZÉANGIR.

Vous le nieriez en vain, telle est votre pensée.
Vous attendez de moi le prix de son trépas,
Et même en ce moment vous ne me croyez pas.
Quoi qu'il en soit, vizir, tâchez de me connoître ;
D'un écueil à mon tour je vous sauve peut-être :
Ses dangers sont les miens, son sort fera mon sort,
Et c'est moi qu'on trahit en conspirant sa mort.
Vous-même, redoutez les fureurs de ma mere,
Tremblez autant que moi pour les jours de mon frere :
A ce péril nouveau c'est vous qui les livrez ;
Je vous en fais garant et vous m'en répondrez.

OSMAN, *seul*.

Quel avenir, ô ciel! quel destin dois-je attendre!

SCENE VII.

ROXELANE, OSMAN.

ROXELANE.

Viens, les momens sont chers, marchons.

OSMAN.

Daignez m'entendre.

ROXELANE.

Eh quoi?

OSMAN.

Dans cet instant Zéangir en courroux...

ROXELANE.

N'importe. Ciel! l'ingrat!...Frappons les derniers coups.
Le Sultan hors des murs va porter sa présence.
Dans un projet hardi viens servir ma vengeance.

OSMAN.

Quel projet! ah! craignez...

ROXELANE.

Quand un sort rigoureux
A voulu qu'un dessein terrible, dangereux
Devînt en nos malheurs notre unique espérance,
Il faut, pour l'assurer, consulter la prudence,
Balancer les hasards, tout voir, tout prévenir;
Et, si le sort nous trompe, il faut savoir mourir.

FIN DU QUATRIEME ACTE.

ACTE V.

Le théâtre représente l'intérieur de l'enceinte sacrée. Nessir et les Gardes au fond du théâtre, Mustapha sur le devant et assis au commencement du monologue.

SCENE PREMIERE.

MUSTAPHA.

L'excès du désespoir semble calmer mes sens;
Quel repos! moi, des fers! ô douleur! ô tourmens!
Sultane ambitieuse, acheve ton ouvrage;
Joins pour m'assassiner l'artifice à la rage;
A ton lâche vizir dicte tous ses forfaits:
Le traître! avec quel art secondant tes projets,
De son récit trompeur la perfide industrie
Du Sultan par degrés réveilloit la furie!
Combien de ses discours l'adroite fausseté
A laissé malgré lui percer la vérité!
Ce peuple consterné, ce silence, ces larmes,
Qu'arrache ma disgrace aux publiques allarmes,
Ce deuil marqué du sceau de la religion,
C'étoit donc le signal de la rébellion!

Hélas! prier, gémir, est-ce trop de licence?
Est-on rebelle enfin pour pleurer l'innocence?
Et le Sultan le craint! il croit, dans son erreur,
Aller d'un camp rebelle apaiser la fureur!
Il verra leurs respects dans leur sombre tristesse;
On m'aime en chérissant sa gloire et sa vieillesse.
Suspect dans mon exil, nourri, presque opprimé,
A révérer son nom je les accoutumai;
Son fils à ses vertus se plut à rendre hommage :
Que ne m'a-t-il permis de l'aimer davantage!...
On ne vient point : ô ciel! on me laisse en ces lieux,
En ces lieux si souvent teints d'un sang précieux,
Où tant de criminels et d'innocens peut-être
Sont morts sacrifiés aux noirs soupçons d'un maître!
Que tarde le Sultan? s'est-il enfin montré?
A-t-il vu ce tumulte, et s'est-il rassuré?
Et Zéangir! mon frère! ô vertus! ô tendresse!
Mon frere! je le vois, il s'allarme, il s'empresse;
De sa cruelle mere il fléchit les fureurs;
Il rassure Azémire, il lui donne des pleurs,
Lui prodigue des soins, me sert dans ce que j'aime :
Une seconde fois il s'immole lui-même.
Quelle ardeur enflammoit sa générosité,
En se chargeant du crime à moi seul imputé!
Quels combats! quels transports! il me rendoit mon pere;
C'est un de ses bienfaits, je dois tout à mon frere.
Non, le ciel, je le vois, n'ordonne point ma mort;
Non, j'ai trop accusé mon déplorable sort;
J'ai trop cru mes douleurs, tout mon cœur les condamne :
Je sens qu'en ce moment je hais moins Roxelane.

Mais quel bruit... ah! du moins... Que vois-je? le vizir!
Lui, dans un tel moment! lui, dans ces lieux!

SCENE II.

MUSTAPHA, OSMAN, NESSIR.

OSMAN.

Nessir,
Adorez à genoux l'ordre de votre maître.
(Il lui remet un papier.)
MUSTAPHA, *assis.*
Et vous a-t-on permis de le faire connoître?
OSMAN.
Bientôt vous l'apprendrez.
MUSTAPHA.
Et que fait le Sultan?
OSMAN.
Contre les révoltés il marche en cet instant.
MUSTAPHA.
(A part.) *(Haut.)*
Les révoltés! O ciel! contraignons-nous. J'espere
Qu'on peut m'apprendre aussi ce que devient mon frere.
OSMAN.
Un ordre du Sultan l'éloigne de ses yeux.
MUSTAPHA, *à part.*
Zéangir éloigné! mon appui! justes cieux!
(Haut.)
Azémire...
OSMAN.
Azémire à Thamas est rendue;

Elle quitte Byzance.
MUSTAPHA, *a part.*
O rigueur imprévue!
(*Haut.*)
Quel présage! Et Nessir... cet ordre...
OSMAN.
Est rigoureux.
Craignez de vos amis le secours dangereux.
Qui voudroit vous servir vous trahiroit peut-être.
Ce séjour est sacré; puisse-t-il toujours l'être!
Souhaitez-le et tremblez : vos périls sont accrus :
Ce zele impétueux qu'excitent vos vertus...
MUSTAPHA.
Cessez : je sais le prix qu'il faut que j'en espere;
Roxelane avec vous les vantoit à mon pere.
Sortez.
OSMAN.
Vous avez lu, Nessir; obéissez.

SCENE III.

MUSTAPHA, NESSIR.

MUSTAPHA, *à part.*
O ciel! que de malheurs à la fois annoncés!
Zéangir écarté! le départ d'Azémire!
Tout ce qui me confond, tout ce qui me déchire!
Craignez de vos amis le secours dangereux!...
Je lis avec horreur dans ce mystere affreux.
(*A Nessir.*)
Si l'on s'armoit pour moi, si l'on forçoit l'enceinte...

ACTE V, SCENE III.

Tu frémis, je t'entends... d'où peut naître leur crainte?
Leur crainte! on l'espéroit : cet espoir odieux,
Le Vizir l'annonçoit, le portoit dans ses yeux.
S'il ne s'en croyoit sûr, eût-il osé m'instruire?
Viendroit-il insulter l'héritier de l'empire?
Comme il me regardoit incertain de mon sort
Mendier chaque mot qui me donnoit la mort!
Et j'ai dû le souffrir l'insolent qui me brave!
Le fils de Soliman bravé par un esclave!
Cet affront, cette horreur manquoient à mon destin;
Après ce coup affreux le trépas... Mais enfin,
Qui peut les enhardir? Quelle est leur espérance?
Qu'on attaque l'enceinte? et sur quelle apparence...
Est-ce dans ce sérail que j'ai donc tant d'amis?
Parmi ces cœurs rampans à l'intérêt soumis,
Qu'importent mes périls, mon sort, ma renommée?
C'est le peuple qui plaint l'innocence opprimée.
L'esclave du pouvoir ne tremble point pour moi :
A Roxelane ici tout a vendu sa foi...
Quel jour vient m'éclairer? Si c'étoit la Sultane!...
Ce crime est en effet digne de Roxelane.
Oui, tout est éclairci. Le trouble renaissant,
Le peuple épouvanté, le soldat frémissant;
C'est elle qui l'excite : elle effrayoit mon pere,
Pour surprendre à sa main cet ordre sanguinaire.
Les meurtriers sont prêts par sa rage apostés;
Les coups sont attendus; les momens sont comptés.
Grand Dieu! si le malheur, si la foible innocence
Ont droit à ton secours non moins qu'à ta vengeance,
Toi, dont le bras prévient ou punit les forfaits,

Au lieu de ton courroux signale tes bienfaits;
Je t'en conjure, ô Dieu! par la voix gémissante
Qu'éleve à tes autels la douleur suppliante;
Par mon respect constant pour ce pere trompé
Qui périra du coup dont tu m'auras frappé;
Par ces vœux qu'en mourant t'offroit pour moi ma mere,
Je t'en conjure... au nom des vertus de mon frere.
Calmons-nous; espérons: je respire: mes pleurs
De mon cœur moins saisi soulagent les douleurs:
Le ciel... qu'ai-je entendu?
(*Au bruit qu'on entend, les Gardes tirent leurs coutelas. Nessir tire son poignard, et écoute s'il entend un second bruit.*)

       Frappe, ta main chancelle;
Frappe.
(*Le second bruit se fait entendre. Ceux des Gardes qui sont à la droite de Mustapha passent devant lui pour aller vers la porte de la prison, et en passant forment un rideau qui doit cacher absolument l'action de Nessir aux yeux du public.*)

SCENE IV.

MUSTAPHA, ZÉANGIR.

ZÉANGIR, *s'avançant jusque sur le devant du théâtre de l'autre côté.*
 Viens, signalons notre foi, notre zele;
Courons vers le Sultan; désarmons les soldats,

Qu'il reconnoisse enfin... ô ciel! que vois-je?... hélas!
Mon frere! mon cher frere! ô crime! ô barbarie!
   (*Aux Gardes.*)
Monstres! quel noir projet, quelle aveugle furie?
      (*Nessir lui montre l'ordre sur lequel Zéangir
          jette les yeux.*)
Qu'ai-je lu? qu'ai-je fait? Malheureux! quoi! ma main...
O mon frere! et c'est moi qui suis ton assassin!
O sort! c'est Zéangir que tu fais parricide!
Quel pouvoir formidable à nos destins préside!
Ciel!

MUSTAPHA.

De trop d'ennemis j'étois enveloppé;
Ton frere à leurs fureurs n'auroit point échappé.
Je plains le désespoir où ton ame est en proie.
La mienne en ce malheur goûte au moins quelque joie.
Je te revois encor; je ne l'espérois pas;
Ta présence adoucit l'horreur de mon trépas.

ZÉANGIR.

Tu meurs! ah! c'en est fait.

SCENE V.

MUSTAPHA, ZÉANGIR, SOLIMAN, ROXELANE.

SOLIMAN.

           Tout me fuit, tout m'évite:
Quelle morne terreur dans tous les yeux écrite!
Que vois-je! se peut-il?... mon fils mourant, ô cieux!

ROXELANE.

Il n'est plus.

SOLIMAN.

Quoi! Nessir, quel bras audacieux?...

ZÉANGIR, *se relevant de dessus le corps de son frere.*

Pleurez sur l'attentat, pleurez sur le coupable,
C'est Zéangir.

SOLIMAN.

O crime! ô jour épouvantable!

ROXELANE, *à part.*

Jour plus affreux pour moi!

SOLIMAN.

Cruel! qu'espérois-tu?

ZÉANGIR.

Prévenir vos dangers, vous montrer sa vertu;
Des soldats désarmés arrêter la licence.

SOLIMAN.

Hélas! dans leurs respects j'ai vu son innocence.
Détrompé, plein de joie, en les trouvant soumis,
Tout mon cœur s'écrioit, vous me rendez mon fils,
Et pour des jours si chers, quand je suis sans alarmes,
Quand j'apporte en ces lieux ma tendresse et mes larmes...

ZÉANGIR, *à Roxelane.*

C'est vous dont la fureur l'égorge par mon bras;
Vous dont l'ambition jouit de son trépas;
Qui sur tant de vertus fermant les yeux d'un pere,
L'avez fait un moment injuste, sanguinaire...

(*A Soliman.*)

Pardonnez, je vous plains, je vous chéris... hélas!

ACTE V, SCENE V.

Je connois votre cœur, vous n'y survivrez pas.
C'est la derniere fois que le mien vous offense :
  (*Regardant sa mere.*)
Mon supplice finit, et le vôtre commence.
          (*Il se tue sur le corps de son frere.*)

SOLIMAN.

O comble des horreurs !

ROXELANE.
          O transports inouïs !

SOLIMAN.

O pere infortuné !

ROXELANE.
          Malheureuse ! mon fils,
Lui pour qui j'ai tout fait ; lui, depuis sa naissance,
De mon ambition l'objet, la récompense !
Lui, qui punit sa mere en se donnant la mort,
Par qui mon désespoir me tient lieu de remord.
Pour lui j'ai tout séduit, ton vizir, ton armée.
Je t'effrayois du deuil de Byzance alarmée.
De ton fils en secret j'excitois les soldats.
Par cet ordre surpris tu signois son trépas ;
Je forçois sa prison, sa perte étoit certaine.
L'amitié de mon fils a devancé ma haine.
Un Dieu vengeur par lui prévenant mon dessein...
Le Musulman le pense, et je le crois enfin,
Qu'une fatalité terrible, irrévocable,
Nous enchaîne à ses lois, de son joug nous accable :
Qu'un Dieu, près de l'abîme où nous devons périr,
Même en nous le montrant nous force d'y courir ;
J'y tombe sans effroi ; j'y brave sa colere,

Le pouvoir d'un despote et les fureurs d'un pere.
Ma mort...
(*Elle fait un pas vers son fils.*)

SOLIMAN.

Non, tu vivras pour pleurer tes forfaits.
Monstre ! de ses transports prévenez les effets.
Qu'on l'enchaîne en ces lieux, qu'on veille sur sa vie.
Tu vivras dans les fers et dans l'ignominie,
Aux plus vils des humains vil objet de mépris,
Sous ces lambris affreux teints du sang de ton fils.
Que cet horrible aspect te poursuive sans cesse;
Que le ciel, prolongeant ton obscure vieillesse,
T'abandonne au courroux de ces mânes sanglans:
Que mon ombre bientôt redouble tes tourmens,
Et puisse en inventer de qui la barbarie
Egale mes malheurs, ma haine et ta furie.

FIN DE MUSTAPHA ET ZÉANGIR.

TABLE DES PIECES

CONTENUES

DANS LE PREMIER VOLUME.

AVERTISSEMENT, page 1

DISCOURS PRÉLIMINAIRE, 3

ZELMIRE, tragédie en cinq actes, de De Belloy. 79

PIERRE LE CRUEL, tragédie de De Belloy, 155

ORPHANIS, tragédie de Blin de Sainmore, 241

MUSTAPHA ET ZÉANGIR, tragédie en cinq actes, de Champfort, 307

FIN DU TOME PREMIER.

www.ingramcontent.com/pod-product-compliance
Lightning Source LLC
Chambersburg PA
CBHW060557170426
43201CB00009B/809